CLV

Вильгельм Буш

Иисус – наша судьба

Christliche Literatur-Verbreitung e. V.
Ravensberger Bleiche 6 · 33649 Bielefeld

1-е издание 1991
2-е издание 1991
3-е издание 1991
4-е издание 1992
5-е издание 1993
6-е издание 1994
7-е издание 2015
8-е издание 2016
9-е издание 2017
10-е издание 2019
11-е издание 2021

Название оригинала: Jesus unser Schicksal

Оформление обложки: Gerd Meussen, Essen, Германия
Набор: C·S·E · Computer-Satzservice Enns, Bielefeld, Германия
Печать и переплёт: GGP Media GmbH, Pößneck, Германия

255150
ISBN 978-3-89397-150-3

Содержание

Иисус – наша судьба!

„Иисус – наша судьба!“ – вот главная тема, избранная пастором Бушем для обширной евангелизации, которую он провел в 1938 году в городе Эссене.

С большим удовольствием он служил пастором среди молодежи в Эссене, но, будучи страстным проповедником Евангелия, он много времени проводил в разъездах. В своих многочисленных лекциях он призывал к Иисусу в городах и селах, на Востоке и Западе, в Европе и во всем мире.

Как он радовался, когда людские потоки устремлялись послушать его благовестие! Он был убежден, что Евангелие об Иисусе является самой захватывающей вестью во все времена.

Послушать его приходили тысячи людей, и все же, будучи истинным духовным наставником, он вел разговор как бы с каждым в отдельности. Это было особенностью его благовестия. Посредством магнитофонных записей, изложенных в этой книге, пусть он поговорит с каждым из нас в отдельности как вестник Иисуса Христа, распятого и воскресшего.

„Иисус – наша судьба!“ – главная тема его благовестия. Хотите ли вы услышать эту весть? Такая возможность вам предоставляется. Представьте себя его слушателями и вскоре вы убедитесь, что главной темой всего человечества, всей нашей жизни является тема „Иисус – наша судьба!“

Карл-Гейнц Эринг

Бог – да, но для чего Иисус?

Видите ли, такому старому пастору, как я, который всю жизнь трудился в большом городе, в течение ряда лет постоянно приходилось слышать вопросы вроде: „Почему Бог все это допускает?“, „Каин и Авель были братьями. Каин убил Авеля. Где Каин взял себе жену?“ Особенно часто мне заявляли: „Господин пастор, вы всегда говорите об Иисусе. Это же чистый фанатизм. Ведь безразлично, какую религию исповедовать. Главное, иметь благоговение перед Всевышним, Невидимым Богом“.

Звучит убедительно, не так ли? Это же самое сказал мой великий земляк Гете – он тоже из Франкфурта: „Главное – это чувства. Имя – лишь звук и дым...“ Говорим ли мы Аллах, Будда, судьба или „высшее существо“ – безразлично. Главное, чтобы мы имели веру вообще. Неважно какую. Так ведь считают 50% из вас, не правда ли? Вспоминаю одну старую даму, которая доказывала мне: „О, господин пастор, что Вы без конца толкуете об Иисусе! Не сказал ли Сам Иисус: „В доме Отца Моего обителей много? Там всем хватит места!“ Друзья мои, это же очень большое заблуждение!

Однажды я был в Берлине в аэропорту „Темпельгоферфельд“. Перед посадкой в самолет у нас еще раз проверяли паспорта. Впереди меня стоял высокий господин – до сих пор он стоит у меня перед глазами: настоящий великан, с большим пледом под мышкой, – он быстро протянул контролеру паспорт. Но контролер сказал: „Минутку! Ваш паспорт просрочен!“ Господин возразил ему: „Какое это имеет значение? Главное – у меня есть паспорт“. – „Нет, – решительно возразил контролер, – главное, чтобы ваш паспорт был действительным!“

Точно так же дело обстоит и с верой: важно не то, что я имею веру вообще, какую-то веру. У каждого есть вера. Недавно один человек сказал мне: „Я верю, что из двух фунтов мяса можно сварить хороший суп“. Это тоже вера, хотя и довольно примитивная. Важно не то, что вы имеете какую-то веру, а то, что ваша вера настоящая, вера, с которой можно жить и в тяжкие времена, с которой можно устоять и в больших искушениях, вера, с которой умирать не страшно. Смерть – лучшее средство испытания правильности нашей веры!

Существует только одна истинная вера, с которой можно правильно жить и правильно умирать – это вера в Господа Иисуса Христа, Сына Божия. Иисус Сам сказал: „В доме Отца Моего обителей много". Но в Божьи обители ведет лишь одна дверь: „Я есмь дверь: кто войдет Мною, тот спасется". Этой дверью является Иисус! Я знаю, что люди не хотят слышать об этом. О Боге можно вести дискуссии часами. Один представляет себе Бога так, другой – иначе. Но Иисус не может быть предметом дискуссии. Позвольте сказать вам: „Только вера в Иисуса, Сына Божьего, является верой спасающей, с которой можно жить и умирать!"

О том, что такая вера подчас кажется людям смешной, говорит следующий случай. Несколько лет тому назад я шел по Эссену. На обочине дороги стояли два человека, очевидно, шахтеры. Когда я проходил мимо, один из них поздоровался: „Добрый день, господин пастор!" Я обратился к нему: „Разве мы знакомы?" Он засмеялся и объяснил другому: „Это пастор Буш! Славный парень!" – „Благодарю", – сказал я. – „Только, к сожалению, у него не все дома! – добавил он..." – „Как это не все дома? – возмутился я. Тогда он повторил: „Действительно, пастор очень славный парень, однако у него есть один недостаток: он все время говорит об Иисусе!" – „Позвольте, – обрадованно воскликнул я, – это же совсем другое! Через сто лет вы окажетесь в вечности. Тогда все будет зависеть от того, знали ли Вы Иисуса. И тогда решится: будете ли Вы в аду или на небе. Скажите: Вы знаете Иисуса?" – „Видишь, – засмеявшись, обратился он к другому, – вот он уже снова за свое!"

Я хочу и сейчас начать с этого. В Библии есть стих, который я хотел бы поставить эпиграфом, а именно: „Имеющий Сына Божия имеет жизнь". Вам, вероятно, приходилось слышать об Иисусе Христе, но вы не имеете Его. „Имеющий Сына Божия", – слышите, – имеющий! – имеет жизнь, – здесь и в вечности! Не имеющий Сына Божия – не имеет жизни". Это говорит Слово Божие! В народе говорят: „Кто имеет, тот имеет!" Точно такой же смысл этого библейского стиха. Я бы хотел Вас все-таки убедить – ради Вашего блага! – чтобы Вы приняли Иисуса и посвятили свою жизнь Ему, потому что без Него Ваша жизнь так или иначе не имеет смысла.

А теперь я хочу вам рассказать, почему Иисус есть все и во всем, и почему вера в Иисуса является единственно правильной. Или позвольте мне лучше сформулировать мысль применительно ко мне лично: я хочу Вам сейчас сказать, зачем мне нужен Иисус и почему я в Него верю.

1. Иисус есть откровение Бога

Если мне кто-нибудь скажет: „Я верю в Бога! Но для чего Иисус?“, я отвечу: „Какой вздор! Бог является сокровенным Богом! И без Иисуса мы ничего о Боге не можем узнать!“

Правда, люди могут придумать себе Бога, например, этакого любезнейшего Господа Бога, Который не отвергает любого честного человека, выпивающего каждый день только пять кружек пива. Но это же не Бог! Аллах, Будда – это проекции наших желаний. А Бог? Без Иисуса мы ничего не знаем о Боге. В Иисусе же проявляется Бог. В Иисусе Бог к нам снизошел.

Я хочу Вам объяснить это на примере: представьте себе плотную дымовую завесу, за которой скрыт Бог. Люди же не могут жить без Него. И вот они начинают Его искать. Они пытаются проникнуть через завесу. Это усилия религий. Все религии являются человеческим поиском Бога. Все религии объединяет одно: они заблуждаются в тумане, они не нашли Бога.

Бог является непостижимым Богом. Человек по имени Исаия понял это и воскликнул от всего сердца: „Господи, мы не можем постичь Тебя. О, если бы Ты расторг небеса и сошел!“ И представьте себе: Бог услышал этот вопль. Он расторг дымовую завесу и пришел к нам – в Иисусе. Когда ангелы на поле Вифлиемском хорами восклицали: „Ныне родился вам Спаситель! Слава в вышних Богу!“ – тогда Бог снизошел к нам. И ныне Иисус говорит: „Кто Меня видит, тот видит Отца“.

Без Иисуса я ничего не знал бы о Боге. Он является единственным, от Кого я могу получить достоверные сведения о

Боге! И как только можно утверждать: „Я могу обойтись без Иисуса!?"

Я могу лишь вкратце коснуться этого вопроса и вынужден многое упустить. А ведь я мог бы много рассказать вам об Иисусе, но сейчас ограничусь лишь важнейшими примерами по вопросу „Для чего Иисус?"

2. Иисус – спасающая любовь Божия

Это я вам должен объяснить. Не так давно я беседовал с журналистом, который брал у меня интервью и спросил: „Почему Вы, собственно, читаете такие лекции?" На это я ему ответил: „Я их читаю потому, что боюсь, что люди попадут в ад". Тогда он заулыбался и возразил: „Этого же быть не может!" Я возразил: „Подождите! Лет через сто Вы узнаете, кто прав – Вы или Слово Божие. Скажите, – спросил я его, – Вы когда-нибудь испытывали страх перед Богом?" – „Нет, – ответил он, – милостивого Бога не стоит бояться". Тогда я ему объяснил: „В этом Вы глубоко заблуждаетесь. У кого имеется хотя бы смутное представление о Боге, тот должен понять, что нет страшнее святого и праведного Бога, Судьи наших грехов. Вы думаете, Он одобряет Ваши грехи? Вы говорите о милостивом Боге. Библия же говорит об этом иначе. В Библии сказано больше этого: „Страшно впасть в руки Бога живого!"

Испытывали ли Вы когда-нибудь богобоязнь? Если нет, то Вы вообще еще не осознали всю реальность Божьей святости и своей греховности. Становясь богобоязненным, Вы зададитесь вопросом: „Как мне устоять перед Богом?" Я считаю, что самой большой нелепостью нашего времени является отсутствие страха перед гневом Божиим, более того, это признак ужасной ограниченности, когда живой Бог и Его гнев за грех не принимается уже народом всерьез. Профессор Карл Гейм однажды рассказывал о своем пребывании в Пекине во время поездки в Китай. Там его повели на гору, на вершине которой стоял алтарь, „алтарь неба". Ему объяснили, что в „ночь примирения" на эту гору восходят сотни тысяч людей с цветными фонариками. Император (тогда еще Китаем управляли императоры) поднимается наверх и приносит жертву примирения за свой народ. Рассказывая об этом, профессор Гейм сказал:

„Эти язычники кое-что знали о гневе Божьем и о том, что человек нуждается в примирении с Богом“.

А образованный европеец думает, что может рассуждать о „любящем Боге“, Который счастлив, что люди честно уплачивают свои церковные налоги! Давайте же начнем снова бояться Бога! Мы ведь все согрешили! Вы нет? Не может быть!

Когда мы снова научимся бояться Бога, тогда мы спросим: „Где спасение от гнева Божьего? Где же спасение?“ И тогда только нам откроется: Иисус – спасающая любовь Божия! „Бог хочет, чтобы все люди спаслись“. Но несправедливым Он быть не может. Он не может быть равнодушным ко греху. И поэтому Он отдал своего Сына – для спасения, для примирения.

Идемте со мной в Иерусалим. Там перед городом – холм. На нем мы видим тысячи людей. А над их головами возвышаются три креста. Человек на левом кресте, как и мы – грешник. На правом – такой же. Но Тот, посередине! Посмотрите на него: Человек в терновом венце, Сын Бога живого! „Лик светлый, благородный. Как обесчещен Ты!“ Почему Он там висит? Этот крест является Божьим алтарем. А Иисус – Агнец Божий, на Которого возложен грех всего мира, и Он примиряет с Богом.

Видите ли, пока Вы не найдете Иисуса, Вы находитесь под гневом Божиим, даже если Вы этого не замечаете, даже если Вы это отвергаете. Только тот, кто приходит к Иисусу, получает мир Божий: „Наказание мира нашего было на Нем“.

Позвольте мне привести совсем простой пример. Во время первой мировой войны я был артиллеристом. У нас были пушки с щитами. Однажды мы были впереди без пехоты. Мы подверглись танковой атаке. Пули градом сыпались на наши щиты. Но они были такими прочными, что за ними мы были в безопасности, и тут я подумал: стоит мне только высунуть из-под щита руку, как она будет изрешеченной, и я погибну, потому что истеку кровью!

Вы меня поняли: такой защитой мне стал Иисус. Я знаю: без Иисуса я погибну от суда Божьего. Без Иисуса у меня нет мира в сердце, что бы я ни предпринимал. Без Иисуса я не могу умирать, не испытывая смертельного страха. Без Иисуса я перейду в вечную погибель. Вечная погибель существует, вот увидите! Но если я стою за крестом Иисуса, я в безопасности, как за щитом. Тогда я знаю: Он – мой Примиритель! Он – мой Спаситель! Иисус – спасающая любовь Божия!

Вы слышите: Бог хочет, чтобы все люди спаслись. Поэтому Он Сына Своего отдал для спасения, для примирения. И для Вас тоже!

А теперь не успокаивайтесь до тех пор, пока Вы не приобретете этот мир Божий, пока не спасетесь!

Для чего Иисус?

3. Иисус – единственный, кто может справиться с самой большой проблемой нашей жизни

Знаете ли Вы, какая проблема в нашей жизни является самой важной? Кто постарше, думает, конечно, о своей печени, почках или о чем-то другом, что в данный момент болит. Странные проблемы! У молодежи ими являются „девушка" или „молодой человек". Таким образом, у каждого свои проблемы. Но поверьте мне, самой большой проблемой нашей жизни является наша вина перед Богом!

В течение нескольких десятков лет я был пастором среди молодежи. Я постоянно искал новые образные примеры, чтобы разъяснить молодежи проблему вины перед Богом. Один из них я хотел бы сейчас привести. Я сказал: „Представьте себе, что от природы у нас железное кольцо вокруг шеи. И каждый раз, когда мы грешим, к нему приковывается еще одно звено. Появилась у меня нечистая мысль – добавилось одно звено, нагрубил матери – еще звено, сказал недоброе о других людях – еще одно звено. Один день без молитвы, как будто бы Бога и не существует – еще одно звено. Нечестность, обман – звено".

Представьте себе, какую длинную цепь мы волочим за собою! Понимаете, это же долговая цепь! Вина перед Богом является реальностью, даже если эта цепь невидима. А она чрезвычайно длинная. И мы повсюду ее тащим за собой. Я часто задаюсь вопросом: почему люди не могут быть по-настоящему радостными и счастливыми? Если Вы ни в чем не нуждаетесь, счастливы Вы? Вы не можете быть счастливыми. Вы не можете, потому что Вы всюду носите с собой цепь вины! И от нее Вас не освободит ни пастор, ни священник, ни ангел. И Бог ее не может удалить, потому что Он праведен: „Что человек посеял, то и пожнет“.

Но вот Иисус! Он единственный, Кто может справиться с самой большой проблемой в нашей жазни. Он умер за наши грехи. Он их оплатил своей смертью. Поэтому Он в состоянии снять с нас долговую цепь. Он единственный, Кому это возможно!

Скажу Вам из своего опыта: сознание того, что мне прощены грехи – это освобождение. Я обращаюсь к Вам, престарелые: есть возможность умереть и иметь прощение грехов! Или уходить в вечность вместе со всеми своими грехами! Ужасно!

Я знаю людей, которые всю свою жизнь говорили: „Я добр. Я праведен“. А на смертном одре они вдруг обнаруживают, что ладья жизни плывет по темному потоку к вечности – навстречу Богу. Они ничего не смогли взять с собой – ни дом, ни банковский счет, ни сберкнижку – только свою вину. Предстать перед Богом в таком состоянии! Ужасно! Но именно так и умирают люди. И если Вы скажете: так умирают все! – значит именно так все умирают! Но Вы не должны так умереть! Иисус прощает грехи! Это является самым большим освобождением из всех ныне существующих.

Я был молодым человеком 18 лет, когда узнал, что такое прощение грехов. Цепь рухнула. В одной песне поется: „Все прощены грехи! / И в этом жизни слово / для страждущей души. / И в имени Иисуса прощенье то готово“. Я желаю, чтобы и Вы испытали подобное. Идите к Иисусу! Сегодня. Он Вас ожидает. Скажите Ему: „Господи, моя жизнь испорчена и полна пороков. Я всегда умалчивал об этом и бахвалился. Сейчас я все приношу Тебе, сейчас я хочу верить, что Твоя кровь смыла мою вину“. Как прекрасно иметь прощение грехов!

В 17 веке в Англии жил человек по имени Буньян. Этот Буньян годами находился в тюрьме из-за своей веры. Такое бывало во все времена. После Слова Божия самым стабильным явлением в человеческом обществе являются тюрьмы. И там, в тюрьме, сей Буньян написал чудесную книгу, которая и сегодня актуальна. В ней он описывает жизнь христианина как опасное, полное приключений путешествие. Она начинается так: „Один человек жил в городе под названием „мир“. Вдруг он заволновался и сказал примерно следующее: „Здесь что-то не так. Я не имею покоя. Я несчастен. Мне нужно отсюда уйти“. Он поделился об этом со своей женой. Она же заявила ему: „Ты нервничаешь. Тебе необходим отдых“. Тем не менее, ничто ему не помогло. Беспокойство не покидало его. Но однажды он делает вывод: „Мне ничего не помогает, мне нужно уйти из этого города!“ И он бежит. В пути он замечает, что несет на спине какую-то ношу. Он хочет освободиться от нее, но не может. Чем дальше он идет, тем тяжелее становится ноша. Раньше он не замечал ее. Она была сама собой разумеющейся. Но чем дальше он удалялся от города „мир“, тем тяжелее она становилась. В конце концов он уже едва мог передвигаться. С большим трудом он идет по тропинке в гору. Ноша его тяготит. Вдруг на перекрестке перед ним возникает крест. Почти потеряв сознание, он падает перед крестом, ухватившись за него, и поднимает свой взор. В этот же миг он чувствует, что ноша его отрывается и с грохотом падает под откос.

Чудесное описание того, что человек может пережить у креста Иисуса Христа: „Я поднял в духе взор к кресту, / где Агнец Божий мне предстал, / на нем, проливши кровь Свою, / Он за меня там умирал. / К стыду я должен был признать, / два чуда встретил я тогда: / любви великой благодать / и тяжесть моего греха. Прощение грехов – Иисус заплатил за мою вину. Цепь моих долгов снята. Я освободился от своей тяжести. Прощение грехов! – это может подарить только Иисус.

Для чего нужен Иисус? Должен еще пояснить, почему я верю в Иисуса.

4. Иисус – Добрый Пастырь

Вы ведь все уже однажды испытали, каким бесконечно одиноким можно себя чувствовать и какою пустою бывает жизнь. Тогда Вы вдруг ощущаете, что Вам чего-то недостает. Но чего? Я вам скажу: вам недостает живого Спасителя!

Только что я рассказывал, что Иисус умер на кресте, чтобы заплатить за нашу вину. Обратите внимание на слова: „Наказание мира нашего было на Нем“. Затем Его положили в гроб, высеченный в скале. Ко гробу привалили тяжелый камень. А для полного спокойствия римский правитель приложил печать к камню и выставил стражу римских легионеров. Я представляю, что среди них были великолепные парни, воевавшие в разных странах: в Галлии (нынешней Франции), в Германии, Азии, Африке. Это были молодчики, покрытые шрамами. Итак, в предрассветный час третьего дня они стоят со щитом в левой руке, с копьем в правой руке и шлемом на голове. Римский легионер на страже. На него можно положиться Но вдруг становится светло, как днем. В Библии сказано: „Ангел Господень, сошедший с небес, приступив, отвалил камень от двери гроба“. Иисус восстает из гроба! Это было так величественно, что воины упали без чувств. Несколько часов спустя Иисус встречается с бедной девушкой. Библия говорит о ней, что Иисус изгнал из нее семь бесов. Эта девушка плачет. Иисус подходит к ней, но она не падает без чувств. Напротив, она радуется, когда узнает воскресшего Господа Иисуса, и говорит: „Раввуни!“ Она утешена, потому что знает: „Иисус, добрый пастырь, жив и находится со мною!“

Знаете ли, Иисус мне еще нужен и для того, чтобы мне держаться за Его руку. Жизнь бросала меня в темную бездну. Из-за своего вероисповедания я сидел в нацистских тюрьмах. Там у меня были такие времена, когда я думал: „Еще один шаг – и начнется темное царство безумия, из которого нет обратного выхода“. И тогда явился Христос! И все стало хорошо! Иначе я просто не могу объяснить это.

Я пережил такой вечер в тюрьме, который был сущим адом. К тюрьме подали транспорт, который должен был отправить людей в концлагерь, людей, у которых не было никакой надежды: некоторые из них были уголовниками, другие – безвинные люди, евреи. В один субботний вечер этих людей охватило отчаяние. Вдруг поднялся такой рев, что вы себе этого представить не можете. Дом, полный камер отчаяния, где все кричало и стучало в стены и двери. Стражи нервничали, стреляли из револьверов в потолки, бегали взад-вперед, били и сгоняли всех в кучу. Я сижу в своей камере и думаю: „Так будет в аду“. Мне не хватит слов, чтобы описать, что творилось. В этой ситуации мне вдруг приходит на ум: „Иисус! Он ведь здесь!“ Я рассказываю Вам то, что я действительно пережил. Тогда я тихо, совсем тихо повторил в своей камере: „Иисус! Иисус! Иисус!“ И через три минуты все стихло. Понимаете: я воззвал к Нему. Этого не слышал ни один человек, только Он – и демонам пришлось удалиться! И тут я громко запел, что было строго-настрого запрещено: „Иисус – Ты радость, Души моей благость, Ты – моя краса. Ах, как долго страждет, В страхе сердце жаждет Быть с Тобой всегда!“ И все заключенные это слышали. Стража не проронила ни слова, а я громко пел: „Если буря злая, / мир весь потрясая, / помощь мне – Иисус!“ Друзья мои, тогда я почувствовал, что значит иметь живого Спасителя.

Всем нам однажды придется – я уже об этом говорил – преодолеть очень опасный путь – долину смерти. Меня однажды упрекнули: „Вы – пасторы – всегда пугаете людей смертью!“ А я ответил: „Этим мне никого пугать не нужно, мы же все этого страшимся!“ И тогда, умирая, как хорошо чувствовать руку доброго пастыря! Но мне говорят – и это верно: „Современный человек смерти меньше боится, чем жизни. Жизнь ужасна, страшней смерти!“ Друзья мои, можно и при жизни иметь Иисуса!

Я должен привести вам одну историю, которую я уже часто рассказывал. Она кажется невероятной, но произошла в действительности. В Эссене я познакомился с одним из промышленников; он был таким, знаете ли, доброжелательным: „Господин пастор, как мило, что Вы направляете детей на путь истины. Вот Вам 100 марок за работу“. Я сказал: „А Вы сами как?“ – „Нет, нет, господин пастор, у меня же уже свое собственное мировоззрение...“ Понимаете: добрый малый, но далек от Бога, как Луна от Сириуса. Однажды я проводил венчание. Оно часто бывает немного грустным в огромной пустой церкви. Приходят жених с невестой и, может быть, еще человек десять. Они выглядят немного растерянными в огромной церкви. А мой доброжелательный господин из промышленников – свидетель! Этого бедного человека в элегантном фраке, с цилиндром в руках, мне было искренне жаль. Он теперь просто не знал, как себя нужно вести в церкви. Было заметно, как его мучили вопросы: „Преклонить ли колени? Может быть, нужно перекреститься? Как себя вести?“ Я ему немного помог, взял у него цилиндр и положил на сиденье рядом. Затем спели псалом. Об этом он, конечно, не имел никакого понятия, по крайней мере, делал такой вид. Вы себе можете представить этого господина? Человек мира сего! И вдруг случилось удивительное. Поскольку невеста была помощницей во время детских богослужений, то во время венчания с галереи доносилось пение около 30-ти девочек. Своими сладкими голосами они пели самый простой детский псалом, который, возможно, знаете и вы: „Я овечка у Христа! / В сердце счастья полнота. / Пастырь мой о мне печется...“

И я подумал, что с этим человеком что-то случилось, не заболел ли он? Он как-то съежился, закрыл руками лицо и задрожал. Я решил, что с ним что-то произошло! Мне надо вызвать врача. Но вдруг я замечаю: этот человек плачет, причем, безудержно. „...Пастырь мой о мне печется, / с Ним так радостно живется, – пели дети. – Он в любви меня ведет / и по имени зовет. / Под Его святым жезлом / не нуждаюсь я ни в чем: / пажити Его богаты...“

И вот, сидит человек, крупный промышленник и... плачет. Тогда я понял, что произошло. Ему вдруг стало ясно: „Дети имеют Того, кого у меня нет: Доброго Пастыря. А я одинокий, потерянный человек!“

Мужчины и женщины, для Вас самое большое достижение в жизни, когда вы, подобно детям, сможете сказать, что принадлежите к овцам Иисуса Христа и имеете Доброго Пастыря. Это самое большое достижение в жизни! Стремитесь к тому, чтобы вы могли это сказать! Почему я верю Иисусу? Потому что Он мой Добрый Пастырь, мой лучший друг, мой живой Спаситель.

Для чего нужен Иисус? Хочу сказать вам еще вот что:

5. Иисус – властелин жизни

Несколько лет тому назад мы с молодежью отдыхали в Богемском лесу. После того, как уехали мальчики, мне пришлось еще один день подождать, потому что за мной должны были приехать на автомашине, и находился я в тот вечер в одном старом охотничьем замке, раньше принадлежавшем какому-то королю. Сейчас здесь жил только лесничий. Дом был полуразрушенным. Электрического света не было. Но была огромная жилая комната с открытым камином, в котором был зажжен огонь. Мне поставили керосиновую лампу и пожелали доброй ночи. На улице ревела буря. Дождь хлестал по елям, стоявшим вокруг дома: самый подходящий сценарий для разбойничьих происшествий. А у меня как раз ничего не оказалось с собой почитать. На карнизе камина я нашел брошюрку, которую читал при свете керосиновой лампы. Должен сказать, что ничего более ужасного я еще не читал. В этом повествовании один врач кипел яростью против смерти. На некоторых страницах было написано примерно так: „О ты, смерть, враг человечества! Целую неделю я боролся за жизнь человека и думал, что уже спас его, когда ты, издеваясь, поднимаешься из-за ложа, протягиваешь руки – и все мои труды тщетны. Я помогаю людям, зная, что все это бесполезно, потому что ты придешь со своей костлявой рукой. О смерть-предательница, ты – враг!" Страницы, полные ненависти к смерти! А затем – самое жуткое: „О смерть! Ты – точка, ты – восклицательный знак!" А далее он пишет буквально следующее: „О проклятие, если бы ты все-таки была восклицательным знаком! Но когда я смотрю на тебя, ты превращаешься в вопросительный знак. И я спрашиваю себя: является ли смерть концом, или это еще не конец? Что дальше? Смерть – ты всеобщий вопрос".

Вот оно как! А я Вам скажу, что смерть – это еще не конец! Иисус, Который знает ответ на этот вопрос, сказал: „Пространен путь, ведущий в погибель, и узок путь, ведущий в жизнь!" Но жребий бросается уже тут! И я рад, что имею Спасителя, который уже здесь дает жизнь, является жизнью и ведет к жизни, поэтому я о Нем охотно возвещаю. Знаете, во время первой мировой войны я неделями находился под Верденом, где тогда разыгралась одна из крупнейших битв. Между линиями фронта лежали трупы на трупах. Я всю свою жизнь не могу отделаться от этого сладковатого трупного запаха. И всегда, когда я вижу памятник со словами: „Пали за Отечество...", – я ощущаю трупный запах под Верденом. Когда я думаю о том, что через сотню лет нас всех здесь не будет, я ощущаю ужасающее дыхание смерти. Чувствуете ли его и вы?

И в этом смертном мире есть Один, Который воскрес из

мертвых! Он говорит – представьте себе! – „Я жив, и вы будете жить! Верьте в Меня! Придите ко Мне! Обратитесь ко Мне! Будьте Моим достоянием! Я введу вас в жизнь!“ Не чудесно ли это? И как только можно жить в этом мире смерти без Спасителя, Который есть жизнь и ведет к вечной жизни!

Я прочел на днях старое письмо, напечатанное профессором Геймом. Это письмо солдата-христианина, павшего в России во время второй мировой войны. В письме написано примерно так: „Вокруг нас творится кошмар! Когда русские стреляют из своих орудий, нас всех охватывает паника. А мороз! А снег! Ужасно! Но у меня нет страха. Если я погибну, то будет чудесно. Тогда я в одно мгновение окажусь на небе. Тогда буря стихнет, и я увижу своего Господа лицом к лицу, и Его слава осияет меня. Я не против погибнуть здесь“. Вскоре после этого он погиб. Когда я читал это, то думал: „Как здорово, что молодой человек не боится смерти только потому, что он знает Иисуса“.

Да, Иисус – властелин жизни! И своим последователям Он дает надежду на вечную жизнь!

Однажды на церковном празднике в Лейпцигской ратуше состоялась встреча верхушки правительства с правлением церкви. Произносились речи, по возможности ни к чему не обязывающие, чтобы не слишком задевать больные места друг друга. Заключительное слово взял Генрих Гизен, тогдашний генеральный секретарь германского евангельского комитета. Я никогда не забуду, как Генрих Гизен встал и сказал: „Вы спрашиваете нас, мои господа, что мы за люди. Я хочу Вам это сказать одним предложением: мы – люди, которые молятся так: „Дай мне кротость, Бог-Отец, чтоб был в небе мой венец“. И он сел на свое место. Люди были буквально потрясены таким ответом.

Во время тридцатилетней войны Пауль Герхардт писал в своем стихе: „Хочу я постараться / жить свято на земле, / не мысля оставаться / в этой чужой стране. / Иду своей дорогой, / ведущей к небесам, / Отец готовит много / мне утешенья там“. Желаю, чтобы и вы могли так же пройти свой жизненный путь.

Для чего нужен Иисус? В конечном счете все еще раз зависит от того, познаете ли Вы Его!

Для чего я живу?

Итак: для чего я живу? Или: для чего я на этой земле? Или: в чем смысл моей жизни?

Однажды в Эссене я услышал по телефону взволнованный голос одного промышленника: „Господин пастор, приезжайте!“ Я спешу к нему, он встречает меня словами: „Мой сын застрелился!“ Я знал этого юношу. Он был студентом. Он имел все, что душа желает. Он был здоров, красив, молод и богат. Он давно имел личный автомобиль. Он не был запутан в каком-либо вздорном деле. И этот молодой человек пускает себе пулю в лоб! В письме, которое он оставил, было написано: „Я ухожу из жизни, потому что не вижу в ней смысла!“ Потрясающе!

Как видите, вопрос о смысле нашей жизни очень важен. Он так важен потому, что жизнь у нас только одна! Вы уже размышляли о том, что значит иметь только одну-единственную жизнь?

Когда я еще учился в школе, у меня по математике дела шли не очень хорошо. Мой учитель просто отказывался понимать мои решения. Когда я сдавал задания по математике на проверку, он часто, не оценив мои способности, всю мою тетрадь исписывал красными чернилами. Это выглядело отвратительно. И когда такая тетрадь была сильно испачкана, то я ее убирал, даже если она еще не была использована до конца, и покупал себе новую, такую красивую, чистую. Ее я мог начинать с самого начала. Если бы можно было так поступать и с жизнью! Поверьте мне: миллионы людей в момент смерти думают: „Ах, как хотел бы я еще раз начать все сначала! Я бы все делал иначе!“

Новую школьную тетрадь можно купить и в ней еще раз начать сначала – но не жизнь. Жизнь дается нам лишь один раз! Как это должно быть ужасно, если мы ее испортили, если прожили ее неверно! У нас только одна-единственная жизнь! Если она потеряна, то потеряна на веки веков. Я говорю это совершенно серьезно.

Сегодня утром мимо моего отеля прошло стадо коров. Я

как раз работал над своей проповедью и подумал: „Как должны быть счастливы эти коровы, ведь им не надо задумываться над вопросом, для чего им жить на свете. Тут все ясно: давать молоко, а в конечном итоге – говядину. Вы понимаете? Животному не нужно задумываться над смыслом жизни. Этим человек отличается от животного. Но странно то, что существует масса людей, которые живут и в конце концов умирают, ни разу не спросив: „Для чего же я, собственно, живу?“ Они не отличаются от животного. Как видите: мы не далеки от него. Что делает человека человеком? Он может задать себе вопрос: „Для чего я существую, зачем живу?“

1. Поверхностные и опрометчивые ответы

Итак, друзья мои, существует очень много поверхностных и опрометчивых ответов на вопрос: „Для чего я живу?“ Много лет тому назад я получил все эти поверхностные и опрометчивые ответы одновременно. Это было в 1936 году, во время диктатуры Гитлера. Студенты из Мюнстера просили меня поговорить с ними на тему: „В чем смысл моей жизни?“ И они мне сразу сказали, что не хотят слышать лекции, но желают дискутировать со мной на эту тему. „Хорошо, – сказал я, – тогда начинайте! – В чем смысл моей жизни? Для чего я живу?“ А так как дискуссия, как сказано, состоялась во время диктатуры Гитлера, один из них, конечно, тотчас встал и объяснил: „Я – для своего народа. Это как лист и дерево. Лист ничего не значит, дерево – все. Я существую для своего народа!“ На это я ответил: „Хорошо! А для чего дерево существует, для чего существует народ?“ Пауза! Этого он тоже не знал. Понимаете, подлинный вопрос остался неотвеченным. Тогда я им сказал: „Люди, дорогие! Вы не должны давать такие ответы, которые только обходят вопрос, отодвигают его назад!“

„Итак, в чем смысл моей жизни? Для чего я живу?“ – спросил я снова. Тогда другой объяснил: „Я существую на свете для того, чтобы исполнить свой долг!“ – „Друг, – сказал я, – в том то и дело: в чем же мой долг? Я считаю своим долгом преподнести Вам Слово Божие. Матильда Лудендорф своим долгом считает отвергать Бога. В чем же долг?“

Однажды служащий высокого ранга сказал мне: „Господин пастор, по секрету: я целыми днями переписываю документы, но если бы они все сгорели, то жизнь бы продолжалась. Я страдаю от того, что я, в сущности, совершаю такую бессмысленную работу". Что такое долг? Тысячи эсэсовцев погубили сотни тысяч людей. Когда же они предстают пред судом, то утверждают: „Мы выполняли свой долг, нам это было приказано". Неужели Вы верите, что долг человека может заключаться в том, чтобы погубить других людей? Этому я не могу верить. Итак, я сказал студентам: „В том-то и дело: в чем мой долг? Кто может мне это сказать? Вот мы и опять застряли".

После этого молодые господа стали больше задумываться над ответами. Затем один из них встал и гордо разъяснил: „Я происхожу из старого дворянского рода. Я могу назвать своих предков до 16 поколения. Большое родословие! Разве это не смысл жизни, не цель жизни, достойно продолжать это родословие?" И я смог ответить только так: „Друг! Если не знаешь, для чего жили эти 16 поколений, то стоит ли добавлять к ним 17-ое?"

Видите, как много поверхностных и опрометчивых ответов. В наших газетах часто можно видеть объявления о смерти, над которыми помещается ужасный стишок: „Лишь труд был в твоей жизни, / себя совсем забыв, / отдать все своим ближним – / то высший долг твой был". Вам это знакомо? Я каждый раз содрогаюсь, когда это читаю. Мне думается: „Это же объявление о смерти лошади!" Не правда ли? Всю жизнь работает лишь лошадь. Но я не верю, что человек только для того живет на земле, чтобы работать, не разгибая спины. Это было бы слишком убого. Тогда лучшим исходом для нас было бы в 10 лет покончить жизнь самоубийством, если бы только в этом заключался смысл нашей жизни. „Лишь труд был в твоей жизни..." Это же ужасно!!! Нет, не в этом смысл нашей жизни.

Другой студент мне объяснил тогда: „Знаете ли, я хочу быть врачом. Спасать жизнь людей – разве это не прекрасно?" Я возразил ему: „Хорошо! Но если Вы не знаете, зачем человек живет, то спасать жизнь человеку не имеет никакого смысла". Поймите меня правильно и не распространяйте обо мне слух, будто я сказал, что не стоит спасать жизнь людям. Я имею в виду, что в конечном счете это не является ответом на наш вопрос о смысле жизни.

Меня это потрясло тогда: даже образованные люди (все они были студентами) в наши дни живут, не имея понятия, для чего они существуют на свете.

Вас, по-видимому, раздражает форма моей речи. Я, конечно, мог бы использовать напыщенные фразы с многими иностранными словами, но тогда Вы, определенно, через полчаса заснули бы. А поскольку я этого очень боюсь, то лучше говорю так, как разговаривают на улице, при встрече друг с другом. Это Вам ясно? Благодарю!

Вот видите. Когда все это испытаешь однажды, стоит мне только намекнуть, как получаешь ответ, подобный тому, который я слышал тогда в Мюнстере от студентов: „Жизнь вообще не имеет глубокого смысла. Мое рождение – простая случайность. В этом нет никакого смысла. Поэтому самое лучшее – брать от жизни все, что можно“. Возможно, самым большим искушением для человека является мысль: „Моя жизнь бессмысленна. Она не имеет никакой цели. Если бы мои родители не поженились, я не был бы зачат и рожден. Я живу здесь чисто случайно. В сущности, моя жизнь полностью бессмысленна“. А у кого жизнь тяжела, тот в такой момент близок к самоубийству: „Зачем мне продолжать свою жизнь? Если все является случайностью и бессмысленностью, то не лучше ли положить всему конец?“ Знаете ли Вы, что число самоубийств в Западной Германии больше, чем количество жертв дорожных происшествий? Знаете ли Вы, что около 50% самоубийц – молодые люди в возрасте до 30 лет? Это потрясающие показатели нашего времени: мы больше не видим смысла в жизни.

Я часто разговаривал с людьми, которые мне жаловались: „Жизнь такая бессмысленная, что я закончу ее или развлечениями и наслаждениями, или самоубийством“. Тогда я спрашивал: „А если она все же имеет смысл, а Вы ее проживете так, как будто она ее не имеет? Как Вы предстанете в конце?“

В Библии есть стих, который пронизывает насквозь. Он гласит так: „Человеку надлежит однажды умереть, а потом

Божий суд". Как видите, нужно знать это слово из Библии, чтобы спросить со всей серьезностью: „Зачем я живу?" Как мы сможем предстать на Божий суд, если упустили смысл своей жизни?!" Ясен ли вам теперь этот вопрос? Тогда я продолжаю:

2. Кто может дать ответ?

Кто же может мне дать ответ на вопрос: „Зачем я живу?" Кто? – Церковь? Нет! – Пастор? Нет! Он находится в таком же положении, как и вы. – Профессора? – Философы? И они не могут ответить нам на вопрос: „Для чего я живу?" Только один может нам сказать, для чего мы живем: Тот, кто нам дал жизнь, кто нас создал, – Бог!

Разрешите мне привести следующий простой пример. Захожу я однажды в квартиру. В ней сидит этакий добрый молодец и что-то мастерит из проводов и лампочек. Я спрашиваю его: „Что за адскую машину ты мастеришь тут? Что это будет?" Он мне, конечно, объяснил, но, должен признаться, я ничего не понял и подумал: „В этом никто другой не разберется, только сам мастер может сказать, что это будет и для чего".

Точно так и с нашей жизнью: только Тот, Кто нас создал, может сказать, для чего Он нас создал! Это значит: на вопрос „для чего я живу?" мы можем получить ответ только путем откровения. Бог должен нам это сказать. Если бы я до сих пор Библию не читал, то этот вопрос должен был бы привести к Библии. Я больше не выдержал бы, если бы не узнал, для чего я тут в этом проклятом мире. Вам кажутся слова „проклятый мир" слишком резкими? Но это слова из Библии. Если бы Вы полгода общались с пастором большого города, Вы бы знали, что я имею в виду: этот мир находится под страшным проклятием. Я не смог бы в нем жить, если бы не получил ответ через откровение Божие.

В Библии Бог дает нам ответ на вопрос о смысле жизни. Я знаю людей, которые высокомерно говорят: „Библию мы все равно не будем читать!" На это я могу ответить так: „Я могу поручиться, что Вы еще никогда серьезно не размышляли над вопросом: „Для чего я живу?" Но безрассудство – широко распространенная болезнь, и если бы оно вызывало боль, то весь мир был бы наполнен криком. Я хочу дать Вам ответ из Библии одним предложением: „Бог создал нас для того, чтобы мы стали Его детьми!"

Как отец очень хочет отразиться в своем сыне, так Бог создал человека „по образу Своему". Бог хочет, чтобы мы стали Его детьми, которые с Ним беседуют, с которыми и Он может беседовать, которые Его любят и которых Он любит. А молитесь ли вы? Как горько бывает отцу, когда его дитя годами с ним не беседует! Точно так же и человек без молитвы – ведь он не беседует со своим небесным Отцом. Видите, Бог хочет, чтобы мы были Его детьми, которые с Ним беседуют, которых Он любит и которые Его любят. Вот для чего мы здесь на свете! Пожалуйста, поймите меня правильно: я говорю не о церкви, не о догме, не о религии и тому подобном, но о живом Боге. А Он создал Вас, чтобы Вы стали Его чадом! Являетесь ли вы им?

А теперь дальше. Мы должны быть детьми Божьими, но по своей природе мы ими не являемся. В начале Библии сказано: „Бог сотворил человека по образу Своему". А затем Библия сообщает о весьма великой катастрофе. Человек был создан в полной свободе – и вдруг он решает воспротивиться Богу. Он берет от плода, что означает: „Я хочу быть независимым! Я могу жить без Бога!" Понимаете, Адам никогда не сомневался в существовании Бога, но он от Него освободился: „Я веду свою жизнь по своему усмотрению!"

По этому поводу я должен рассказать вам одну историю. Недавно один мужчина спросил меня на улице: „Пастор Буш, Вы все время говорите о Боге. Но я Его не вижу. Скажите мне, как мне найти Бога?" И я ему ответил: „Послушайте внимательно! Представьте себе, что существует машина времени, посредством которой я мог бы уходить на тысячелетия вперед и назад. Итак, с помощью машины времени я ухожу в начало человечества. Однажды вечером я гуляю по райскому саду. Вы же знаете историю грехопадения? Там, за кустами, я встречаю Адама, первого человека. „Добрый вечер, Адам", – приветствую я его. – „Добрый вечер, пастор Буш", – отвечает он мне. – „Ты удивляешься встрече со мной? – спрашиваю я и объясняю ему: при смене декораций мирового театра я ошибочно попал сюда, в Едемский сад". – „Ну, а почему ты такой задумчивый?" – спросил он. Тогда я ему отвечаю: „Ты знаешь, я сейчас раздумываю над вопросом, который мне задал один человек, а именно: „Как найти Бога?" Громко смеясь, Адам пояснил: „Проблема вовсе не в том, как найти Бога. Он же здесь! Будь честным, пастор Буш, весь вопрос в том, как бы вам от Него избавиться. Ведь трудность как раз в том, что от Него невозможно избавиться!"

Не прав ли Адам? Бог вездесущ! Его можно найти! Но от Него невозможно избавиться! Рассматривая духовную историю последних 300 лет, видно, сколько усилий прилагалось к тому, чтобы избавиться от Бога. Но мы не избавились от Бога. Друзья мои, в сущности, Вы все верите в существование Бога, но Вы Ему не принадлежите. Подобно большинству людей, вы откладываете вопрос о Боге в долгий ящик. Его не отвергают, но Ему и не принадлежат. Бог вам не враг, но и не друг. Таким образом, самая важная пролема нашей жизни остается нерешенной.

Один швейцарский врач в своей книге утверждает, что если у человека не решены жизненноважные вопросы, то он страдает душевно. „Мы здесь, на Западе, больны Богом, – продолжает он. – Мы не отвергаем Его, но и не принадлежим Ему, мы просто не хотим Его иметь. Поэтому Бог является нашей болезнью".

Да, я согласен с этим!

Когда я повсюду слышу: „Современный человек не интересуется Богом", – я только могу ответить, что с современным человеком дела обстоят неважно. Но ведь и я им являюсь, но интересуюсь этим вопросом. И не считаю, что я устарел. Если современный человек всерьез не заинтересован в своем спасении, то дело очень плохо! Хочу привести простой пример. Представьте себе ученика повара. Однажды шеф говорит о нем: „Он совершенно не интересуется поварским делом". Я спрашиваю: „А чем же он интересуется?" Шеф отвечает: „Пластинками и девушками". „Что ж, – говорю я, – тогда Вам придется теперь, учтя это, вести разговор только о пластинках и девушках". – „Нет, нет, – возразил шеф, – если этот парень не интересуется поварским делом, то он ошибся в своем призвании!"

Вы понимаете, наше призвание – стать детьми Божьими. И если современный человек этим не интересуется, то он ошибся в своем призвании как человек. Тогда нет никакого смысла говорить с ним о всевозможных и невозможных вещах, которые его, может быть, интересуют, но я не перестану повторять: „Вы лишь тогда станете человеком, когда Вы станете чадом живого Бога!“

3. Ответ Бога на вопрос всех вопросов

Я повторяю, что по природе нашей мы не являемся детьми Божьими, но живем в этом мире, чтобы стать детьми Божьими. Поэтому в нашей жизни должно кое-что произойти. Цель моей лекции – посодействовать этому. Я здесь не для того, чтобы Вас немного развлечь, но мне хочется, чтобы хотя бы у нескольких человек, которые раскроют сердца, жизнь стала осмысленной. Ах, если бы это удалось!

Итак, мы не дети Божии, мы не любим Бога, мы преступаем Его заповеди, нам нет до Него дела, мы не молимся – в крайнем случае, иногда, находясь в стесненных обстоятельствах, мы прибегаем к этой вынужденной мере. Поэтому вопрос всех вопросов: как мне стать чадом Бога живого? Сейчас было бы лучше всего раздать бумагу и карандаши и сказать: „Напишите-ка, что вы думаете о том, как можно стать чадом Божиим“. Одни бы сказали, что надо стать добрым человеком. Другие бы сказали, что надо верить в Господа Бога. Но этого всего не достаточно! Вопросом всех вопросов остается: „Как мне стать чадом Бога живого?“

Ответ на этот вопрос всех вопросов я могу получить только через откровение. Как Бог может принять меня своим чадом, Он должен сказать мне Сам. Этого и пастор не может придумать. А Библия дает совершенно ясный ответ. Он гласит: „Только посредством Иисуса!“ Друзья мои, когда дело доходит до Иисуса, тогда мое сердце бьется сильнее, тогда мой пульс учащается, тогда речь идет о главной теме моей жизни. Стать чадом Божиим я могу только посредством Иисуса!

Есть в Библии слово, которое в дословном переводе гласит: „Иисус пришел из мира Божьего в этот мир“. Сегодня мы постоянно слышим разговоры о том, что в Библии представлена старая, устаревшая картина о мире: вверху небо, внизу земля. Это глупости, такого представления мира в Библии нет. Более того, она говорит о Боге: „Со всех сторон Ты объемлешь меня". Это что-то совсем другое. Вы понимаете: даже если бы я захотел скрыться под землей, то и там Он – Бог. В Библии представлена, как мы сегодня на современном языке говорим, многомерная картина мира. Мы живем в трехмерном мире: длина, ширина, высота. Но существует больше измерений. И Бог находится в другом измерении. Он совсем близко – рукой подать. Он идет с нами рядом. Он видел вас на безбожных путях. Но мы не можем проломить стену в другое измерение. Это может сделать только Бог. Он проломил эту стену и пришел к нам в Иисусе!

Далее, в Новом Завете сказано об Иисусе: „Пришел к своим, и свои Его не приняли". Ведь мир принадлежит Ему! Такой является история Евангелия и поныне. Иисус идет, а человек закрывает дверь. „Он пришел к своим, и свои Его не приняли". Собственно, на этом можно было бы поставить точку, собственно, все отношения Бога с человеком должны быть покончены. Но, как ни странно, продолжение следует, а именно: „А тем, которые приняли Его, дал власть быть чадами Божиими". Итак, чтобы стать чадом Божьим, надо принять Иисуса! Открыли ли Вы уже двери своей жизни Иисусу? „А тем, которые приняли Его, дал власть быть чадами Божьими".

Я был молодым офицером во время первой мировой войны, далеко от Бога, когда со мною произошло это, когда я пришел к такому заключению и отдался Иисусу, принял Его. Это перевернуло всю мою жизнь. Но я ни на мгновение об этом не жалею. Мне пришлось ради Христа идти трудными путями. Ради Христа я был брошен в тюрьму. Ради Христа я перетерпел много нужды. Но если бы у меня была еще сотня жизней, я бы с первого моего сознательного момента руководствовался словом: „А тем, которые приняли Его, дал власть быть чадами Божьими". Моя жизнь лишь тогда стала полной смысла, когда я стал чадом Божьим! Совершенно безразлично, кто я: пастор или дворник, генеральный директор или слесарь, домохозяйка или учительница, – моя жизнь становится осмысленной, когда я – дитя Божие. Итак, Вам надо принять Иисуса! Тогда Ваша жизнь будет иметь смысл! Только тогда!

Очень интересно по этому поводу обратиться к людям Нового Завета. Например, там встречается женщина, жизнь которой ужасно безрассудна: Мария Магдалена. О ней только сказано в виде намека: „Она была одержима семью злыми духами". А я знаю многих людей, одержимых двенадцатью злыми духами. Жизнь ее, по-видимому, была жуткой. Такой жуткой, что она мучилась. Но вот в ее жизнь входит Иисус, Спаситель – Сын Божий – и изгоняет злых духов. Это Он может! Это Он совершает! С того момента эта женщина принадлежит Господу Иисусу. Ее жизнь приобрела смысл. Затем она является свидетелем того, как Иисуса пригвождают ко кресту и Он умирает. Ее объемлет страх: „Сейчас снова начнется прежнее бессмысленное существование". Утром, на третий день после распятия Иисуса на кресте, она стоит на коленях в саду возле гроба Иисуса и плачет. Когда она пришла ко гробу Иисуса, то он был пуст, камень был отвален от гроба. Даже тела Его там не было. Поэтому она плакала. Я отлично понимаю эту женщину. Если бы я сегодня потерял Иисуса, это означало бы, что я упал в бездну бессмысленного существования. Я ее понимаю: „Спасителя нет. Теперь моя жизнь опять стала бессмысленной". Но вдруг она слышит позади себя голос: „Мария!" Она оглядывается и видит Его, Иисуса воскресшего. Я как будто вижу перед собой: слезы счастья, радости и преодоленного отчаяния текут по ее лицу: „Раввуни, мой Господь!"

На примере этой женщины мне становится ясно, что не нужно очень философствовать, чтобы получить ответ на вопрос о смысле жизни. Самому простому человеку ясно: „Моя жизнь бессмысленна! Для чего же я, собственно, живу?" В то мгновение, когда Мария Магдалина приняла Иисуса, вопрос о смысле ее жизни решился, она стала дитем Бога живого, жизнь ее приобрела глубокий смысл.

Поэтому я хотел бы обратиться к Вам: примите Иисуса! Он ждет Вас! На пути домой Вы можете с Ним поговорить. Он очень близок Вам. Было бы прекрасно, если бы многие впервые воззвали к Иисусу: „Господь Иисус! Моя жизнь бессмысленна. Приди ко мне, как к Марии Магдалине!"

Разумеется, если мы примем Иисуса, то в нашей жизни произойдет великая революция: Он позволяет мне быть участником Его смерти и, таким образом, во мне умирает старый человек. Я имею право воскреснуть с Ним к совсем новой жизни, как дитя Божие. Он дает мне Своего Духа, так как я вдруг начинаю иначе мыслить, у меня появляются совсем другие интересы. Но это все вы еще испытаете. Только примите Иисуса! Я должен Вам сразу сказать: кто примет Иисуса, приобретает новую жизнь. Стать чадом Божиим не означает изменение мышления, но означает совершенно новую жизнь.

В прошлом столетии в Вестфалии жил сапожник по имени Раленбек. Его не называли иначе как „пастор благочестия", потому что он был ревностным последователем Иисуса. Он был большим и благословенным человеком. Один раз его посетил молодой священник. Раленбек сказал ему: „Господин священник, изучение теологии еще не дает Вам гарантии, что Вы дитя Божие. Вы должны принять Иисуса". Священник ответил: „Да, я имею Иисуса. В моем учебном кабинете даже висит его изображение". На это старый Раленбек возразил: „Да, на стене Иисус висит совсем спокойно и мирно. Но когда Вы примете Его в свое сердце и Он войдет в Вашу жизнь, это вызовет суматоху".

Я желаю Вам, чтобы Вы пережили эту прекрасную суматоху, когда старое умирает и, как дитя Божие, Вы начинаете славить Отца Небесного, потому что знаете, для чего живете на свете, когда, ставши чадом Божиим, можете прославлять Отца Небесного делами, словом, мыслями.

Поймите меня: то, что я вам высказываю, не является ни религиозным хобби, ни идеей священника, но от этого зависит Ваша жизнь и смерть, вечная жизнь и вечная смерть.

Господь Иисус сказал: „Се стою у двери и стучу. Кто услышит голос Мой и отворит дверь, к тому войду". Так Иисус говорит и нам: „Се стою у двери твоей жизни! Отвори! Я хочу дать смысл твоей жизни!"

Однажды ко мне пришел старый шахтер и сказал: „Мне нужно поговорить с Вами, господин пастор. Сейчас мне 70 лет, а когда мне было 17, я был на таком евангелизационном собрании. И я почувствовал, что Иисус стучался в мое сердце. Но я сказал себе: если я отнесусь к этому всерьез и приму Его, то меня засмеют мои товарищи. Это невозможно. И я выбежал. Но вот жизнь моя прошла. Я состарился. Теперь я знаю, что моя жизнь была неправильной, потому что я в тот час не открыл двери Иисусу!“

Друзья, у нас одна-единственная жизнь, и поэтому жизненноважным является вопрос: „Для чего я живу?“ Бог на этот вопрос ответил точно и ясно посредством Иисуса, распятого и воскресшего. И теперь этот Иисус стоит перед Вашей дверью и стучит. Отдайте Ему Вашу жизнь, Вы никогда об этом не пожалеете.

У меня нет времени!

Когда кого-нибудь приглашают на мои лекции: „Пойдемте же! Послушаем пастора Буша! – то чаще всего получают ответ: „У меня нет времени!“

Это было на курорте. Я сидел в столовой напротив одного пожилого мужчины, с которым мы хорошо понимали друг друга. „Это настоящий потребитель!“ – думал я иногда, когда видел, с каким удовольствием этот статный мужчина вкушал пищу или уютно дремал на солнышке. Постепенно меня начало огорчать то, что наши разговоры были только о поверхностных вещах. Возможно, кто-то спросит: „Ну что же в этом плохого?“ Но я думаю иначе. Я убежден, что Бог является великой реальностью. Вся моя жизнь изменилась, когда я узнал, что Бог сделал нечто чрезвычайно великое: „Ибо так возлюбил Бог мир, что отдал Сына Своего единородного, чтобы верующий в Него не погиб, но имел жизнь вечную“. Как ужасно, если человек равнодушно проходит мимо этой благодати Божией. Так дело обстояло и с моим собеседником. Каково ему будет, если он вдруг должен будет предстать пред лицом Божиим?! Однажды, в обед, я дал ему написанную мною книжицу: „Прочтите, пожалуйста, это. Здесь речь о жизни с Богом. У Вас будет кое о чем важном поразмыслить!“ И что же? Он сердечно поблагодарил и сказал: „Сейчас я должен отдыхать, но, возможно, дома я найду время почитать!“ С этими словами он отложил книжицу в сторону. Я огорчился. Больше времени, чем здесь, на курорте, у него нигде не будет. Просто он не хотел уделить время Богу. Опасно так поступать с Богом, поэтому на эту тему стоит поговорить.

1. Странное положение дел

Почему, собственно, у нас нет времени? Прежде всего, я хотел бы обратить внимание на одно обстоятельство, которое мне просто кажется непонятным, которое не может объяснить мне ни один человек.

Обратите внимание, если столетие тому назад купец из Штуттгарта хотел заключить торговую сделку с людьми из Эссена, то ему нужно было пять дней ехать на почтовой карете туда и пять дней – обратно. Это 10 дней, а дня два шло на переговоры по заключению сделки. На это уходило почти полмесяца. А современный коммерсант разговаривает только по телефону, даже без международной переговорной станции – по прямому проводу – таким образом, он экономит 12 дней. Но если посмотреть на коммерсантов, то никто из них не имеет 12 дней лишних. Напротив! Каждый говорит: „У меня нет времени!“ В чем дело?

Когда я раньше, в детстве, ездил к бабушке и дедушке в Швабские Альпы, то это было чуть ли не кругосветным путешествием из Эльберфельда в Урах. На современном транспорте это расстояние преодолевается за 5 часов. Исходя из этого, у людей должно быть много свободного времени! Раньше в неделю работали 60 часов и больше. Сейчас работают около 40 часов в неделю. И ни у одного человека нет свободного времени. Как это получается?

Или еще: вся жизнь сейчас устроена так, чтобы все упрощать. Моя мать каждый день читала 4 главы из Библии, и у нее хватало времени молиться за всех своих родных. А в те времена еще не было электрических стиральных и кухонных машин. Ей приходилось заботиться о 8 детях. Они не носили нейлонового белья, чулки тоже приходилось штопать. А у нее хватало времени ежедневно читать по 4 главы Евангелия! Хватает ли у Вас времени на это? Нет, такого времени у Вас нет! Как же это происходит?

Понимаете, все направлено к тому, чтобы сэкономить время, а ни у одного человека его нет. Вы можете себе это объяснить? Я много об этом размышлял, но это вещь, которую просто невозможно понять. По-настоящему это обстоятельство имеет только одно объяснение, хотя люди его и слышать не хотят, но никакого другого я не знаю: некто стоит в стороне и нас подгоняет! Существует некто, который заботится о том, чтобы человек не имел времени. Подобно укротителю в цирке, он непрерывно хлопает бичом и заставляет людей бежать рысью. То же самое говорит Библия: да, этот „некто“ существует! Это – дьявол. Теперь перед нами вопрос: а существует ли дьявол? На это я вам отвечаю: да, дьявол существует! Существуют „мироправители тьмы“.

Недавно один человек в разговоре со мной сказал, что он „покончил с христианством“. Я ему возразил: „Какое заблуждение! Вами владеет дьявол! Он с Вами покончит!“ На это он усмехнулся и сказал: „Дьявол! Разве он существует?“

В Библии написано: дьявол возводит Иисуса на очень высокую гору, с которой открывался обширный мир. Дьявол удалил все преграды, так что Иисус в духе увидел все царства вселенной и их славу. А дьявол говорит Иисусу: „Все это я Тебе дам, если Ты поклонишься мне, ибо это предано мне, и я, кому хочу, даю“. Это одно из мест Библии, которое меня сильно захватывает, так как Господь Иисус не возражает дьяволу. Он согласен с тем, что дьявол имеет власть над миром.

Скажу вам, что нужно быть слепым и глупым, чтобы не понимать, что существует власть тьмы! Как же иначе вы можете объяснить себе мир? Я хочу коснуться только нескольких обстоятельств.

Мне вспоминаются, например, многие люди, одержимые различными страстями. Однажды ночью ко мне приходит директор одного предприятия – вдрызг пьяный – и говорит: „Помогите мне, я не могу иначе, я просто не могу не пить! Мой отец был пьяницей. Мне это передалось по наследству. Я не могу иначе!“ Как Вы думаете, сколько таких людей, которые в глубине своего сердца сокрушаются: „Я не могу иначе!“ Кто ими командует? Взгляните-ка на все бедствия нашего времени, и вы убедитесь, что существуют „мироправители тьмы“, как об этом говорит Библия!

Или поразмыслите над неустойчивостью брачных союзов в наши дни. Один господин имеет прекрасную семью, очаровательную жену и вдруг – „попадается на крючок“ одной служащей своего предприятия. Я его навестил и сказал: „Дорогой мой, Вы губите свою жизнь, Вы разрушаете свою семью, Вы становитесь посмешищем для своих детей!“ Как сейчас вижу его сидящим передо мною, этого крупного промышленного менеджера: „Господин пастор, я не могу отделаться от этой девицы, не могу!“ Разве здесь не чувствуется власть тьмы?

Знаменитый английский писатель Сомерсет Моэм написал объемистую книгу под названием „О зависимости человека“. Как люди становятся зависимыми друг от друга! В какой кабале люди были у Гитлера! Они верили, что дважды два – двадцать, потому что это сказал фюрер. Теперь вы, вероятно, чувствуете власть тьмы, верите, что существует дьявол.

Великий немецкий поэт Гете написал величественную драму „Фауст“. Я предполагаю, что вы – люди образованные и знаете „Фауста“. В „Фаусте“ изображена девушка – Маргарита. Она – чистое дитя, ставшее жертвой соблазна. А когда брат Маргариты хочет защитить ее честь, его убивают в драке соблазнители. Чтобы пропустить к себе соблазнителя, Маргарита дает матери снотворное, от которого та умирает. Когда появляется дитя, Маргарита его губит, как в настоящее время люди губят детей еще в утробе матери. Какую огромную вину они взваливают на себя! И вот, в финале стоит эта девица: мать, брат и дитя убиты, – и говорит потрясающие слова: „К сему меня то побудило, что было, Боже, мне так мило“. Гете не был глуп. Он рассказывает в „Фаусте“, что во всей этой истории был замешан диявол !

Как пастор большого города, я постоянно сталкиваюсь с подобными случаями. И если ко мне кто-либо приходит и говорит: „Дьявола не существует“, то мне остается только спросить: „Из какой Вы, собственно, деревушки прибыли?“ – хотя, вероятно, и там без дьявола не обходится.

Друзья мои, в существовании дьявола я убедился, наблюдая за тем, как слепы по отношению к своим ошибкам бывают христиане. Иногда, например, набожная женщина может быть эгоистичной до предела. Она мучает свою невестку до безумия, но не замечает этого. Набожная женщина! Верующие люди, просите Бога, чтобы Он освободил вас от власти тьмы.

Видите ли, мир невозможно понять, не принимая во внимание то, что существует дьявол, власть тьмы, власть, действующая вполне целенаправленно, держащая нас в напряжении, поэтому у нас нет времени. Дьявол прилагает все усилия, чтобы не дать нам времени задуматься о том, что существует избавление от этой власти тьмы! А теперь, уже во-вторых, я должен рассказать об этом избавлении.

2. Великолепный факт

Великолепный факт – существует избавление! Ах, мои друзья, как я рад, что у меня такая прекрасная весть! На карнавале выступают так называемые шуты – пустословы. Иногда я размышляю над тем, какое бывает у них настроение, когда вечером, находясь в своей комнате, они смывают грим. Честно говоря, такой шут должен бы думать: „Я зарабатываю себе деньги тем, что говорю бессмыслицу, двусмысленный грязный вздор“. От этого должно становиться неловко перед самим собой!! Как я счастлив, что я могу говорить о чудесном, великом факте освобождения от власти тьмы!

Апостол Павел в одном случае так описывает положение христиан: „Бог нас избавил от власти тьмы и ввел нас в царство возлюбленного Сына Своего, в котором мы имеем искупление Кровию Его“. Итак, быть христианином не означает, в первую очередь, быть крещеным и конфирмированным или уплачивать церковный налог. Быть христианином означает, прежде всего – пережить возрождение, быть вырванным из власти тьмы и в новой жизни находиться во власти нового Господина!

По этому поводу я расскажу Вам историю, которую слышал от одного берлинского миссионера. Он шефствовал над алкоголиком. Это страшная вещь. Однажды он услышал, что этот человек опять выпил очень много спиртного, разбил мебель, побил свою жену. Тогда он решил пойти к нему. Время было послеобеденное, тот человек сидел в кухне и пил кофе. Рядом с ним сидел его маленький пятилетний сын. Миссионер приветливо поздоровался и спросил: „Ты опять сорвался?“ Человек этот заскрежетал зубами и вскочил. Не говоря ни слова, он зашел в находящуюся рядом кладовку и возвратился с бельевой веревкой. Затем он молча привязал своего маленького сына к стулу. Миссионер подумал: „Что бы это значило? Не пьян ли он до сих пор?“ Но предоставил ему полную свободу действий. А тот привязал малыша и связал узлом концы веревки. Затем он закричал на него: „Вставай!“ Мальчик начал плакать и причитать: „Я же не могу!“ Тогда этот пропойца с душераздирающим выражением лица обращается к миссионеру, говоря: „Вот видите: я же не могу! Так происходит и со мною: я же не могу!“ Потрясающе: „Я же не могу!“ Тогда миссионер достал из кармана складной нож и разрезал хорошую веревку, не заботясь о нанесенном ущербе. Он спокойно сказал малышу: „Вставай!“ Мальчик встал, а миссионер обратился к пропойце: „Вот, пожалуйста!“ – „Да, – возразил тот, – потому что Вы разрезали веревку!“ На это миссионер сказал: „Послушайте: есть Один, который разрезает веревки, связывающие нас, это – Иисус!“

В мире полно людей, которые могут свидетельствовать: „Пришел Иисус, и раскрылись оковы, / смертные цепи Он наши порвал. / Поколебал Он позора основы. / Спаситель – Сын Божий свободу нам дал. / Славой Он грех и позор заменил. / Пришел Иисус и оковы разбил“.

Прекрасный факт: существует освобождение от власти тьмы!

И в-третьих, я должен Вам сказать

3. Суть моей темы

Суть моей темы? Освобождение приходит через Иисуса! Я должен сейчас говорить об Иисусе. А когда я говорю об Иисусе, то это и есть моя настоящая тема.

Вспоминаю, как будучи в Нью-Йорке, я был приглашен в негритянский клуб. Вы же знаете о существующей там расовой напряженности. В этом здании негритянского клуба, внизу в фойе, на постаменте, стояла мраморная фигура. Было видно, что это не негр. Я удивился, что черные установили там памятник белому, и спросил одного черного джентльмена: „Друг, кто это?“ Последовала сцена, которую я никогда не забуду. Этот человек остановился перед статуей и торжественно объяснил: „Это Авраам Линкольн, мой освободитель!“ Тогда я мысленно представил себе, что задолго до рождения этого молодого человека президент Линкольн в ходе ужасной войны добился освобождения негров. Этот молодой человек не принимал в том участия. Он был благодарен за свою свободу, которую Авраам Линкольн завоевал на кровавых полях сражений. Я уже поднялся высоко по лестнице и все еще видел этого человека, стоящего перед статуей и повторявшего: „Авраам Линкольн – мой освободитель!“

Так и я хотел бы встать пред крестом Иисуса и сказать: „Иисус – мой избавитель!"

В Библии есть предложение, в котором речь идет о замечательном деле: „Закон духа жизни освободил нас от закона греха и смерти". Существуют законы природы. Если я держу в руке носовой платок и его отпускаю, то он падает вниз по закону природы. Этого изменить нельзя. Но если я его на лету поймаю рукой, то он не упадет на землю. То есть, если подключается более мощная сила, то можно предотвратить падение платка. От природы мы подвержены закону греха и смерти. Все мы падаем, все мы скользим в вечную погибель. Это мы знаем. И теперь все зависит от того, чтобы более сильная власть вмешалась и остановила наше падение. Эту более сильную власть Бог нам дал в Иисусе во искупление, для освобождения. Понимаете, Иисус уничтожил последнюю власть дьявола! И силою Духа Святого, которую дарит нам Иисус, мы можем жить новой, свободной жизнью!

Примечательно, что мир не может отделаться от Иисуса. Понимаете ли Вы это? Однажды некто сказал, что Иисус является чем-то вроде инородного тела в этом мире. Да, и это истина: инородное тело с небес! Кто же этот Иисус? Тут я должен немного остановиться, так как все дело в том, что Вы должны познакомиться с Иисусом. Пожалуйста, не судите об Иисусе по каким-нибудь журналам. Не позволяйте одурманивать себя людям, не знающим Иисуса по-настоящему. Только Новый Завет дает истинные сведения о том, кем является Иисус. Лютер – на основании Библии – сформулировал это так: „Истинный Бог, рожденный в вечности Отцом и в то же время – истинный человек, рожденный девой Марией". Бог и человек! В Нем небо связано с землей!

Иисус – „истинный человек!"

Он мог плакать у гроба Лазаря. Я думаю, Он мог и смеяться, когда говорил ученикам: „Взгляните на птиц небесных: они не сеют, не жнут, не собирают в житницы – и Отец ваш Небесный питает их!" Да, я вижу своего Спасителя по-настоящему смеющимся: „Дерзкие воробьи! Они ни о чем не заботятся – и все равно насыщаются и становятся тучными". О, какой чудесный человек Иисус!

В Библии говорится, что Он проповедовал, а затем насытил 5000 человек. 5000 человек, не считая женщин и детей! Что бы осталось от наших собраний, если бы из них удалить женщин? Каким большим было это собрание у Господа Иисуса: 5 тысяч человек, не считая женщин и детей! А у Него не было микрофона. Каким чудесным голосом должен был обладать Иисус! Он был замечательным человеком!

Одной из величайших сцен Нового Завета является бичевание Иисуса по указанию Римского правителя Понтия Пилата. На голову Ему одели венец из терновника. Его лицо оплевано. Человеческая развалина! И вот Он выходит... Пилат сперва смотрит на Него, потом на народ, затем он указывает на Иисуса и говорит: „Се человек!" Лютер перевел: „Смотрите, какой человек!" В дословном переводе это означает: „Это человек!" Пилат этим говорил: „Я видел много двуногих существ, но это были голодные волки, опасные тигры, хитрые лисы, важные павлины, даже обезьяны. Иисус же – человек!" Возможно, Пилату открылось: „Иисус такой человек, какими мы должны быть!" Недавно мне некто сказал: „Иисус был человеком, как и мы". На это я ему возразил: „Иисус был человеком, но как раз не таким, какими являемся мы, а какими мы должны быть!" Иисус был таким человеком, какими мы должны быть, каким Бог представляет себе человека. Если Вам кто-нибудь скажет: „Иисус был человеком, как и мы", то спросите-ка Вы его: „Ты такой, как Иисус?"

Иисус – „истинный Бог, рожденный в вечности Отцом!"

Я хотел бы не переставая говорить об этом. Хотя бы об эпизоде, когда лодка с учениками угодила в бурю на Генисаретском озере. Лодка мгновенно наполнилась водой. Ломается мачта. „Но это ведь моряков не поколеблет!" – похваляются они, так как здесь присутствовали опытные моряки. Но потом ученики все же испугались, их даже охватила паника, и они закричали: „Где же Иисус? Ах, Он спит в каюте!" Они вбегают в каюту, вода устремляется за ними, и они будят Его: „Господи, мы тонем!" Тогда я вижу, как Иисус выходит на палубу навстречу буре. Мы всегда пытаемся запереть Иисуса в покорные церкви. Он ходит среди бури. Знаете ли Вы об этом? Кажется, будто буря пытается сбить Его с ног. Но Он протягивает руку и повелительно, даже величественно приказывает среди рева бури: „Умолкни!" И в то же мгновение волны успокаиваются, и тучи расходятся! Когда я эту историю рассказывал своим маленьким детям, то мой малыш сказал: „И гром исчез!“ „Да, – подтвердил я, – и гром исчез!“ Засияло солнце. И ученики падают на колени: „Что это за человек! Это не такой человек, как мы!“ Наконец они нашли ответ: „Это Бог, ставший человеком!“

По-настоящему они это поняли только на Пасху, когда Иисус восстал из гроба живым. Друзья мои, я Вам не сказку рассказываю. Я бы не осмелился стоять здесь, если бы не был уверен в этой истине, что в воскресшем Иисусе к нам явился живой Бог.

Больше же всего я люблю созерцать Его висящим на кресте. Там Он действительно „Бог и человек“. Я хотел бы нарисовать перед Вашими глазами Его, хотя и увенчанного, но венцом издевательства. Сильные руки пригвождены ко древу. И Он, склонивши голову, умирает. „На древо вознесенный, Спаситель мой, Твой лик, Страданьем изнуренный, вот на кресте поник“.

Взгляните на этого Иисуса, остановитесь перед Ним и спросите: „Почему Он там висит?“ Спрашивайте до тех пор, пока Вы не найдете ответ: „Там Он освобождает меня от правителей тьмы! Там Он освобождает меня от могущества дьявола!“ Я могу предложить Вам мысленно перенестись в то время, к этому кресту Иисуса, Его увидеть и убедиться, поверить и постигнуть: „Здесь совершено мое искупление от власти тьмы, чтобы я стал свободным чадом Божиим“. Теперь Вам больше нет нужды быть погоняемым дьяволом, но, взирая на крест, Вы можете убедиться: „Власти диавола настал конец! Иисус сильнее! Этот распятый меня искупил, и я свободен!“

Прекратите же заниматься пустыми проблемами нашего времени! Начните же действительно вникать в реальность! Мы должны и имеем право стать свободными детьми Божиими! Бог создал все предпосылки для этого в Иисусе, Который был распят и восстал из мертвых – для нас!

Я знаю, когда говорят о Боге, человека охватывает большая неловкость. Почему же? Видите ли, все мы в состоянии блудного сына, о котором повествует Библия. Он ушел из дому, от отца. Но вдали от отчего дома он стал очень несчастным. Он бы охотно вернулся домой к отцу, но боялся, ему не хватало мужества. Почему? Потому, что между ним и отцом многое было не в порядке!

Так и многие люди не желают встречи с Богом, потому что в глубине сердечной они думают: „Между мной и Богом столько всего, что мы не совместимы". И в этом они совершенно правы. Они, конечно, находятся под властью сил тьмы и не могут иметь никакого общения с Богом! Да, но как вы думаете, если Иисус хочет спасти нас от власти тьмы и сделать нас детьми Божьими, то Он хочет и удалить все, что находится между Богом и нами! И это Он сделал на кресте. Теперь мы можем найти у Него прощение вины. Да, этот распятый Иисус дает прощение грехов! Это постиг Павел, сказавший: „Бог нас избавил от власти тьмы и ввел нас в царство возлюбленного Сына Своего". По своей природе мы находимся во власти дьявола. Иисус же, Сын Божий, спасает нас, даруя нам прощение нашей вины.

Для этого, мои друзья, Бог дал нам время, чтобы мы приняли освобождение в Иисусе!

4. О человеке, у которого тоже не хватало времени

Я еще не закончил. Сейчас я хотел бы рассказать вам об одном человеке, у которого тоже не было времени. Его мы встречаем в Новом Завете. Он был великим человеком: римским правителем. Его имя Феликс. Чудесное имя. Феликс означает „счастливый". У него была жена по имени Друзилла, а его узника звали Павел. Однажды, когда у него как раз было достаточно времени, он говорит: „Давайте-ка вызовем этого Павла на допрос. Жена, пойдем со мной!" И они идут в зал судебных заседаний, где усаживаются со всей пышностью. Справа и слева от них стоят легионеры. Затем вводят узника. „Расскажи, Павел, почему ты находишься здесь в узах?" – требует объяснения от узника Феликс. И тогда Павел начинает превосходную речь. Я бы тоже хотел уметь так говорить. Становилось все серьезнее. И вдруг в зале почувствовалось присутствие самого живого Бога! Павел говорит о правосудии, которое должен иметь судья. Это пронизывает Феликса насквозь. Он вспоминает все мрачные случаи подкупов. А Павел говорит о целомудрии. Тут Друзилла чуть не падает со стула. „Парень, из какого же времени ты родом?" – думает она. Продолжая, Павел говорит: „Бог этого желает!" – тут им обоим становится совсем жарко. Потом Павел говорит о суде Божьем, от которого можно погибнуть. Тогда Феликс вскакивает и говорит: „Подожди, Павел! Все, сказанное тобою – очень хорошо. И это, конечно, очень важно. Когда я найду время, я тебя опять послушаю. Но сейчас у меня времени нет!" И он приказывает увести его. У него никогда больше времени не было...

Я тоже опасаюсь, что если у нас нет времени выслушать Бога о правде, о воздержании и о Его будущем суде, то и с нами будет так, как с Феликсом. Не правда ли, нам становится не по себе, когда мы ощущаем Божию реальность? Тогда мы лучше бежим в кинотеатр или включаем телевизор. Там, по крайней мере, мы можем находиться в состоянии отрешенности. Итак, все остается по-прежнему!

Не страшно ли это, если о жизни пришлось бы сказать: „Все осталось по-прежнему – навсегда!?" Но пришел Сын Божий и сказал: „Се, творю все новое! Я прощаю прошлое! Я искупил Вас смертью своей и сделал достойными Царства Божия! Я даю вам Духа Святого, чтобы вы стали новыми людьми!" А мы говорим: „Ах, нет!" – и все остается навсегда по-прежнему. Есть христиане, христианство которых давно мертво, только они этого еще не заметили – и все остается по-прежнему. Ах, друзья мои, я желаю, чтобы у Вас было иначе. Я желаю Вам самого прекрасного, что существует: чтобы у вас не оставалось все по-прежнему, но стало новым через Иисуса!

5. О Том, у Кого есть время

В заключение я должен сказать нечто очень важное: мы будем загнанными людьми до тех пор, пока над нами будет господствовать дьявол. Но я знаю Одного, у Которого есть время для Вас: это Иисус, Спаситель воскресший. Мужчины жалуются: „У моей жены никогда нет времени для меня". Жены, возможно, жалуются: „У моего мужа никогда нет времени для меня". Родители жалуются: „У детей никогда нет времени для нас". Слышите? У Господа есть время. У Иисуса есть время для нас!

Это для меня является открытием последнего времени. На прошлой неделе у меня были некоторые проблемы, на которых я не хотел бы сейчас останавливаться. Но иногда действительно попадаешь в противоречия нашего времени. Я был так подавлен, что жена сказала: „Ты просто несносный, но я это могу понять!" Я покраснел и убежал в лес. Там, в тишине, я говорил со своим Спасителем: „Иисус, я все-таки должен Тебе объяснить все положение дел..." Я все Ему рассказал. И Он нашел время для того, чтобы я мог Ему все подробно объяснить. Два часа пролетели незаметно. Я открыл свой Новый Завет, – каждое слово там было ответом Божьим для меня лично. Радостный, я пошел домой! Я сделал совершенно новое открытие: у Иисуса есть для меня время!

В Новом Завете есть чудесная история. Сидит один слепой возле дороги и просит милостыню. У него большая деревянная ложка. И когда кто-либо проходит мимо, он протягивает ложку и говорит: „Дай милостыню!" Но вот проходит толпа людей. Слепой думает: „Что же это? Процессия или войска?" Наконец он спрашивает: „Что случилось?" Ему кричат в ответ: „Иисус проходит". И тогда слепой внутренне просветлел. Об Иисусе он уже слышал. Он верит, что Иисус – Сын Божий. И он начинает кричать: „Иисус, Сын Божий, помоги мне! Иисус – Сын Божий, помилуй меня!" Люди же начинают нервничать и говорят: „Не кричи же так, мы хотим слышать, что говорит Иисус". Но слепой продолжает кричать: „Иисус, Сын Божий, помилуй меня". Тогда люди начинают злиться и угрожают: „Тебе сейчас попадет, если ты не угомонишься!" Но слепой не угомонился: „Иисус, Сын Божий, помилуй меня!" Если бы он обратился ко мне, я сказал бы ему: „Послушай, должен же ты понять, что Иисус идет на Голгофу. Он хочет умереть за грехи всех людей. Мир погибает в своих грехах. Иисус хочет решить этот вопрос и принять на себя все грехи, чтобы дать мир с Богом. А затем Он хочет воскреснуть, попрать смерть. Это величайшие задачи! Ну, что ты встреваешь?" Но слепой кричит изо всех сил:„Иисус, Сын Божий, помилуй меня!" Затем следует одно из прекраснейших слов Нового Завета: „Иисус же остановился". „Ах, Господь Иисус", – хочется сказать мне, – когда у меня срочное заседание, то я никому не позволяю себя задерживать!“ В Библии же сказано: „Иисус же остановился и велел привести его“. У Иисуса, Который решает проблемы мира, есть время для слепого нищего! Так высоко Он ценит человека!

Так высоко Он ценит и вас! Есть ли еще во всем мире кто-либо, кто вас ценит так высоко? И у вас для Него нет времени? Видимо, дьявол вас сильно одурманил!

Однажды я слышал жуткую историю: тонул пароход. Вдоль кают бежит стюард и кричит: „Все на палубу. Пароход тонет!“ Он пробегает и мимо кухни, в которой кок жарит петушков и невозмутимо говорит: „Сначала я должен выполнить свою работу!“ Он так и утонул вместе со своими петушками. Таким мне представляется и человек наших дней: „Иисус? Не актуально! Не интересует меня! У меня нет времени!“ И мир, не приняв Иисуса, спешит в ад!

Я полагаю, самое важное нужно совершать в начале. А если Бог дает спасение, то самым важным является принять спасение! Я желал бы, чтобы Вы сейчас встали пред крестом Иисуса и вместе с автором этой песни сказали: „Кому б я мог себя доверить, / о Царь, распятый на кресте? / Тебе открою сердца двери / и посвящаю жизнь Тебе, / и обещаю под крестом / борцом Твоим быть и рабом“.

Внимание! Опасно для жизни!

Я только что примчался к вам по автостраде. А так как голова моя была занята докладом, на уме все время было: „Внимание! Опасно для жизни!“ Понимаете ли, в настоящее время обычно не умирают на закате своих дней, насытившись жизнью. Сегодня чаще погибают от несчастного случая или от инфаркта. Раньше люди доживали до 90 лет и умирали естественной смертью. Теперь все иначе. В наше время над океаном взрывается самолет – погибает 80 человек. Летит под откос автобус – 60 смертей. Взрыв на фабрике – погибшие. В рудниках Рурской области постоянно гибнут люди. Раз в несколько десятилетий случаются великие войны. В одной войне погибает 2 млн. человек, в следующей – 5 млн. человек. Опасности подстерегают нас буквально на каждом шагу!

Когда я задумываюсь над этим, мне часто приходит мысль: „Ну что за жизнь, даже спокойно умереть не дадут“. Теперь представьте себе: сегодня в 10 часов с вами происходит несчастье. Это ведь вполне возможно. Где Вы тогда будете в 11 часов? Что с Вами будет тогда? Думали ли Вы об этом когда-нибудь?

1. Серьезность положения

Расскажу Вам небольшую историю, которую я сам не пережил, но слышал от моего деда. Он был прекрасным рассказчиком. Один молодой человек пришел однажды к своему старому дяде и говорит: „Дядя, поздравь меня! Я выдержал экзамен на аттестат зрелости!“ – „Прекрасно, – ответил дядя, – вот тебе 20 марок в вознаграждение, купи себе что-нибудь. И скажи мне, что ты дальше хочешь предпринять?“ – „Дальше, – говорит юноша, – дальше я буду учиться, я хочу стать юристом“. – „Хорошо, – сказал дядя, – а потом?“ – „Ну, а потом я стану заседателем суда первой инстанции“. – „Хорошо, – сказал дядя, – а потом?“ „Потом я стану заседателем земельного суда“. – „Хорошо, – сказал дядя, – а потом?“ – „Ну, дядя, потом я женюсь и обзаведусь семьей“. – „Хорошо, – сказал дядя, – а потом?“ – „Да, а потом я, видимо, стану великим человеком, председателем земельного суда или первым прокурором“. – „Хорошо, – сказал дядя, – а потом?“ – „Да, дядя, – юноша начал нервничать, – потом я когда-нибудь состарюсь и пойду на пенсию“. – „Хорошо, – сказал дядя, – а потом?“ – „Ну, тогда я перееду в красивую местность, построю домик и буду разводить землянику“. – „Хорошо, – сказал дядя, – а потом?“ Юноша рассердился: „Потом я однажды умру“. – „Так, – сказал дядя, – а потом?“ Юноша перестал смеяться. Он смертельно испугался: „Потом я умру, а – потом?“ – „А потом???“ – спросил дядя. – „Дядя, – ответил он, – об этом я еще никогда не задумывался“. – „Как, – сказал дядя, – ты сдал экзамен на аттестат зрелости и так глуп, что думаешь только от сих до сих? Не должен ли человек, которому Бог даровал разум, думать немного дальше? Что будет потом?“ Юноша быстро возразил: „Дядя, о том, что будет после смерти, никто не знает!“ – „Это не так, мой мальчик, есть Некто, Кто определенно знает, что будет после смерти, это Иисус. И Он сказал: „Пространен путь, ведущий в погибель, узок путь, ведущий в вечную жизнь. После смерти наступит Божий суд. И можно погибнуть или спастись“.

Я должен Вам сказать, что недостаточно строить жизненные планы до гробовой доски. Следует спросить, а что будет после? Как молодежный пастор, я своим юношам часто объяснял: „Если мне нужно отремонтировать пару башмаков, я иду не к автослесарю. Автослесари – прекрасные люди, но в башмаках они не разбираются. С башмаками я пойду к сапожнику! Но если мой автомобиль потерпел аварию, я иду не к сапожнику, а к автослесарю. А если я хочу купить булочек, то иду не к мяснику. Он прекрасный человек, но не умеет печь булочки. За ними я иду к пекарю. Если у меня лопнул водопровод, то я пойду к сантехнику. То есть, я всегда обращаюсь к специалисту. А если мы хотим знать, что будет после смерти, то обращаемся к первому попавшемуся или полагаемся на свои собственные мрачные мысли. Не следовало ли нам с этим важным вопросом – что будет после смерти? – обратиться к специалисту?! А это – Сын Божий, который пришел из другого мира и Сам побывал в царстве смерти. Он умер на кресте и воскрес. Он знает свое дело. И

Он сказал: „Ты можешь попасть в ад! Но ты можешь попасть и на небо!“ И если 25 профессоров мне сегодня будут доказывать, что со смертью все кончается, то и тогда я скажу: „Я глубоко уважаю ваши высокие звания, но вы не специалисты этого дела. Вы еще не были на небе. Но я знаю Одного, Кто там был: Иисуса. И Он говорит об этом иначе“.

Люди сейчас живут на свой страх и риск, как будто со смертью все кончено, или как будто само собой разумеется, что попадут на небо, если приняли крещение и их похоронил пастор. Однажды ад будет кишеть людьми, которые крещены и похоронены пастором! Понимаете ли вы, что находитесь в острой, серьезной опасности для жизни? Все мы рано или поздно предстанем пред Божьим судом.

Я должен Вам открыто признаться, что эта мысль явилась причиной того, что я сегодня здесь стою. Будучи молодым человеком, я никогда не думал, что однажды мне придется стоять за кафедрой. Во время первой мировой войны я был молодым офицером. У нас в полку были очень большие потери. Я был таким офицером, как и все: ни лучше, ни хуже. Но если бы мне сказали: „Однажды ты будешь проповедовать в церкви“, – я бы громко рассмеялся. Признаюсь честно – я был далек от Бога. Однажды мой отец спросил меня: „Ты не веришь в Бога?“ Я ответил ему: „Не такой я глупый, чтобы Бога отвергать. Атеизм – это уже глупо, но Бога я не повстречал, поэтому Он меня не интересует“. Вскоре после этого разговора мы с другом, таким же молодым лейтенантом, во время наступления во Франции сидели в окопе под Верденом. Мы ждали приказа о наступлении и рассказывали друг другу пошлые анекдоты. Когда я закончил рассказывать анекдот, мой друг не засмеялся. „Почему ты не смеешься?“ – спросил я. Тут он падает , и я вижу, что он мертв. Маленький осколок гранаты угодил ему прямо в сердце. Вначале совершенно равнодушный, я стою у трупа друга: „До чего же ты невежлив, мой дорогой, что улизнул прежде, нежели я дорассказал анекдот!“ Но в тот же момент передо мной встает вопрос: „Где же он теперь?“ Я и сейчас еще вижу себя, стоящим у окопа, когда меня, как бы резким светом, ярче атомного взрыва, осенило: „Он стоит сейчас перед святым Богом!“ Следующим открытием было: „Если бы мы сидели наоборот, тогда я бы сейчас стоял перед Богом!“ И не перед каким-нибудь, а перед Богом, который явил свою волю и издал законы, которые я все преступил. Так же, как преступили их и все вы! Есть люди, грехи которых вопиют к небу, но они все же говорят: „Я праведник и никого не боюсь!“ Какая ложь! В то мгновение я знал: я преступил все законы Божии. И если выстрел сейчас угодит в меня, то и я предстану пред Богом! Мне стало ясно, что тогда я попаду в ад. Тут прибежали ребята с лошадьми: „Вперед!“ Я вскочил на коня. Мой мертвый друг остался лежать. И после долгих лет я впервые сложил руки в молитве: „Мой Бог, не дай мне погибнуть прежде, нежели я буду уверен, что не попаду в ад!“ Я хочу вам спокойно сказать, что позже я пришел к военному пастору и спросил его: „Господин пастор, что мне делать, чтобы не попасть в ад?“ Тот мне ответил: „Господин лейтенант, прежде всего мы должны победить, победить, победить!“ „Вы сами этого не знаете!“ – возразил я ему. Не потрясающе ли это, что тысячи молодых людей идут на смерть, и никто не может им сказать, как приобрести спасение? И это-то в христианском народе! Я впал бы в глубокое отчаяние, если бы однажды мне в руки не попал Новый Завет. Я еще вижу перед собой обстановку французского крестьянского дома, в котором я находился. „Евангелие! Здесь, видимо, написано как спастись!“ – подумал я. Я просто листал его, потому что был с ним не знаком. Мой взгляд упал на одно-единственное предложение: „Иисус Христос пришел в мир спасти грешников“. Это было как удар молнии. „Грешник“, – это я, этого мне больше объяснять не нужно было. Не хотите ли и вы, наконец, прийти к тому, чтобы пред Богом и людьми признать: „Грешник – это я!“ Бросьте свои фальшивые оправдания! В тот миг мне не нужен был никакой пастор. „Я – грешник“, это было ясно. И я хотел быть спасенным! Но я не знал точно, что это означает. Я понял одно: быть спасенным – означает освободиться из того состояния, в котором я находился, примириться с Богом. „Иисус Христос пришел в мир спасти грешников“. Если Иисус может это совершить, то мне нужно найти Иисуса! Прошло еще несколько недель. Я пытался найти когонибудь, кто бы мне мог показать Иисуса. И тогда я сделал то, что советую и Вам. Мы опять были в наступлении. Я вошел в старый французский крестьянский дом. Он был наполовину разрушен и пуст, но одна комната еще уцелела. В дверях торчал ключ. Я зашел, закрыл за собою дверь на ключ, упал на колени и воскликнул: „Иисус! В Библии сказано, что Ты пришел от Бога спасти грешников, я тоже грешник. Я и на будущее ничего Тебе не обещаю, потому что у меня вздорный характер. Но я не хочу попасть в ад, если пуля угодит в меня. И поэтому, Иисус, я доверяю Тебе всего себя от темени до подошвы. Соверши со мной то, что Тебе угодно!" При этом ничего чрезвычайного не произошло, но я нашел Господа, которому я теперь принадлежу.

Тогда мне было 18 лет, и с каждым днем мне все больше открывалось, в какой большой опасности для жизни находятся люди. Живут без прощения грехов! Знаете ли Вы о том, прощены Вам грехи или нет? Как Вы хотите предстать пред Божьим судом?! Люди живут без мира с Богом. Живут без желания измениться. Внешне они имеют незначительную христианскую окраску, внутри – жалкое, бедное, непримиренное, невозрожденное сердце! Слышите? – Бог не хочет, чтобы мы устремлялись в ад! Бог не хочет этого! Бог хочет, чтобы все люди спаслись и познали истину. И поэтому Он послал Своего Сына. Но, друзья мои, тогда мы должны прийти к Иисусу. Тогда мы должны Ему принадлежать. Однако обходиться с Богом и со спасением через Иисуса так, как обходятся христиане в Германии и других местностях, нельзя. Поймите же, мы находимся в величайшей опасности для жизни, потому что мы идем навстречу суду Божьему.

В среде моей молодежи был один славный юноша. Вначале он регулярно посещал наши часы разбора слова Божьего. Это было во времена гитлеровского рейха. Вдруг ему пришлось пройти национал-социалистический учебный курс, и он совсем сбился с пути. Я его больше не встречал. Но однажды он все же встретился мне. „Добрый день, Гюнтер!" – сказал я. „Хайль Гитлер", – ответил он мне. „Гюнтер, как твои дела? Я тебя давно уже не видел!" – спросил я его. Он выпрямился и объяснил: „Мой девиз: я – праведник и никого не боюсь! И если в моей жизни что-либо неверно или Бог существует, то, как честный человек, я за это перед Богом отвечу. Но мне не нужен козел отпущения – Иисус, который бы умирал за меня!“ За ним я мысленно вижу миллионы людей, которые думают точно так же: я без греха и порока и за свою жизнь могу держать перед Богом ответ!

Милые друзья, я бы не хотел ссылаться на свою праведность. Напротив, я знаю, что как раз тогда, когда я на нее ссылаюсь, моя жизнь находится в величайшей опасности. Будьте уверены, мы все предстанем пред Божиим судом! И я хотел бы вас предупредить. Мне становится не по себе, когда я думаю, как беспечно идут люди навстречу Божьему суду!

Художником и скульптором Эрнстом Барлахом созданы замечательные образы. Но он написал еще и театральную пьесу „Пьяный Болл“. Пьяный Болл – помещик, который всегда навеселе. Однажды за обедом он хорошо выпил и поел и пошел в полуденную жару на базарную площадь маленького городка. Он останавливается перед церковью, у дверей которой высечены четыре трубящих херувима. Когда он рассматривает херувимов, они вдруг кажутся ему живыми, трубящими о суде Божием: „Сейчас все человечество предстанет пред судом Божиим!“ Барлах пишет: „Выходите все мертвые из гробов! Нет спасения в тлении! Выходите!“ Тут пьяного Болла осеняет: „Мне не избежать встречи с Богом. Однажды я предстану пред ним во всей своей убогости!“

В сущности, все мы знаем, что со своей праведностью – „Я праведник и никого не боюсь!“ – мы далеко не уйдем. Суд Божий настанет! И тогда вся наша праведность растает, как воск в огне!

Конечно, я знаю, что эту весть сегодня слушают без желания. Когда я говорю: „Без покаяния пред Иисусом ты попадешь в ад“, мне с усмешкой отвечают: „Ад – это средневековое понятие. Его не существует!“ Когда я это слышу, мне всегда вспоминается одна история, которую я Вам должен рассказать.

Это было во время войны. Я хотел кое-кого посетить. Когда я был в пути, произошел воздушный налет. Я устремился в ближайшее бомбоубежище, чтобы переждать налет. Затем я продолжил свой путь до нужного мне селения. Оно существует и по сей день. Но тогда все 20 домов этого селения были заброшены. Я подумал о себе: „Ты грезишь! – все дома стоят, а людей нет!“ Тут мне встречается охранник бомбоубежища, и я спрашиваю его: „Почему все люди ушли?“ Ничего не говоря, он берет меня под руку, заводит в один из домов селения и подводит меня к окну. И я увидел: дома стояли вокруг большой площади, а посреди этой площади лежит огромная бомба, величиной с котел тепловоза. „Неразорвавшаяся!“ – говорю я. „Нет – возразил охранник, – бомба замедленного действия!“ Это были самые коварные бомбы. Они взрывались не от удара при падении, а через 5 и даже 20 часов.

Они начинали взрываться, когда все люди уже возвращались из убежища. „Отсюда все сбежали, слышите, как тикает?“ Действительно, было слышно тикание часового механизма взрывателя. Бомба могла в любой момент взорваться. „Пойдемте, – попросил я хранителя, – здесь как-то неуютно!“ Мы отошли подальше и встали под укрытие, на случай, если бомба взорвется. В это мгновение я увидел комичную картину: прилетела стая воробьев и спокойно опустилась на бомбу. Один даже сел на взрыватель. Я закричал: „Воробьи, это же опасно!“ И мне показалось, будто они кричали мне в ответ: „Ха-ха! Мы осведомлены! Кто сегодня еще верит в бомбы?! Совершенно безопасно!“

Понимаете? Так же безрассудно и современное человечество. Бог уже чрезвычайно серьезно с нами говорил через свое Слово, через суды, в том числе и с нашим народом. А Сын Божий пришел, взошел на крест и воскрес из мертвых. И каждый это может понять: Бог есть, и Он – Бог святой! Если некто приходит и говорит: „Ваша жизнь в опасности! Вам нужно спасать Ваши души!“ – то люди смеются и говорят: „Ха-ха! Кто же еще верит в подобное!“

Видите ли, Библия тоже может быть очень язвительной. Весь атеизм, то есть отрицание Бога, в ней упоминается один-единственный раз, одним предложением: „Сказал безумец в сердце своем: „Нет Бога“. Так, и только так Библия говорит об атеизме.

2. Спасение жизни

Бог уже однажды предал землю страшному суду. Тогда спасся только один человек со своей семьей. Его звали Ной. Бог повелел ему строить ковчег прежде, чем исполнится приговор. Знаете ли Вы историю о потопе? Если Вы ее не знаете, то постарайтесь, чтобы никто не знал об этом, ибо стыдно не знать историю о всемирном потопе! Итак, перед исполнением приговора Бог повелевает Ною: „Войди ты и все семейство твое в ковчег!“ Ной вошел, и Бог затворил за ним двери.

Обратите внимание, мир приближается к Божьему справедливому суду. Но есть ковчег спасения – милость, которая нам предлагается в Иисусе. Он пришел из мира Божьего в наш жалкий мир. Он умер за нас на кресте! Послушайте, если Вам и не все ясно, то это Вы все же поймете: если Бог своему Сыну позволяет умереть ужасной смертью на кресте, то этим путем приобретено искупление, спасающее самого большого грешника! Он воскрес из мертвых. Он призывает нас через Духа Святого. Иисус – ковчег спасения! И как тогда Бог сказал Ною: „Войди ты и все семейство твое в ковчег!“ – так Он просит Вас через меня: „Прими милость Иисуса Христа! Сделай шаг в мир Божий! Порви со всем, что тебя удерживает! Скажи своему Спасителю: „К Тебе идет великий грешник“. Сложи все грехи на Его крест! Верь, что Его кровь текла и за тебя! Скажи Ему: „Господи, Тебе вручаю всю свою жизнь“. Это называется: войти в ковчег спасения.

„Внимание! Опасно для жизни!“ Как много среди нас еще не полностью возрожденных и приближающихся к суду Божьему! Но велика милость Божия. А вера – шаг от суда Божьего к милости Иисуса. И этот шаг – не детская игра. Но он означает спасение от опасности для жизни.

Мой знакомый Альберт Гофман, первый миссионер в Новой Гвинее, однажды рассказал мне историю, которую я никогда не забуду. Я сказал ему: „Брат Гофман, мне приходится сильно бороться за свое христианское убеждение. Пастору не так-то просто принадлежать Иисусу в мире, который служит дьяволу и спешит в ад“. „На это я тебе коечто скажу, – начал он. – У нас, в Новой Гвинее, существует такой обычай: с папуасами, которые хотят стать христианами, проводятся занятия для того, чтобы они могли правильно познать Иисуса. Затем, в одно из воскресений, они принимают крещение. Это всегда большой праздник. Приходят и многие язычники. Но основное всегда происходит накануне, вечером. Зажигается большой костер, и к нему приближаются крещаемые. В руках у них разные вещи идолопоклонства: истуканы, талисманы... Подошедши к костру, они бросают их туда как знаки своей прежней жизни. Однажды я наблюдал за молодой женщиной. Она тоже подошла к костру с руками, полными истуканов и амулетов. Но в тот момент, когда она собиралась бросить эти вещи в огонь, что-то остановило ее. Она, видимо, подумала: „Этим жили мои предки, с этим связано все мое прошлое, я с этим не смогу расстаться!“ Она отступила. Но ей приходит на ум: „Ведь тогда я не смогу принадлежать Иисусу!“ И она опять делает три шага вперед, но снова не может расстаться с этими вещами и еще раз возвращается. Тогда я подошел к ней, – продолжал Гофман, – и сказал: „Трудно расставаться. Подумай еще раз. Ты ведь можешь прийти на следующее крещение“. Молодая женщина еще раз задумалась на мгновение, быстро прошла три шага, бросила все вещи в огонь и упала без чувств“. Я не забуду, как миссионер Гофман в заключение мне сказал: „Я думаю, потрясение этой женщины может понять только тот, кто пережил настоящее возрождение“.

Друзья мои, до ковчега спасения всего один шаг! Выйдите из зоны, опасной для жизни, предайтесь в руки Иисуса. Но этот шаг не так уж прост. Он означает разрыв со своим прошлым. Но – слышите ли? Дешевле не обойтись!

Достаточно ли ясно я сказал? Я всякий раз бываю потрясен, когда вижу, сколько людей бегут навстречу своей вечной погибели, не внимая никаким предупреждениям! Бог не хочет этого! Он желает, чтобы Вы спаслись! Поэтому Он послал Своего Сына, Который искупил Ваши грехи. Вам остается только признать свои грехи и верою принять спасение!

Когда во времена третьего рейха меня однажды вызвали в гестапо, мне пришлось ожидать в помещении, уставленном шкафами. В шкафах горами высились связки с папками деловых бумаг. Из каждой папки свисали закладки, на которых были записаны имена: „Мейер, Карл, Шульце, Фридрих“. Когда я в бесконечном ожидании стоял между этими шкафами с деловыми бумагами, то благодарил Бога, что мне не приходится проводить свою жизнь среди подобных бумаг. От нечего делать я начал читать имена: „Мейер, Карл, Шульце,

Фридрих". Вдруг я читаю: „Буш, Вильгельм!" Это было мое дело! Представьте себе, что в одно мгновение эти шкафы перестали быть мне безразличными. Там была моя папка. Мне очень хотелось ее достать и прочесть то, что в ней обо мне написано. Я не рискнул, но дрожа стоял перед ней: „Мое дело!"

И знаете, точно так же у меня было и с крестом Иисуса. Были времена в моей жизни, когда мне ничто не казалось таким скучным, как христианство, до того часа, когда я впервые по-настоящему увидел крест Иисуса: „Это же касается меня! Здесь речь о моей вине и о моем спасении!" С тех пор крест Иисуса для меня является самым интересным. О, посмотрите на человека в терновом венце! Он – великий Спаситель жизни! Там, на кресте, осуществляется Ваше и мое спасение! Это касается и Вас, даже если Вы этого еще не знаете. Ах, я говорю слишком громко, мне следовало бы тише говорить, но разве можно спокойно говорить о спасении?

3. От смерти к жизни

„Внимание! Опасно для жизни!" Я хотел бы эту фразу показать Вам еще и в другом аспекте. Однажды меня как бы пронзило: „Внимание! Опасность! Стоп! Человек, вернись! Ищи своего Спасителя!" Тогда я вдруг подумал, что ведь в опасности может находиться лишь тот, кто жив! Если автобус свалился в ущелье и все пассажиры мертвы, то им опасность уже не грозит. Понимаете? А сейчас я хотел бы Вам это сказать таким образом: „Вам грозит опасность никогда не прийти к жизни, а прожить мертвыми и мертвыми быть выброшенными за пределы этого мира". Достаточно ли понятно я выражаюсь? Я опасаюсь, что вы вообще упустите жизнь. Библия говорит очень ясно: „Кто Сына Божия имеет, тот имеет жизнь. Кто Сына Божия не имеет, тот не имеет жизни!"

На днях я встретил девушку из Берлина, учительницу иностранного языка. „Простите!, – сказал я ей, – пастор иногда имеет право задать нетактичный вопрос: сколько Вам лет, девушка?" В общем-то, не принято спрашивать девушку о возрасте. Но старому пастору это иногда позволяется. И она без промедления ответила: „8 лет". „Минутку! – удивился я , – 8 лет? Вы – преподаватель 3-х иностранных языков и

Вам 8 лет?“ Она засмеялась и объяснила: „8 лет назад я нашла Иисуса. Только тогда я начала жить, а до тех пор я была мертва“. Я поразился: „Ну и здорово сказано!“ И она сказала мне эти слова: „Кто Сына Божия не имеет, тот не имеет жизни!“ А затем продолжала: „Видите ли, прежде у меня не было Спасителя, не было правильной жизни. Тогда я только зарабатывала деньги и развлекалась, но это была не жизнь!“

Разве это не смелое утверждение? Кто себя добровольно не предает Иисусу, тот вообще не имеет жизни. Да, без Иисуса у нас нет никакого представления о жизни! Только тот, кто имеет Сына Божьего, имеет жизнь!

Несколько лет тому назад ко мне приходит молодой человек. Я спрашиваю его: „Что ты хочешь!“ „Я и сам не знаю, – отвечает он, – знаю только одно – жизнь, которую я сейчас веду – не жизнь, а мука!“ Удивленный, я рассуждаю: „Как так? Ты слесарь и хорошо зарабатываешь!“ „Но это не жизнь! – возразил он, – это же не жизнь! В понедельник – слесарь, во вторник – слесарь, в среду – слесарь, в четверг – слесарь, в пятницу – слесарь, в субботу – футбол, а в воскресенье – кино и девочки: это же не жизнь!“ Тогда я говорю: „Да, парень, ты прав, тогда ты уже прогрессируешь, если понимаешь, что это не жизнь! Я хочу тебе сказать, что такое жизнь. В моей жизни произошел большой переворот. Меня нашел Иисус, который за меня умер и воскрес. Он стал моим Спасителем и примирителем с Богом. Когда мне это стало ясно, я отдал ему свое сердце. И, представь, с тех пор я ожил!“ Этот парень тогда тоже приобрел жизнь. Недавно я его снова встретил во Фрайбурге. „Ну, – спросил я его, – как дела? Имеешь ли ты теперь жизнь?“ Сияя, он ответил: „Да, теперь я имею жизнь!“ Сейчас он энергичен, руководит молодежным кружком, приводит людей к Иисусу. Он нашел жизнь в Иисусе.

Понимаете? Вам грозит опасность упустить свою жизнь, потому что Вы можете слышать о Христе, но никогда не найти своего Спасителя!

У меня есть друг, он бизнесмен. Недавно его пригласил один фабрикант, у которого была прекрасная вилла в чудесном парке. Там было около сотни гостей. В суматохе праздника мой друг, повстречавшись с хозяином, говорит: „Как хорошо Вам живется! Вы – король! Такое имение! Большая фабрика! Славная жена! Очаровательные дети!“ Хозяин ответил: „Да, Вы правы, мне живется хорошо“. Но вдруг он помрачнел и сказал: „Но только не спрашивайте, как выглядит здесь, внутри“. При этом он указал на свое сердце.

Когда я прохожу по улицам, я часто думаю: „Если бы люди были хоть немного более честными, то остановились бы и кричали: „Не спрашивайте, как выглядит здесь, здесь, в моем сердце!“ Там нет мира. Там грех, не дающий покоя душе.

Лишь Один может нас исцелить. Представьте себе! Бог видит наше убогое состояние. Сами по себе мы не можем приблизиться к Богу, но Он по своей великой любви снизошел к нам в Иисусе. Мне приходится провозглашать весть, от которой захватывает дух: „Ибо так возлюбил Бог этот мир...“ Я бы его не возлюбил, я бы изрубил этот мир, полный грязи, зла и глупостей. Но Бог его возлюбил! Это не укладывается в голове. „Ибо так возлюбил Бог этот мир, что Он Своего Сына Иисуса отдал, чтобы все, принявшие эту любовь не погибли, но имели жизнь“. Скажите-ка, что Бог еще может сделать большего для Вас, как отдать Сына Своего на смерть, чтобы Вы имели жизнь вечную?!“

В заключение я хочу рассказать одну интересную историю. К знаменитому английскому проповеднику Чарльзу Сперджену однажды подошел молодой человек и сказал: „Господин проповедник, Вы правы, мне тоже надо искать того Страдальца Голгофы и стать дитем Божиим. Когда-нибудь я покаюсь“. – „Когда-нибудь?“ – спросил Сперджен. – „Ну да, попозже“. – „Попозже? Почему не сейчас?“ Молодой человек пояснил немного смущенно: „Я бы хотел спастись, и поэтому я когда-нибудь покаюсь перед Иисусом, но прежде я хочу и от этой жизни кое-что иметь“. Сперджен громко рассмеялся и сказал: „Молодой человек, Вы слишком скромны. То, что Вы хотите иметь кое-что от жизни – этого, по-моему, слишком мало. Я хочу иметь не кое-что от жизни, а иметь жизнь. В моей Библии написано (при этом он прочел ему из Библии): „Я пришел для того, чтобы имели жизнь и имели с избытком“. Когда я заканчиваю подобную лекцию, меня одолевает тревога, потому что я думаю: „Возможно, ты изложил людям этот вопрос неверно!“

Поэтому, разрешите мне еще раз кратко повториться. Бог предал Иисуса на крестную смерть ради нас, погибших и проклятых грешников, чтобы мы здесь – здесь и сейчас – имели жизнь. Когда я просыпаюсь утром, то могу петь от радости, что я – дитя Божие, так как в Нем имею жизнь.

Слышите? Иисус пришел, чтобы мы уже здесь имели жизнь вечную, а в вечности были избавлены от Божьего суда. Тогда можно радостно идти своей дорогой.

Позвольте мне привести небольшой пример: это было одним ноябрьским вечером. Шел дождь со снегом. Дул ветер, было холодно. По улице шли два человека. Один – без плаща, подняв воротник пиджака. Ему безразлично то, как сильно он промок и все равно, куда идти, потому что у него нет пристанища! Так бродит большинство людей по этому миру.

У них нет цели. Что с ними будет? Как прискорбно – не иметь цели! Безбожник философ Ницше в одном стихотворении пишет: „Вороны с шумом к городу летят, / уж скоро снегопад, / и горе тем, кто дома не имеет". У Вас тоже нет вечного дома? Но вот идет другой путник по улице. Вокруг него та же буря, та же грязь, тот же дождь, тот же снег. Однако он идет бодрым шагом, насвистывая песенку. Почему? Он видит издали огни своего дома! Там ждет его уют! Там тепло! Его путь не удручает. Так идут по этому миру люди, которые принадлежат Иисусу и имеют в Нем жизнь сейчас и в вечности.

Бог сказал Ною: „Войди в ковчег!" Так и я Вас прошу. Войдите к Иисусу! Он близко! Вы можете беседовать с Ним. Излейте Ему свое сердце. Меня некто спросил: „Разве у Вас нет часов приема?" Я ответил: „Для чего? Людям же не нужно со мной говорить. Они должны разговаривать непосредственно с Иисусом!" И Вы сделайте то же.

Что же нам делать?

Друзья мои, я получаю массу писем с различными вопросами. В одном из писем был вопрос: „Возвещаете ли Вы свое собственное мнение или это учение Вашей церкви?“ Я смог лишь ответить так: „Это учение Библии!“ И подумал: „До тех пор, пока Вы слушаете мнение пастора Буша, Вы обманутые люди. От этого Вам мало пользы. Вы должны слушать голос Иисуса! Иисус назвал себя Добрым Пастырем. И голос этого Доброго Пастыря Вы должны слушать. Я, в слабости моей, могу лишь оказать небольшую услугу в том, чтобы голос Иисуса, „Доброго Пастыря моей души“, достиг слуха.

И если мы сейчас будем беседовать на тему „Что же нам делать?“ – то особенно важно, чтобы Вы позволили Иисусу самому беседовать с Вами, чтобы Вы слушали голос Иисуса.

1. Оставьте свое ветхое неверие

Будучи многие годы пастырем в крупном городе, я слышал очень много возражений против библейской вести, мне встретилось столько ветхого неверия, что я, прежде всего, хотел бы Вас просить, имея в виду спасение Вашей души: оставьте Ваше неверие!

Во время войны я, помимо своей должности молодежного пастыря, еще некоторое время был попечителем душ в большой больнице. Однажды я стоял перед дверьми одной из палат и уже собирался постучать в нее, как вдруг через длинный коридор ко мне подбегает молодая сестра и говорит: „Пожалуйста, не заходите в эту палату, господин пастор!“ – „Но почему же?“ – спрашиваю я. „Этот господин категорически отказывается от того, чтобы его посетил пастор! Он определенно не хочет, чтобы Вы к нему приходили! Он Вас выгонит!“ При этом она указала на табличку с его именем на дверях. Я прочел имя одного знакомого предпринимателя, которого я знаю по рекламе. „Сестра, – объясняю я ей, – мои нервы уже давно стали железными!“ – и я постучал. „Войдите!“ – прозвучал сильный мужской голос. Я вошел в палату.

В постели лежал старый господин с седыми волосами. „Добрый день! – сказал я. – Я пастор Буш!“ – „О, – ответил он, – я много слышал о Вас. Вы можете меня посещать!“ – „Превосходно!“ – обрадовался я. А он добавил: „Но с Вашим христианством оставьте меня в покое!“ – „Какая неудача, – улыбнулся я ему, – а я как раз об этом хотел с Вами поговорить!“ – „Исключено! – отмахнулся он. – Этот вопрос для меня окончательно решен! Знаете, еще мальчишкой меня пичкали псалмами, но я приобрел собственное мировоззрение, основанное на учении Дарвина, Геккеля и Ницше!“ Тут я покраснел (так я, к сожалению, довольно быстро раздражаюсь) и налетел на него: „Послушайте, пожилой человек, если бы 16-летний юноша мне сказал, например, что он своим пророком избрал Ницше, то я бы улыбнулся и подумал: „Ну да, это переломный возраст. Ты еще поймешь, что современные философы уже сами не верят в своих старых пророков!“ Но когда такие вещи говорит такой пожилой человек, стоящий на грани вечности, – это ужасно! Вы же смертельно больны. Не хотите ли Вы и пред Богом предстать с такой бессмыслицей? Помилуйте!

Он смотрит на меня с удивлением. Для него этот тон был совершенно неожиданным. И тогда я спохватился: „Стоп! В больнице тебе нельзя взрываться. Здесь ходят в бархатных тапочках“. И вдруг меня объяло глубокое сочувствие к этому бедному человеку. Я переключился на „первую скорость“ и, несмотря на его первоначальный протест, стал рассказывать ему об Иисусе, который хочет быть и его Добрым Пастырем. Он глубоко вздохнул: „Да, это было бы хорошо! Но что же мне делать со своим мировоззрением? Что же мне: бросить за борт все то, во что я верил всю свою жизнь?!“ „Ну конечно же! – воскликнул я радостно. – Дорогой мой! Бросьте за борт все то, что перед лицом вечности Вам все равно не пригодится. Бросьте все за борт сегодня, не оставляйте это на завтра! Все равно с Вашим ветхим неверием невозможно правильно жить и, умирая, спастись. И тогда предайте себя в руки Сына Божьего, Который умер за Вас и Вас искупил. Этот Спаситель хочет стать и Вашим Спасителем!“ Тут зашла сестра, она удивилась, увидев нашу задушевную беседу, и дала мне знак. Я понял, что настало время уходить. Я крепко пожал руку старому господину и тихо вышел из палаты. Не знаю, принял ли он Иисуса. Ночью он умер!

Знаете, тогда меня поразило то, что даже образованные люди карабкаются по земле с Дарвиным, Геккелем и Ницше и, благодаря такому ветхому неверию, лишают себя вечного счастья. Поэтому я Вас, прежде всего, прошу: „Бросьте за борт все Ваши ветхие тезисы, которыми Вы обосновываете свое неверие. Прочь с этим! Ваше ветхое неверие не стоит и гроша! В Библии написано: „Один Бог и Один посредник между Богом и человеком, а именно, Иисус Христос!“

Однажды я сидел напротив одного мужчины. Знаете, эдакий парень, как трехстворчатый шкаф. Я его в душе всегда называю Полосатым, потому что он носил полосатый пуловер, но его звали совсем иначе. Его жена погибла при бомбежке. Двое его сыновей погибли на войне. Бедный человек! Я решил его посетить. Но стоило мне только сесть, как он сразу предупредил: „Господин пастор, только оставьте меня в покое с вашим христианством. Я так много пережил, что больше ничему не верю!“ Тогда я рассмеялся и сказал: „Этого я себе представить не могу! Скажите-ка, господин Полосатый, – в действительности его звали иначе, – вы иногда ездите по железной дороге?“ – „Да“ – ответил он. Я говорю: „Тогда вы, наверно, каждый раз подходите к машинисту и требуете, чтобы он показал вам свое свидетельство на вождение!“ – „Нет, нет! – ответил он, – могу же я поверить управлению железной дороге, что их машинисты...“ – „Как?! – удивляюсь я. – Вы входите в вагон, не убедившись в том, что этот парень впереди может водить локомотив?! Ну послушайте, господин Полосатый, если кому-нибудь доверяешь свою жизнь, то это же вера! Не говорите мне теперь никогда: „Я ничему не верю!“ – но говорите: „Я ничему не верю, кроме железнодорожной лиги“. Потом я спросил его: „Господин Полосатый, Вы иногда ходите в аптеку?“ – „Да, – утвердил он, – у меня часто головные боли. Тогда я в аптеке беру порошки от мигрени“. „Но, – говорю я, – господин Полосатый, иногда аптекари – нечаянно – вместо лекарства выдают яд. Вы же, видимо, прежде проверяете этот порошок от мигрени?“ – „Нет, – отвечает он, – такой опытный аптекарь кое-что понимает в этом, он же не обманет меня!“ –

„Как? – удивляюсь я, – вы глотаете лекарство, не проверив? Вы доверяете аптекарю свою жизнь? Вы принимаете его лекарства просто так, доверяя ему?! Вот это вера! Милый господин Полосатый, никогда не говорите мне больше: „Я ничему не верю!“, но говорите: „Я ничему не верю, кроме железнодорожной лиги и аптекаря!“ И так я продолжал. Вы понимаете? Обнаружилось еще многое. Итак, я ему сказал: „Смотрите, однажды мне в жизни встретился посланник Бога, который воскрес из мертвых и имеет на руках раны от гвоздей, которые провозглашают то, что он меня возлюбил до смерти. Никто во всем мире не сделал для меня столько, сколько Иисус! Никто не достоин такого доверия, как Иисус! Думаете, Иисус когда-нибудь лгал?

Нет! Пожалуйста, такое свидетельство я бы не дал ни одному человеку – только Иисусу. И когда я это признал, то сказал: я хочу свою жизнь доверить Иисусу! Тогда мой собеседник спросил меня: „Неужели это так просто?“ И я сказал: „Да, это так просто, господин Полосатый. Так просто! Вы верите всем направлениям, всему, что угодно, только Одному, Кому действительно можно верить – Вы не хотите верить! Бросьте за борт все ветхие основы Вашего неверия и вверьте свою жизнь, господин Полосатый, Господу Иисусу!“ Однажды я перед сотнями юношей сказал: „Я назначаю премию в миллион марок тому, кто мне укажет раскаявшегося в том, что принял в свою жизнь Иисуса!“ У меня не было миллиона марок, но я мог спокойно их назначить, потому что не существует человека, который бы в этом раскаивался. Но я знаю массу людей, которые раскаивались в том, что они этого не сделали!

Поэтому – кончайте с Вашим ветхим неверием! Поверьте Тому, Кто для Вас сделал все! Это дело решается между Ним и Вами. Для этого нужно уединиться и сказать в тиши: „Господь Иисус, с сего дня я хочу принадлежать Тебе!“

2. Вам следует покончить со своей сомнительной самоправедностью

В Библии написано: „Верно и всякого принятия достойно слово, что Христос Иисус пришел в мир спасти грешников“.

Многих людей возмущает это место, и они говорят: „Но я не грешник! Я же не преступник!“ Им я теперь заявляю: „Вы лжете! Это вам следует сказать в День Оный Самому Богу: „Я не грешник! Я соблюдал все Твои заповеди !“ Сможете ли вы это сказать? Ах, бросьте свою сомнительную самоправедность, которая себе внушает, будто все в порядке вещей! Наоборот, все в полном беспорядке, все! Несколько лет тому назад у меня была беседа с одним молодым человеком лет двадцати, которую я никогда не забуду. Однажды я его встретил и говорю: „Мой милый Гейнц, я тебя больше не вижу на наших библейских занятиях в молодежном кружке!“ А он мне отвечает: „Знаете ли, господин пастор, я за это время взвесил все обстоятельства. Вы постоянно говорите об Иисусе, который умер за грешников. Но мне не нужен козел отпущения, который бы за меня заступился. Если я что-то сделал не так и если существует Бог, то я перед Ним и буду нести ответственность за это. Ведь смешно, чтобы я нуждался в каком-то Спасителе, который умер за меня!“ Я возразил ему: „Хорошо, дорогой! Итак, ты хочешь перед святым Богом сослаться на закон. Это ты можешь! Ты можешь пренебречь Иисусом и сказать: „Я перед Богом ссылаюсь на закон!“ Но, дорогой мой, уясни себе, пожалуйста: во Франции судят по французскому закону, в Англии – по английскому закону, а перед Богом – по Божьему закону! Милый мой, я желаю тебе, чтобы ты не преступил ни одного закона – иначе ты погиб! До свидания!“ – „Подождите, – сказал он, – но ведь дело не будет рассматриваться так тщательно!“ – „Ха, – возразил я, – как ты себе представляешь Святого Бога? Представь себе, что я 50 лет прожил хорошо и порядочно, а потом однажды за три минуты я что-то стянул. Это выясняется, и я предстаю на суд. Итак, я стою перед судьей и объясняю: „Господин судья, не будьте же мелочным! 50 порядочных, безнаказанных лет и три минуты воровства, разве это можно сравнить! Можно ли быть таким мелочным, господин судья“ Ты себе это можешь представить? Тогда судья ответит: „Подождите-ка! Я не говорю о Ваших 50-ти порядочных годах, но я говорю о тех трех минутах, в течение которых Вы совершили кражу! Закон Вас обвиняет по этому делу!“ Если уж так поступает земной судья, то Бог и подавно!

Думаете, Вы безвинны перед Богом? Думаете, Вы не нуждаетесь в прощении грехов? Думаете, что Вы не грешник? Ах, кончайте же со своей сомнительной самоправедностью и ищите Господа, который умер на кресте за Ваши грехи и искупил Вас. Примите Его, исповедуйте Ему Ваши грехи и скажите: „Господь, я приношу Тебе себя и всю свою неправедность! Окажи мне Свою милость! Омой меня Своей кровью!“

3. Сделайте решительный шаг

Для того, чтобы Вам было ясно, что я имею в виду, я лучше всего расскажу Вам еще одну историю. Это было в самом начале нацистского рейха, когда мне пришлось иметь дело с одним из высокопоставленных лиц. Я со страхом и трепетом шел к этому человеку, так как пасторы авторитетом не пользовались. Но, к моему удивлению, этот человек меня не только не выгнал, но и приветливо выслушал. Когда дело было окончено, я спросил его: „Послушайте! Со мной очень редко бывало, чтобы люди, подобные Вам, относились ко мне приветливо. Я Вас хочу за это поблагодарить! И потому, что Вы со мной так славно обошлись, я хочу Вам сделать большой подарок. Я хочу Вам рассказать свою весть: „Ибо так возлюбил Бог мир, что отдал Сына Своего единородного, дабы всякий, верующий в Него, не погиб, но имел жизнь вечную“. Он посмотрел на меня и объяснил: „Вы мне можете дальше не рассказывать. Мои родители – благочестивые, верующие люди, Ваша весть мне знакома со времен юности. Но...“ Он положил на стол большой белый лист бумаги, взял в руки карандаш и посреди белого листа провел черту, продолжив: „Видите ли, господин пастор, я все знаю, я знаю и то, что если бы мне захотелось, то мне пришлось бы перейти через границу, подобно той, какую я здесь начертил, мне нужно было бы перешагнуть через линию. Я стою совсем близко от той границы, – при этом он указал на линию. И мне следовало бы отважиться на решительный шаг!“ Затем он сказал, немного смутившись: „Но это мне не позволяет мое положение в обществе!“ Я ушел очень огорченный. Его давно нет в живых. Положение в обществе не спасет его в вечности! Но он осознал: „Если я хочу в Царство Божие – то мне нужно перешагнуть через границу".

А у Вас есть для этого мужество? О, оно окупится! Иисус ожидает Вас с распростертыми объятиями! Совершите этот решительный шаг через границу – в распростертые объятия Иисуса!

4. Порвите с явным грехом

Я знаю одного человека, который изменяет своей жене. Когда это обнаружилось, я ему сказал: „Вы изменяете своей жене! Вы делаете свою жену несчастной! Вы погибнете навеки!" А он мне ответил: „Чепуха! Я Вам поясню: моя жена меня не понимает..." И он пустился в объяснения, хотя при этом он точно знал, что грешит. Есть люди, которые живут в ссоре и говорят: „Мой противник начал ссору!" Ссора вообще существует лишь тогда, когда ее начинает другая сторона. Никогда еще ни один человек не начинал ссору сам, не правда ли? Всегда начинает другая сторона. Но я хочу Вам сказать, что в очах Божиих ссора не лучше убийства! Почему Вы не прекращаете? „Что же мне делать?" – спрашиваете Вы. Я Вам на это скажу: „Порвите с явным грехом!"

Остановитесь же и спросите: „Что в моей жизни не в порядке? С чем же мне, собственно, следует порвать?" Определить это вам будет совсем нетрудно! Вы думаете, Иисус окажет Вам милость, если Вы будете продолжать сознательно грешить? В Библии написано: „Покайтесь!" Блудный сын порвал со своей прежней жизнью. Вы можете прийти к Иисусу такими, как Вы есть: обремененными и неверующими. Но Вам нужно порвать со всем, что ведет вас к погибели, о чем вы точно знаете, что это грех.

В многочисленных письмах, которые я получаю, люди постоянно возмущаются и пишут: „Вы судите уж слишком строго! То и то – вовсе не грех!" И часто называются вещи, о которых я не говорил. На основании этого я делаю вывод, что наша совесть восстает против господства Иисуса Христа в нашей жизни. Послушайте. Вы не достигнете живой веры и не сможете в живой вере находиться, если у Вас нет мужества предать свою жизнь Иисусу так, чтобы действительно покончить со всем, с чем следует покончить. Порвите с явным грехом!

5. Беседуйте с Богом!

Вы умеете молиться? Возможно, Вы умеете бормотать вызубренный стишок, а молиться? Тогда знайте, у многих такое понятие о молитве, что если бы у меня были волосы, то они поднялись бы от удивления. Недавно я был в одном доме, и мать говорит: „Да, мы тоже добрые христиане. Иди-ка сюда, Кларочка!" Мать требует от своей 4-летней дочери: „Ты же так хорошо молишься, а ну-ка, расскажи пастору какую-нибудь молитву!" И ребенок начал. Но я быстро его прервал: „Достаточно, не надо рассказывать пастору какую-нибудь молитву. Во имя всего в мире, пожалуйста, прекратите! Это же не молитва! Молиться – означает разговаривать с живым Богом, снизошедшим к нам в Иисусе, излить Ему свое сердце. Вы уже когда-нибудь так молились?"

Один английский епископ по имени Робинзон написал ужасную книгу „Иной Бог". В ней он говорит, что современный человек вообще больше не может молиться. С этим я, конечно, согласен. Но это же свидетельствует не против молитвы, а против современного человека! Не правда ли? А епископ хочет все христианство перевоспитать, потому что современный человек больше не может молиться. В таком случае я бы, напротив, сказал: „Пусть современный человек лучше снова научится молиться!"

Попробуйте однажды помолиться! Даже если Вы просто скажете: „Господи, помоги мне найти Тебя!" Или: „Господи, спаси же меня!" Или: „Господи, приведи меня к истинной вере!" Или: „Господи, прости мне мои грехи!" Только начните! Невозможно сразу молиться красноречиво. Возможно, некоторые пасторы красноречиво молятся с книгой в руках, откуда они считывают. Но вовсе не нужно, чтобы мы красноречиво молились, главное, чтобы мы вообще начали действительно говорить с живым Богом. Начните же, тогда Вы научитесь молиться!

Знайте: вера – это задушевное отношение между моим Господом и мною. И тогда без беседы не обойтись, не так ли?

Тогда я разговариваю с Ним, а Он разговаривает со мной. Итак, я подошел к следующему вопросу:

6. Читайте Библию!

Как же Бог говорит с человеком? Он говорит через Библию! Поэтому вам обязательно нужно читать Библию! „Библию сейчас уже ни один человек не читает!" – думаете Вы. Да, к сожалению! Однажды я слышал такое объяснение. Евангельские христиане при праздновании дня реформации всегда поют гимн Лютера „Надежное прибежище". Кончается он так: „Пусть Слово стоит непреложно". И вот, христиане „поставили" его на книжную полку и не прикасаются к нему, но думают: „Вот оно стоит хорошо и верно!" Но Лютер-то имел в виду вовсе не это.

Заходя в дома, я часто слышу: „Да, господин пастор, у нас даже есть старинная Библия 1722 года, нашей прабабушки!" И мне приносят такую книжицу, которую явно никто не читает! При всем глубоком почтении к старинным Библиям я Вам советую: купите маленький Новый Завет! Некоторые из них меньше моей руки. Существуют прекрасные издания Нового Завета. Купите себе такое современное издание!

Затем отведите ежедневно определенное время для того, чтобы его читать. И внимайте! Ведь Сам Иисус разговаривает с вами!

Возможно, встретятся места, которые Вы вовсе не понимаете, но читайте спокойно дальше. Своей молодежи я всегда объясняю так: „Один фермер из Бразилии мне рассказывал, что, когда он туда приехал, ему выделили участок земли, на котором рос дремучий лес. Ему пришлось спиливать деревья, выкорчевывать пни и убирать камни. И вот настал день, когда он запряг двух волов и смог начать пахать. Но не сделал он и трех шагов, как плуг застрял. Что же сделал фермер? Пошел домой, взял динамит и взорвал камни вместе с плугом и волами? Нет! Он обошел плугом камень и продолжал пахать. Когда он закончил, то все выглядело довольно плачевно. Но он посеял и кое-что пожал. Когда он пахал в следующем году, дела шли несколько лучше. Ему пришлось снова выкорчевывать пни, но стало определенно лучше. А при третьей вспашке дело пошло и того лучше.

Так Вам следует читать Библию. Только начните же! Если Вы что-нибудь не поймете, то пока пропустите это место. Только продолжайте! И вот, сразу в первых главах Нового Завета Вам встретится слово, которое гласит: „Иисус спасет Свой народ от греха". Вы скажете: „Это мне понятно! Это подходит мне!" Таким образом позвольте Богу разговаривать с Вами посредством Библии! Ежедневно находите время для Слова Божьего! При этом просите: „Господи! Просвети же меня! Помоги же мне понять! Освети мое сердце, мой разум, мою душу!"

И еще хочу добавить: не позволяйте никому внушать Вам неприязнь к Библии! Библия – великолепная книга! Не существует более актуальной и волнующей книги, чем Библия!

Молодым солдатом, в первую мировую войну, я однажды находился в разведке. Был вечер. Начало смеркаться. Я сидел на краю ущелья. Вдруг в сумерках я увидел трясущуюся вдоль просеки вражескую полевую кухню. Мы даже не ожидали, что по этой просеке можно проехать. Но эта полевая кухня, не дождавшаяся наступления темноты, выдала нам подступ во вражеские расположения. Если там проезжает полевая кухня, то там же пройдет и пехота, и колонны с боеприпасами. Здесь находится подступ к врагу! Что же мы сделали? Может быть, мы решили поберечь просеку и ни в коем случае не открывать по ней огонь? Напротив: именно эту просеку мы всю ночь держали под обстрелом!

Послушайте! Библия является подступом, путем транспортировки продовольствия и боеприпасов, Божиим путем подкрепления христиан. А дьявол так хитер, что берет этот путь Божий под свой обстрел. И какой-то глупый мальчик пренебрежительно говорит: „Ба! Какая книга!" А самые умные профессора доказывают, что Библия всего лишь – творение рук человека. Вы понимаете? В этом все единодушны: открыть по Библии заградительный огонь! Но если Вы хотите быть дитем Божиим, хотите получить спасение, то Вам не следует обращать на это внимание. Не позволяйте никому внушать Вам неприязнь к Библии! Библия говорит, что она написана людьми, которые были исполнены и просвещены Духом Святым. И если Вы будете читать Библию, то скоро заметите, что в ней другой, Божественный Дух.

Однажды некто пожаловался мне: „Для меня Слово Божие совершенно мертво. Я очень хочу получить спасение, но Его Слово мне ни о чем не говорит“. Я ответил ему: „Просите Духа Святого у Бога! Просите, если нужно, ежедневно в течение четверти года: Господи, даруй мне Духа Святого, чтобы мне понять Слово Твое, чтобы я мог ожить в вере! Поверьте мне: Бог ответит Вам совершенно определенно!“

А теперь я хочу Вам сказать последнее:

7. Находитесь под Словом Божиим!

Идите туда, где Вы можете слышать чистое Слово Божие! Я своевременно хочу сказать, что сегодня существуют кафедры, с которых проповедуют „разбавленные“ Евангелия. Туда бы я не пошел, ибо интересуюсь радостным напитком Евангелия, а не каким-то суррогатом! Вы сразу поймете: проповедуют ли Вам радостную евангельскую весть или нет. Везде есть пасторы, проповедники и люди, которые могут возвещать Евангелие. Но Вы идите под своды Слова Божьего! Держитесь тех, которые желают его слушать в любых обстоятельствах. Недавно мне некто сказал: „Вы знаете, я – индивидуалист!“ На это могу только ответить: „Вам не устоять в живой вере, если вы не будете иметь общение с христианами, если не будете ходить туда, где проповедуется Слово Божие!“

В заключение я хочу рассказать вам об одной старой женщине, с которой я однажды познакомился. Один молодой человек сказал мне как-то: „Да не рассказывайте же историю о старой женщине!“ Но таковы уж эти молодые люди! А в моей жизни эта женщина сыграла большую роль. В разное время я встретил трех инженеров, уверовавших в Иисуса через нее. Я заметил, что от этой женщины исходила великая сила, и я ее разыскал. Это была вдова одного шахтера. Она обрадовалась, когда я пришел, и рассказала мне, как уверовала. Она жила в пригороде, который сегодня слился с Эссеном. Однажды она прочитала в газете, что в Паулюс-кирхе (название церкви) будут представлены два новых пастора. Тогда она говорит своим подругам: „Это всегда большое событие в Эссене. Пойдемте, сходим туда!“ Они отправились через поля в Эссен. Путь до Паулюс-кирхе был длинным. Когда они прибыли, огромная Паулюс-кирхе была наполнена до отказа. Они встали позади всех и вот: представляют одного пастора – Юлиуса Дамманна, который пользовался в Эссене большим авторитетом. Женщина рассказывала: „Юлиус Дамманн взошел на кафедру впервые и прочел слово: „Ибо так возлюбил Бог мир, что отдал Сына Своего, чтобы все, уверовавшие в Него, не погибли, но имели жизнь вечную“. Затем он наклонился вперед и сказал: „Из сотен тысяч слов Библии я ни одного так не боюсь, как слова „погибель“. Можно навеки погибнуть, не призывая Бога. А это – ад!“ Я была тогда молодой девушкой и стояла в большой церкви у самого выхода. Больше я ничего не слышала. Меня, как молнией пронзило: ведь я же тоже погибшая! Я же не имею мира с Богом! Мне же не прощены грехи! Я не дитя Божие! Я погибла! Домой я шла, как во сне. Через три дня отец меня спросил: „Ты болеешь?“ Тогда она пытается объяснить все родителям. „Ты не в своем уме! У тебя больные нервы!“ Никому из людей она не смогла тогда объяснить своего смертельного страха: „Я погибла!“ Я желаю Вам всего доброго и, несмотря на это, вернее, именно поэтому, я Вам желаю такое пережить, чтобы Вы познакомились с действием Духа Святого и узнали, что это такое: „Я погиб!“ Дальше она рассказывала: „Четыре недели я ходила совершенно ни к чему не способная. Но вот я прочитала, что пастор Дамманн снова проповедует. И снова я побежала в Эссен. Всю дорогу я молилась. На ум мне пришла только одна молитва, один стих из гимна: „Лишь одно, Господь, мне нужно: / научи познать Тебя! / Остальное все тяжелым / давит бременем меня“. Эту молитву она произносила всю дорогу. И вот она дошла до Паулюс-кирхе. Проповедует Дамманн. Все вокруг переполнено. Ей опять не достается места, и она вынуждена стоять позади. Она еще раз произносит: „Лишь одно, Господь, мне нужно: научи познать Тебя!“ Затем она открывает гимн, который уже начали петь. К своему удивлению, она увидела как раз тот гимн: „Лишь одно, Господь, мне нужно“. Она подумала: „Если это все молитвенно поют, то должно же что-то произойти!“ Затем пастор Дамманн встает за кафедру и читает текст из

Евангелия от Иоанна: „Иисус говорит: Я есмь дверь. Кто мною войдет, тот спасется. Аминь“. Она рассказывала: „Теперь я второй раз была в церкви и опять больше ничего не слышала, как только это слово, потому что в то мгновение мне стало ясно: Иисус воскресший – дверь в жизнь! И я вошла этой дверью. Я больше ничего не слышала от этой проповеди, но мне этого было достаточно. Я вступила в жизнь!“

Я часто рассказываю эту историю, когда встречаю людей, которые мне говорят: „Ах, я в церковь не хожу! Я не могу выносить этого воздуха. Лучше пойду в зеленый лес, где птички поют и деревья шелестят“. Тогда я возражаю: „Эта женщина никогда бы не пришла к живой вере, если бы не пошла послушать Слово Божие!“

Что же нам делать? Оставьте Ваше ветхое неверие! Оставьте Вашу сомнительную самоправедность! Сделайте решительный шаг! Порвите с явным грехом! Беседуйте с Богом! Читайте Библию! Идите под сень Слова Божия!

Я должен был ответить на вопрос: „Что же нам делать?“ – Я дал вам весомые ответы. Но мне необходимо в заключение еще в нескольких словах выразить самое важное.

В сущности, решающим является не то, что мы совершаем, каким бы важным это ни было. Решающим является то, что Бог сделал для нас в Иисусе! Это и есть та радостная весть, о которой я хочу Вам поведать: „Иисус сделал все для всех! Он снизошел к нам. Он воскресил нас. Он сидит для нас одесную Бога. Он – Добрый Пастырь, который все делает для овец Своих. Псалмопевец в 23 псалме свидетельствует: „Господь – Пастырь мой, я ни в чем не буду нуждаться...“ И затем он перечисляет бесконечно многое, что делает для него Добрый Пастырь. Мое желание, чтобы и Вы могли сказать: „Господь – Пастырь мой!“

Почему Бог молчит?

В мире совершаются жуткие дела!

Если не ошибаюсь, это было в 1937 году: я шел по улицам Эссена и встретил 16-тилетнего юношу, очень расстроенного. Я знал его по моей работе среди молодежи и поэтому спросил: „Что с тобой?“ На что он мне ответил: „Меня насильно поместили в больницу и стерилизовали, потому что моя мать – еврейка. А когда я вернулся домой, моих родителей уже не было“. Он больше их никогда не видел. Отца арестовали. Мать отправили в концентрационный лагерь в Аушвиц! Единственное, что я смог, это отправить юношу в Голландию. Оттуда он попал в Америку. Но я никогда не забуду вид этого растерянного юноши: „Меня насильно поместили в больницу и стерилизовали, потому что моя мать – еврейка. А когда я вернулся домой, то моих родителей уже не было!“ А подобных случаев было миллионы! И тогда возникают вопросы: „А Бог? Где же Бог? Почему Бог молчит?“

В оде „К радости“ великого немецкого поэта Фридриха Шиллера есть такая строка: „Братья, в том надзвездном крае жив наш любящий Отец!“ Но современный человек склонен сказать: „Братья, в том надзвездном крае мертв наш любящий отец“.

Кому приходят в голову вопросы: „Где же Бог? Почему Он это допускает? Почему Он молчит по поводу таких ужасных дел?“ у того, возможно, возникнет опасная мысль: „Может быть, Бога вообще не существует? Возможно, в небе никого и нет?! Может быть, атеизм все же – истина?!“ Друзья мои, у кого возникает такая мысль, тот должен прийти в ужас: ведь было бы жутко, если бы Бог в действительности не существовал. Тогда бы мы – люди, мы – изверги были бы оставлены один на один. Тогда бы мы были, как заблудшие дети, которые не в состоянии найти дорогу домой. Бога нет? Это звучит зловеще. Вы себе даже не представляете, что Вы этим выражаете! Над этим – пустота! Мы предоставлены самим себе! Мы – один на один друг с другом! Никого нет страшнее для человека, чем сам человек, не так ли? У римлян была пословица: „Человек человеку – волк“. Ужасно!

Я не в состоянии выразить, как часто ко мне, как к пастору, обращаются с вопросом: „Как только Бог это допускает? Почему Он отвечает молчанием на все это?“ А поскольку меня об этом часто спрашивают, я хотел бы сейчас ответить на этот вопрос.

Но я должен сказать заранее: я не личный секретарь Бога. Он мне не доверил своих планов и не продиктовал мне стенограммы. Вы меня понимаете? Уже само по себе довольно глупо ставить вопрос так, будто мы можем понять Бога. Бог, которого я мог бы понять, в крайнем случае, мог бы быть настоятелем или суперинтендантом. Их я еще могу понять. Но тот, кого я действительно мог бы понять, Богом быть не может. В одном месте Библии Бог говорит: „Мои мысли не ваши мысли, не ваши пути – пути Мои“. Это очень убедительно.

Но все же из Библии я почерпнул некоторые познания и хотел бы, по мере своих возможностей, ответить на вопрос: „Почему Бог молчит?“

1. В корне неправильная постановка вопроса

Во-первых, я должен сказать, что вопрос „Почему Бог молчит?“ поставлен превратно. А именно, он поставлен так, как будто в зале судебных заседаний в судейских креслах восседают госпожа Шульце или пастор Буш, а на скамье подсудимых – Бог. И мы говорим: „Подсудимый Бог, как Ты только все это допускаешь? Почему Ты молчишь?“ Я хотел бы Вам со всей ясностью сказать: „Не существует Бога, который позволил бы нам судить в судейских креслах, а Сам бы сел на скамью подсудимых!

Я вспоминаю одну нелепую сцену того времени, когда я был еще совсем молодым пастором. Мне было 27 лет, я только что прибыл в Эссен, где вспыхнула забастовка шахтеров, сильно всех взволновавшая.

Однажды я прохожу мимо большой площади. Один человек стоит на ящике из-под мыла и громогласно обращается к людям, стоящим вокруг него. Он говорит о голодных детях, низких заработках и безработице. Вдруг он видит меня, узнает и начинает орать: „А, да вот и пастор! А ну-ка, иди сюда!“ Обычно я отзываюсь на приветливое приглашение. Так и на сей раз я подхожу к толпе. Передо мной расступаются, я прохожу к оратору. Вокруг меня столпилось около сотни шахтеров. Мне стало немного не по себе. К такой ситуации меня в университете не подготовили. И он начал: „Послушайте-ка, пастор! Если Бог есть, о чем я не знаю, но возможно Он существует, то тогда я, если умру – предстану пред Ним и скажу, – и он закричал: „Почему Ты допустил кромсать людей на полях битв? Почему Ты допустил умирать от голода детям, когда другие выбрасывали пищу, потому, что у них были излишки? Почему Ты допустил чахнуть людям от рака? Почему?! Почему?!“ И еще я Ему скажу: „Ты, Бог – убирайся! Прочь! Долой!“ Так кричал этот человек... И тут я тоже крикнул: „Совершенно верно, долой этого Бога! Долой этого Бога!“ Кругом все стихло. Оратор удивленно говорит: „Минутку! Вы же пастор! Вам же не следует кричать: долой этого Бога!“ Тогда я ему ответил: „Послушай-ка! Такой Бог, перед которым ты так выступаешь, перед которым ты смеешь раззевать свой рот, который должен перед тобой отчитываться, как обвиняемый перед судьей – такой Бог существует только в твоем воображении. Такому и я могу сказать: долой этого Бога! Долой этого глупого Бога, которого сотворила себе наша современность, которого мы можем, по мере надобности, обвинять, устранять или возвращать! Такого Бога не существует! Но я хочу сказать тебе нечто другое: существует иной, настоящий Бог. Перед Ним ты предстанешь, как обвиняемый, и тогда ты даже рта не сможешь открыть, ибо Он тебя спросит: „Почему ты меня не чтил? Почему ты меня не призывал? Почему ты жил в нечистоте? Почему ты лгал? Почему ты ненавидел? Почему ты ссорился? Почему ты...?“ Так Он будет тебя спрашивать. Тогда у тебя слова застрянут в горле! И ты из тысячи ни на один вопрос не ответишь! Такого Бога не существует, которому можно сказать: прочь! Но есть святой, живой, истинный Бог, который однажды может нам сказать: „Прочь от Меня!“

Вам я тоже хотел бы сказать: если Вы слышите, что люди упрекают Бога: как Бог это допускает? Почему Бог молчит? – скажите им: „Если бы мы могли обвинять Бога, то это был бы глупый, выдуманный Бог! Существует только один святой Бог, который нас обвиняет, Вас и меня!“ Вы соблюдали Божии заповеди? Как же Вы себе представляете? Бог строг по отношению своих заповедей. Мы – обвиняемые, но не Бог!

Это первое, что я со всей ясностью должен был Вам сказать: вся постановка вопроса в корне ошибочна!

А теперь второе:

2. Молчание Бога – Его приговор

„Почему Бог молчит?“ Да, Бог часто молчит, и Божие молчание – самый суровый приговор для нас!

Я убежден в существовании ада. Но он явно не таков, каким его представляют на многих картинах в виде дьявола, жарящего души на огне и прочей чепухи. Я представляю ад таким состоянием, когда Богу больше нечего сказать людям. Тогда они будут звать, тогда они будут молиться, кричать – Он им больше не ответит! Русский писатель Достоевский однажды сказал: „Ад – это такое место, на которое Бог больше не взирает“, – где мы действительно покинуты Богом. Да, Божие молчание – это Его приговор. Таким образом, ад начинается уже в этой жизни, когда Бог молчит.

По этому поводу я хотел бы Вам рассказать одну историю из Библии. Однажды существовало два города: Содом и Гоморра, города высокой культуры с утонченной цивилизацией. Бога они не отвергали. Возможно, там были и пасторы, некии жалкие типы. Но Бога просто не принимали всерьез. Возможно, на свадьбах и похоронах еще обращались к Богу, но во всем остальном Он им был не нужен. Все Его заповеди попирались ногами. В Содоме жил праведник по имени Лот. Время от времени он говорил: „Так нельзя обращаться с Богом! Не обманывайтесь, Бог поругаем не бывает! Что посеет человек, то и пожнет!“ – „Ах, – отвечали ему люди, – не шути! Ты же не пастор! Перестань же городить ерунду о том, что человек посеет, что пожнет!“ Но вот однажды на рассвете случилось так, что Бог пролил на эти города дождь серный и огонь с неба. Как это выглядит, мы испытали во время военной бомбежки. Но Бог может это совершить без самолетов. Я представляю себе, как люди вскакивали со своих постелей и кричали: „В подвалы!“ Но в подвале становится жарко, как в печи. Уже невозможно терпеть. Новые крики: „На выход!“ И ринулись наружу. Но снаружи всюду льет дождь из серы и огня. Беспомощные люди: выйти они не могут, а в подвалах они, наверняка, задохнутся. Об этом повествует Библия. Я себе представил разноликую толпу людей, находящихся вместе: молодая светская дама, которая до сих пор была безразлична к Богу, считая Его эдаким добряком; пожилой господин, который мог каждую марку вина распознать по вкусу. Он тоже ничего не имел против Бога, но был к Нему полностью безразличен. Такие типы были там в подвале вместе: славные, порядочные люди, честные граждане, исправные налогоплательщики. Все они имели свои темные тайны, как и сейчас каждый человек. В погребе становится все жарче. Они хотели бы выйти, но не могут, потому что вокруг бушует погибель. И тогда их охватывает ужас. Вдруг тучный господин говорит: „Люди, а Лот-то был прав: Бог действительно жив!“ А молодая светская дама говорит: „Тогда только одно поможет: сейчас нужно молиться! Но кто же может молиться?!“ И вот поднимаются руки (в древности молились с поднятыми руками), которые до сих пор никогда не поднимались. Вдруг раздается: „Господи, смилуйся! Мы согрешили! Мы пренебрегли Тобой! Но услышь же! Ты же любящий Бог, Ты же милостив! Господи, смилуйся!“ Но Он молчит! Только слышны рев и треск огня. Тогда распростертые руки опускаются и сжимаются кулаки: „Бог! Почему Ты молчишь?!“ Но все тихо! Слышен лишь рев огня. Они могут сейчас молиться, браниться – Бог больше не отвечает!

Существует граница, через которую ни один человек, ни один город, ни один народ перешагнуть не может – граница равнодушия живого Бога. С этой поры Бог больше не слышит или не отвечает! Тогда они могут молиться, браниться – Он больше не ответит. Вы понимаете, что это молчание было страшным приговором Бога над Содомом. В Библии написано о Боге: „Я вас звал, а вы не отвечали“. Почему ты молчишь, человек, когда Бог тебя зовет?

Итак: молчание Бога является самым страшным приговором Бога!

Третье, что я хотел бы Вам сказать, это:

3. Большая отдаленность снижает слышимость

Если мы замечаем, что Бог молчит, то мы, возможно, находимся слишком далеко от Него!

Недавно ко мне подошел один молодой человек и говорит: „Пастор Буш, Вы меня нервируете! Вы постоянно говорите о Боге. Когда я встречаюсь с Вами на дороге, Вы тотчас опять начинаете о Боге. Я Бога не слышу и не вижу. Как же Он говорит? Я ничего не слышу!“ Я ему ответил: „Молодой человек, Вы знаете историю с блудным сыном!“ – „Так, приблизительно!“ – ответил он. – „Так, приблизительно – это значит, Вы ничего о нем не знаете. Я расскажу Вам эту историю, которую Иисус сам рассказал. У одного богатого человека было два сына. Один был немного легкомысленный. Дома ему было слишком тесно, слишком несовременно, его это просто не устраивало. В один прекрасный день он заявил отцу: „Старик, дай мне мое наследство, выплати мне его уже сейчас, я хочу отправиться по белу свету“. Отец отдал ему просимое, и он отправился. Дальше о нем сказано: „Он расточил имение свое, живя распутно“. Вы себе это, конечно, представляете – в большом городе очень быстро расходятся деньги. И, как нарочно, в это же время наступает голод и безработица. Безвыходность заставляет его, в конце концов, пасти свиней. В Израиле свиньи считались нечистыми животными. Для израильтянина быть свинопасом означало самое худшее, что могло произойти. Но так как в то время царил голод, то он был рад питаться тем, что находил в корытах свиней. Голоса отца он там слышать не мог. Он находился слишком далеко от него. Блудный сын мог сказать: „Я не слышу голоса отца“. И это ясно. Он, конечно, его не слышал! Разрешите мне дополнить эту историю, хотя в Библии об этом и не говорится: вот сидит беглец возле своих свиней. Его мучает голод, и он обвиняет своего отца: „Как он только может допускать то, что я так страдаю!“ Таким мне представляется современный мир. Он покинул Бога, но вот, когда над ним разражается бедствие, он кричит: „Как Бог все это допускает? Почему Он молчит?!“ Но Иисус иначе рассказывает историю о блудном сыне: в его жизни наступает час, когда тот как бы спохватывается: „Я же беглец, безумец! У моего отца хлеба в достатке, а я погибаю от голода. Встану и пойду к отцу моему и скажу ему: „Отец, я согрешил!“ И он встает и возвращается! Отец узнает его еще издали и бежит ему навстречу. Блудный сын же говорит ему: „Отец, я согрешил!“ Отец заключает его в объятия и повелевает: „Принесите ему лучшие одежды и перстень, и обувь на ноги его!“ Теперь сын слышит голос отца. „Если Вы не слышите голоса Бога, то Вы вдали от Него! Вам следует обратиться, Вы прекрасно это знаете!“ – сказал я тому молодому человеку.

Люди могут быть очень далеки от Бога, вплоть до свиных корыт, как было с блудным сыном. Во время первой мировой войны, во время наивысшего отступления от Бога, будучи лейтенантом, я знал и постоянно думал: „Мне нужно, в конце концов, обратиться!“ Мне еще никогда не встречался человек, который бы, в сущности, не знал, что ему нужно обратиться. Одна самонадеянная женщина объяснила: „У меня все в порядке!“ Но когда я продолжал с ней беседовать, она призналась: „Да, мне, в сущности, следовало бы обратиться! Я много нагрешила за свою жизнь. По существу, мое сердце совсем окаменело!“

Каждый из нас знает: „Ведь мне следует обратиться!“ Почему Вы этого не делаете? Обратитесь же, тогда Вы тоже услышите голос Отца!

Я должен перейти к следующему пункту вопроса: „Почему Бог молчит?“

4. Нам следует слышать заключительное слово Бога

Вы еще можете слушать? Или я Вам наскучил? Если Вам скучно, то дело во мне, но не в Евангелии. Пасторы могут сделать Евангелие скучным, на это они способны. Но тогда читайте Евангелие без нас. Евангелие захватывает дух, поверьте мне!

То, что я хочу сейчас Вам сказать, является самым главным: если Вы чувствуете, что Бог молчит, Вам следует услышать заключительное слово Бога! Итак, я процитирую Вам одно предложение из Библии, которое так пространно, что мне его следовало бы повторить еще раз. Оно находится в первой главе послания к Евреям: „Бог, многократно и многообразно говоривший издревле отцам в пророках (через Моисея и Иеремию), в последние дни сии говорил нам в Сыне“. Знаете ли Вы, кто этот Сын Божий? Это – Иисус!

Иисус! Опять я дошел до своей любимой темы. Сердце мое бьется чаще, когда я могу говорить об Иисусе. Этот Иисус стал воплощенным Словом Божиим, как Его однажды назвали: „И Слово стало плотью и обитало с нами“. Вы понимаете: если мы промолвим слово, то оно уже улетучилось, как пар. Бог одно из своих слов превратил в плоть – в Иисуса. Иисус является заключительным Словом Бога!

Знакомо ли вам выражение: „Мое последнее слово“? Допустим, я хотел бы продать вам корову. Не бойтесь, я этого не сделаю! Я не имею понятия о продаже коров. Но допустим, что я хочу Вам продать корову. Сколько стоит корова? Я не знаю. Предположим 1000 марок. Вы говорите: Я даю 300 марок, не больше!“ Но я поясняю, что за нее мне следовало получить, по существу, 1200 марок. Тогда Вы предлагаете 400 марок. Я возражаю: 1100 марок я должен получить! И мы торгуемся друг с другом, пока я не говорю: „Итак, 800 марок – мое последнее слово!“ И если я человек слова, то так и останется, на этом конец. Иисус является последним Словом Бога! Если Вы Его не примете, то Богу больше нечего Вам сказать. Понимаете? Если люди озабочены тем,что Бог с ними не говорит, что Он молчит, то я им отвечаю: Богу больше нечего Вам сказать, потому что Вы не хотите принять Его последнее Слово. Вам нужно принять Иисуса! Иначе дело не пойдет!

Я часто встречаю людей, которые мне говорят: „Я тоже верю в Бога. Но Иисус?“ Послушайте, Иисус – воплощенное, последнее Слово Бога, обращенное к нам. Что это значит, я вам ниже объясню. Но для этого я должен немного рассказать об Иисусе. А я ничего не делаю так охотно, как это!

Вот вокруг Иисуса толпа людей. Он беседует с ними. Вдруг позади возникает какое-то беспокойство. Люди разговаривают, волнуются. Иисус прекращает беседу: „Что случилось?“ А случилось нечто ужасное: пришел прокаженный. Знаете ли вы, что такое проказа? Человек заживо гниет. Это жутко: гноящиеся уши, нос, губы. Проказа является такой заразной, что даже через дыхание можно заразиться. Поэтому прокаженные должны были жить в пустыне. Им нельзя было появляться среди людей. И вдруг такой прокаженный появляется среди людей! Он слышит об Иисусе, его влечет непреодолимое желание: „Я хочу видеть Иисуса!“ И вот он идет. Люди перед ним расступаются и кричат: „Эй ты, уходи по добру! Убирайся!“ Они хватают камни и угрожают. Но он непреклонен. Я словно вижу, как возмущенные люди расступаются, и по образовавшемуся проходу он приближается к Иисусу. Нет, он не стоит перед Иисусом, он падает в пыль к Его ногам и в слезах изливает Спасителю свое горе: „У меня пропащая жизнь! Иисус, если Ты хочешь, то можешь меня очистить. Помоги мне!“ Знаете, человек со своей разбитой жизнью и Спаситель, Божий Сын, должны обязательно встретиться! Это так должно быть: наше несчастье должно предстать пред Иисусом! Ах, как я желал бы, чтобы вы отказались от всего того, что вы называете „немного религиозным,“ и пришли бы со своим несчастьем к Иисусу. И вот, лежит тот прокаженный пред Иисусом: „Если Ты хочешь, то можешь меня очистить!“ Тут происходит нечто, что я нахожу невыразимо прекрасным. Можно было бы ожидать, что Иисус, сделав шаг назад от этой человеческой развалины, говорит: „Да, хорошо! Вставай! Очистись!“ Но нет, Он поступает не так. Иисус делает шаг навстречу и возлагает Свои руки на больную голову! Люди вскрикивают от ужаса: „Ведь к прокаженному не прикасаются!“ Библия повествует: „Иисус прикоснулся к нему“. Никакая гадость не отвратительна Иисусу! Никакое горе не является для Него слишком большим! Он кладет на него Свою руку! Если бы я был другим Вильгельмом Бушем – художником, я изобразил бы это так: руки Иисуса на разрушенном, наполовину сгнившем лице прокаженного. Таков Иисус – чудо времени. И если сейчас здесь есть человек, которого все чуждаются, то Иисус кладет на него руку и говорит: „Я искупил тебя, ты – Мой!“ Если кто-либо здесь есть, кого мучит проказа греха, то Иисус кладет на него руку и говорит: „Очистись!“ В Иисусе вся полнота Божественной любви снисходит к нам, к нашей беде, к нашему греху, к нашей нечистоте, к нашей болезни! Иисус является воплотившимся Словом Божиим. И люди еще смеют говорить: „Почему Бог молчит?“ Не говорил ли Бог таким образом достаточно ясно и великолепно? Разве это не речь Бога?!

И вот однажды этого Иисуса кладут на крест: гвоздями прибивают Ему руки и ноги. Затем крест поднимают. Вокруг креста – бушующая толпа. Римские воины оттесняют людей. Пойдемте, присоединимся к толпе и тоже встанем под крест! Взгляни же на Него – Страдальца Голгофы! Чело в крови и ранах, в знак насмехания, увитое терновым венцом, выражает глубокое страдание. Взгляните на Него! Спросите Его: „Почему Ты здесь висишь?“ И Он ответит Вам: „Потому, что ты провинился перед Богом. Либо ты понесешь это наказание в аду, либо Я здесь заплачу твой долг. Кто-то должен понести наказание! Я хочу это совершить за тебя. Отныне веруй в Меня!“

Когда, еще будучи молодым человеком, я осознал, что это – Агнец, понесший грехи всего мира, в том числе и мои (здесь Он снял с меня вину, здесь Он примирил меня с Богом, здесь Он заплатил мой долг, искупив меня перед Богом), тогда я принес свое сердце ко кресту и сказал: „Кому еще себя мне посвятить, / о Царь, истекший кровью на кресте, / как не Тебе на жертвенник сложить / и кровь, и плоть мою, и сердце – все вполне“.

Иисуса кладут в гроб, высеченный в скале. Большую каменную плиту приваливают ко входу. Установлена стража из римских солдат. И ранним утром на третий день стало светло, будто вблизи взорвалась атомная бомба, так светло, что воины – крепкие парни, а не истеричные девицы – упали как мертвые. Последнее, что они видят – это славное восхождение Иисуса из гроба.

Я не рассказываю вам сказку. Я говорю Вам об этом, потому что знаю – Иисус воскрес из мертвых. Тот Иисус, Который умер ради Вас – жив! Нет ни одного, за кого бы не умер Иисус. И этот Иисус – жив. Он зовет вас, будучи последним Словом Бога! Примите ли Вы Его – это основной вопрос Вашей жизни!

„Почему Бог молчит?“ Бог же вовсе не молчит, друзья мои. Он же говорит. Его Слово – „Иисус“! А это значит: любовь, благодать, милость!

За свою жизнь мне пришлось пережить страшные часы в нацистской тюрьме и во время бомбежки. Я вспоминаю один из самых страшных моментов. Крик ужаса застрял в моем горле, когда во время бомбежки меня завели в один двор. Вокруг меня лежало около 80-ти трупов, которые были вытащены из бомбоубежища. Вообще-то, подобные ужасные картины мне приходилось видеть и на полях битвы в первую мировую войну. Но это было еще более ужасным. Здесь лежали не солдаты, а старики, натруженные женщины и – дети: детки, похудавшие за долгую войну. Дети! Что было общего у них с этой сумасшедшей войной? И когда я стоял посреди этих многочисленных трупов, лицом к лицу с ужасом, один в этой мертвой тишине, тогда сердце мое кричало: „О Боже, где же Ты? Почему Ты молчишь?“ И вдруг в мыслях моих предстало слово из Библии: „Ибо так возлюбил Бог мир, что отдал Сына Своего“. Сам Бог, должно быть, послал мне это слово в моем отчаянии. Тогда вдруг мне предстал голгофский крест, на котором Сын Божий истек кровью ради нас!

Я не понимаю Бога. Я не понимаю, почему Бог допускает много подобного. Но существует сигнал, знак, памятник Его любви. И это – крест Иисуса. „Тот, Который Сына Своего не пощадил, но предал Его за всех нас, как с Ним не дарует нам и всего?“ Так говорит апостол Павел. Так оно и есть: когда я у креста Иисуса нахожу мир с Богом, тогда у меня больше нет вопросов.

Когда дети мои были еще маленькими, они понимали не все, что я делал, но они доверяли: „Отец все правильно сделает!“ Когда я нахожу мир с Богом у креста Иисуса, когда я становлюсь дитем Божиим, то я тоже доверяю Небесному Отцу: Он все совершает верно. И у меня вопросов больше не возникает. Все дело заключается в том, чтобы Вам воспринять и принять это последнее Слово Божие – Иисус!

В состоянии ли Вы послушать меня еще пять минут? Я должен сказать Вам еще кое-что очень важное.

5. Молчание Бога может обратиться зовом

Можно часами дискутировать о том, почему Бог допускает то или иное, но вопрос все же всегда становится по-настоящему актуальным и острым, когда он коснется тебя лично. Не так ли? Во все ужасные, мрачные времена моей жизни я находил просвет только возле креста Иисуса.

Недавно одна молодая девушка совершенно разочарованно сказала мне: „Я больше не могу жить!“ Не знаю, в каком состоянии находитесь Вы, но если в Вашей жизни мрак, то я хотел бы Вам сказать: все дело в том, что Вы спрашиваете: „Почему? Почему? Почему?“, а следовало бы спросить: „Для чего?“ По этому поводу, в заключение, я должен рассказать вам следующее.

Несколько десятков лет тому назад я был пастором в одном шахтерском округе, где происходили жуткие дела. Однажды я услышал, что с каким-то рабочим произошел несчастный случай. Камень упал ему на поясницу, нижнюю часть его тела парализовало, и он не имел ни малейшей надежды на выздоровление. Ужасно! Я его навестил, но посещение это было жутким. Это было самое жуткое посещение из всех, которые я когда-либо имел. Его комната была полна шахтеров. На столе стояли бутылки с водкой. Парализованный сидел в своей коляске. Когда я вошел, поднялся страшный крик: „Ты, черный дрозд, не входи! Где же был твой Бог, когда камень упал мне на поясницу! Почему же Бог молчит?“ А затем последовали ругательства. Ну сущий ад! Я не мог вымолвить ни слова и вышел. У меня было несколько друзей среди шахтеров этого округа. На следующий вечер, при беседе в узком кругу, я рассказал им о своем посещении. Неделю спустя, когда я как раз собирался начать беседу в нашем узком кругу, дверь с грохотом отворилась и закатилась коляска с парализованным. Друзья-шахтеры взяли его с собой на беседу. Я даже не знаю, долго ли они его уговаривали, но, по-видимому, – нет. И вот он сидел передо мною. Тогда я говорил на тему: „Ибо так возлюбил Бог мир“, – не для того, чтобы нам здесь хорошо жилось, но, „что Он Сына Своего отдал“. Я говорил об Иисусе – последнем Слове Бога, которое нам надлежит послушать и продолжал: „...дабы всякий, все, верующие в Иисуса, не погибли“. А человек этот слушал! Впервые слышал он об Иисусе! И вдруг он увидел свет. Короче, через четверть года он стал достоянием Господа Иисуса. Я не могу Вам даже рассказать, насколько у него все обновилось. Его жилье было приведено в порядок. Там, где раньше были слышны ругательства, теперь звучали песни об Иисусе. Старых друзей больше не было, зато приходили новые. Бутылки с водкой исчезли, на столе лежала

Библия. Этого я никогда не забуду. У него было очень нежное имя Амзель. Он не обидится, что я привожу здесь его имя, так как он сейчас уже в вечности. „Амзель, – спросил я его, – как дела?“ – „Ах, – ответил он, – с тех пор, как моя жизнь принадлежит Иисусу, с тех пор, как мне прощены грехи, с тех пор, как я стал дитем Божиим, с тех пор в моем доме, – тут он на мгновение задумался, но продолжил: каждый день – как будто накануне Рождества“. Не правда ли, прекрасно сказано для шахтера?! А затем последовало незабываемое, он сказал: „Буш! Я скоро умру, это я чувствую“. Мы с ним разговаривали на „ты“, потому что стали хорошими друзьями. „И тогда, пройдя через врата, я предстану пред Богом. Мне совершенно ясно, что смерть – это еще не все. И когда я там, в вечности, предстану пред троном Его, то паду ниц и буду благодарить за то, что Он сломал мне позвоночник“. – „Амзель, – испуганно прервал я, – что это ты говоришь?“ А он мне ответил: „Я знаю, что говорю. Если бы этого не случилось, если бы Бог оставил меня на безбожном пути, то я бы пришел прямо в ад, в вечную погибель. Поэтому Богу в Своей спасающей любви пришлось круто вмешаться в мою жизнь и сломать мне позвоночник для того, чтобы я мог найти Его Сына, Иисуса, через Которого я стал счастливым дитем Божиим. За это я хочу Его благодарить!“ Затем последовали слова, неизгладимо врезавшиеся мне в память: „Лучше быть парализованным и принадлежать Иисусу, ставши дитем Божиим, чем с двумя здоровыми ногами бежать в ад!“ Тогда я ему сказал: „Дорогой мой Амзель! Бог послал тебе большие затруднения. Вначале ты противился, говоря: где был Бог? Почему Он молчит? А сейчас ты понял, для чего Бог это послал: Он хотел тебя привести к Иисусу, чтобы Иисус мог привести тебя к Нему!“

Теперь Вы видите? Нам не следует спрашивать: „почему?“, а напротив, – „для чего?“ И еще я хочу Вам сказать: я верю, что все затруднения в нашей жизни существуют для того, чтобы Бог через Иисуса мог нас привлечь к Себе! Я очень люблю петь этот куплет гимна: „Меня Ты к Сыну, о Отец, влеки, / дабы Твой Сын меня к Тебе привлек, / и Дух Свой в сердце мне всели, / чтоб Божьим миром я всегда владел, / и в сердце радостный псалом Тебе я пел“. Мне очень хочется, чтобы и Вы так пели и молились со мной.

Наше право на любовь!

Иногда я эту тему формулирую так: „Может ли любовь быть грехом?“ Здесь речь идет о плотской любви, то есть о том, что нас всех интересует. Позвольте мне непосредственно приступить к теме: „Наше право на любовь“. По этому поводу я могу сказать нечто очень серьезное и важное.

1. Ужасное бедствие

Примечательным фактом является то, что люди еще никогда не были так одиноки, как сейчас. В то же время люди еще никогда не жили так скученно, как теперь. Несмотря на то, что мы так близко находившимся друг от друга, мы все же никогда не были так одиноки, как сегодня.

Один 16-летний мальчик как-то мне сказал: „У меня никого нет!“ Я возразил: „Не говори глупостей! У тебя же есть отец!“ – „Ах! Этот старик! – ответил он. – Он приходит домой после обеда, часов в пять, немного поругается, поест и опять уходит“. – „А твоя мать?“ – „Ах, у нее столько забот, ей не до меня!“ – „А твои друзья по работе?“ – „Это коллеги, не более! У меня нет никого, кому я мог бы излить душу“. Это мне сказал 16-летний мальчик. Но такое одиночество бывает не только у детей. Иногда жены живут в полном одиночестве рядом со своими мужьями и наоборот. Муж не имеет понятия о том, что волнует жену. А жена не имеет понятия о том, что волнует мужа. И это называется супружеством! Мы все, в сущности, одиноки!

Когда философы нашего времени говорят об одиночестве современного человека, они находят полную аудиторию слушателей. Человек буквально кричит об избавлении от одиночества. И видите ли, эта тоска по освобождению от одиночества объединяется с самой большой силой, существующей в нашей жизни – половым влечением. И тогда рвутся дамбы: 15-летний ищет подругу, которая избавила бы его от одиночества. Муж, который жил со своей женой, чувствует себя совершенно одиноким, идет к своей секретарше, чтобы она, по возможности, освободила его от одиночества. Молодой студент, находясь среди 11000 или 20000 студентов в университете, а в сущности, ощущая полное одиночество, соединяет жизнь со студенткой, которая точно так же одинока. Стремление к избавлению от одиночества соединяется с самым мощным инстинктом жизни – половым влечением и, таким образом, получается то, что в настоящее время мы живем в чрезвычайно развратном мире. Тот факт, что люди ищут избавление от одиночества в разврате, стремятся использовать для своей наживы разные дельцы, например: продюсеры кинофильмов, писатели. Их девиз: ни одного фильма без сцены в постели! Ни одной книги без измены!

Если понаблюдать, то можно увидеть флирт, ухаживания, поцелуи, и складывается впечатление всеобщего нежного восторга, светлой радости. Молодая девушка мне сказала: „Господин пастор, у нас по этому поводу совершенно иные представления, чем у наших прадедов. У нас новая мораль, новая этика!“ Я был почти готов снять шляпу, если бы она у меня была, и сказать: „Мое почтение!“ Но когда долго проработаешь пастором большого города, то уже не веришь таким пышным фразам. Из опыта я знаю, что вся эта напыщенность является только фасадом, за которым скрывается беспредельное бедствие: молодые люди и девушки, вступившие в порочные связи, не могущие справиться сами с собой. Супружеские узы, продолжающиеся в сплошном притворстве или распадающиеся. Беспредельное бедствие! И об этом бедствии мы все знаем. Я же говорю не о каком-то народе, но о нас с Вами.

Несколько лет тому назад в одном маленьком городке Липперланда я читал лекцию на подобную тему, но только для молодых людей. Когда я вошел в зал, то подумал: „Это ад!“ Парни, девицы, чад от сигарет! Несколько парней даже вытащили бутылки с водкой. Некоторые девицы сидели на коленях у парней. И здесь я должен говорить! Ну и обстановочка! Так подумал я и начал предложением: „В области половых отношений положение ужасное!“ В это мгновение было ощущение, будто поднялись жалюзи. Я еще как будто вижу паренька, который вдруг отодвинул свою девицу. Это его коснулось. Моментально наступила мертвая тишина, и я невольно подумал: ведь в первое мгновение все выглядело так, будто у всех радость и ликование, но я задел за живое: „В области половых отношений положение ужасно!“

2. В чем заключается бедствие?

Видите ли, бедствие, по существу, заключается в том, что мы перестали отличать добро от зла. Мы говорим: „У нас сейчас другие взгляды по этому вопросу!“ Но одно остается неизменным: грех является явью! И если я грешу, то это отягощает мою совесть. Это – реальность! Таким образом, бедствие возникает тогда, когда перестают распознавать: что, собственно, добро, а что – зло. Итак, позвольте мне задать один грубый вопрос: следует ли одобрять половые сношения до бракосочетания или это – зло? Является ли грехом извращенная любовь между девицами или нет? Является ли гомосексуальность, те грязные дела, которыми занимаются мужчины между собой или с мальчиками, злом или нет? Онанизм, развод – зло или нет? Что же, в сущности, зло, а что – добро? Вот откуда начинается бедствие! Тысячи романов выносят эту область за пределы добра и зла, как будто бы этот вопрос, таким образом, исключается. Не правда ли, недружелюбие – это зло, но вот эта область не имеет ничего общего с добром и злом. Возьмите современные фильмы: поцелуй крупным планом, опускающийся занавес и потом – тени за занавесом. Все это в порядке вещей, все это как будто находится за пределами добра и зла. Разве это верно? Что добро, а что – зло? Я вспоминаю, как будучи молодым человеком я пытался сознательно решить вопрос: что мне разрешено делать, а что – нет?

Чтобы правильно ответить на этот вопрос, следует сначала поставить другой вопрос: кто же, собственно, определяет, что – добро, а что – зло? За кем здесь последнее слово? Однажды передо мной предстала парочка: у нее веки были цвета черники, он – лабильный молодой человек с потемневшими от сигарет кончиками пальцев. Я говорю: „Ну-ну, уже за семь километров можно определить, что с вами произошло“. Тогда девица мне объясняет: „В этом же нет ничего особенного, господин пастор. В этом нет ничего особенного!“ Я возразил: „Подождите-ка! Кто может это рассудить: есть ли в этом что-то особенное или нет?“ Да, кто действительно определяет, что – добро, а что – зло? Церковь? Нет! Ей бы я тоже не покорился. Будучи молодым человеком, я ни в коем случае не признавал власти пастора над своей жизнью, сейчас же я сам – пастор. Кто же скажет: что – добро, а что – зло? Тетя Амалия? Или моя собственная совесть? „Я следую своему внутреннему голосу!“ Кто же, собственно, скажет, что – добро, а что – зло?

Видите ли, мы подошли к очень важному месту. Если есть живой Бог, Который является Владыкой мира, то Он должен сказать, что добро, а что зло! Если никакого Бога нет, то делайте то, что хотите! Вести себя порядочно ради тети Амалии я не вижу смысла. В этом случае у каждого человека возникает вопрос: существует ли Бог или нет? Я знаю людей, которые живут во всякой нечистоте, но утверждают, что тоже верят в Господа Бога. Глупости! Раз Бог существует, то Его воля распространяется и на эту область жизни человека. Вам следует решиться. Вы можете отстранить Бога от своей жизни, но учтите, что Вам придется и умереть таким образом! Мы не можем в 45 лет сказать, что живем без Бога, а потом – состаримся и станем благочестивыми. Так не получится! „Ищите Господа, пока можно найти Его“, – сказано в Библии, но не „когда Вам выгодно“. Я еще раз говорю: если Бога нет, то Вы можете делать то, что Вам угодно. Если же Бог жив, то Ему надлежит сказать, что добро и что зло. Это же ясно, не правда ли? А теперь я говорю Вам, что Бог истинно жив! Бог истинно жив! И если Вы меня спросите, откуда я это так определенно знаю, то я Вам отвечу: потому что Он открылся в Иисусе. Я бы хотел это Вам внушить: с тех пор, как пришел Иисус, каждое легкомыслие против Бога или Его отрицание является неосведомленностью или злым умыслом. Бог жив! А раз Он жив, то за Ним последнее слово: что – добро и что – зло. Вы можете отстранить Его от своей жизни, Вы можете сказать: „У нас другие моральные устои!“ Но я Вам гарантирую, что Вам придется перед Богом дать отчет за свою жизнь!

Какое великое облегчение, когда вдруг тебе откроется, что именно Бог определяет, что добро и что зло. В Своем

Слове – в Библии – Он нам об этом говорит ясно и определенно. Один человек однажды удивленно спросил меня: „Разве в Библии и об этих вещах говорится?“ Я ему ответил: „Да, в ней сказано о них! Бог дает весьма ясные указания о том, что добро и что зло и в области половой жизни!“

Вы проследили мою мысль? Вопрос нам следует поставить так: „Что же, собственно, говорит Бог об этой области человеческих отношений?“ Посмотрим, что говорит об этом Библия.

3. Что говорит Бог?

а) Бог подтверждает сексуальность

Существует стихотворение одного поэта, в котором он как бы объясняет: выше пояса я – христианин, а ниже пояса – язычник. Это – глупости! Библия ясно говорит: „Бог сотворил человека, мужчину и женщину сотворил“. И Бог создал нас вместе с нашей сексуальностью! Поэтому я здесь открыто говорю об этом. Это не запретная область. Бог сотворил меня мужчиной и Вас, мужчины, тоже. Давайте же будем мужчинами, но не паяцами. А Вас Бог создал женщинами. Так будьте же женщинами! Стремление женщин становиться мужчинами и наоборот является болезненным. Вы понимаете? Будьте же настоящими женщинами! „Бог сотворил человека, мужчину и женщину сотворил“ – и никакого третьего пола. Бог подтверждает нашу сексуальность. Это каждому надо знать. Здесь ничего не следует перекручивать. Мужчина или женщина – мы являемся творением.

Но только мы – падшее творение. Мир не является больше тем, каким он вышел из рук Божьих. И поэтому как раз эта важная и деликатная область половой жизни подвержена особой опасности. Вот почему Бог оградил эту область:

б) Бог оградил сексуальность посредством брака

Он подтверждает сексуальность и ограждает ее посредством брака. Брак – это не общественный контракт, но установление Бога.

Один американский психиатр, написавший об этом большую книгу, хотя сам не является христианином, говорит: „Никогда еще по этому поводу не было более величественного предложения, чем в Библии: Бог сотворил человека, мужчину и женщину сотворил". И он продолжает: „Я не христианин, но как психолог говорю: именно это является правильным браком". Вы поймите правильно: брак верности – не седьмой, восьмой, девятый или десятый „брак" голливудских звезд! То, что такие браки объявляются идеальными, является тоже безумием нашего времени и свидетельством нашей беспомощности. Бог установил брак как брак любви и верности.

Вот теперь я хотел бы сказать короткую речь о браке. Дорогие жены! Вы еще являетесь далеко не достаточно хорошими женами, если Вы своим мужьям варите хорошие обеды и пришиваете пуговицы, которые обрываются. Мужья! То, что Вы даете своей жене деньги на хозяйственные расходы и больше ни о чем не заботитесь, – недостаточно. Брак по воле Божьей должен быть избавлением от одиночества! Является ли Ваш брак таковым, Вы, люди, состоящие в браке? Может быть, Вам следует побеседовать друг с другом и сказать: куда мы, собственно, зашли? Наш брак должен был послужить избавлением от одиночества! Вначале Бог сказал: „Нехорошо человеку одному, сделаю ему помощницу". Вы понимаете: избавление от одиночества!

Здесь очень уместно рассказать одну историю, в которой писатель Венде говорит: „Когда я был маленьким мальчиком, нас с сестрой взяли с собой на свадьбу к родственникам. Это была первая свадьба, на которой я присутствовал, и все было очень интересно. Экипажем мы поехали в церковь, а затем в гостинице был большой обед. В конце меню значилось: „мороженое". Мы с сестрой сидели за нижним концом стола, и у нас было только одно желание, чтобы скорее подали мороженое. Но его не подавали бесконечно долго, потому что один дядя держал большую речь. Эти речи нам казались ужасно скучными. И, несмотря на это, одна из этих речей осталась в памяти навсегда. Встал один дядя, который хотел показать свое остроумие и сказал: „Мои дорогие гости! Говорят, на небе стоят два стула, предназначенные для той брачной пары, которая ни одной секунды не раскаивалась в том, что вступила в брак. Но эти стулья до сих пор пустуют!" В этот момент он был прерван: мой отец сквозь все большое общество крикнул матери, которая сидела в другом конце праздничного стола: „Мать, эти стулья получим мы!“ Я был маленьким мальчиком и вовсе не понял тогда всей глубины смысла. Но меня охватила радость, так как я имел возможность прочувствовать всю теплоту своего родительского дома. Является ли Ваш брак таковым? Именно таким его задумал Бог!

Когда я женился, то мой пожилой коллега держал очень маленькую застольную речь на стих из Библии: „Сотворим ему помощника, соответственного ему“. Немецкий перевод: „Сотворим ему помощницу, которая бы его окружала“. Он сказал: „Не госпожу, которая бы высокомерно властвовала над ним, не рабыню, которая бы униженно прислуживала ему. Которая бы не просто была возле него, как сопутствующая вещь, но помощницу, которая бы его окружала своей заботой“. Ах, я хотел бы, я мог бы сейчас воспеть величественную песнь славы браку, было бы у меня на то время.

Глубокое впечатление произвело на меня то, что мой отец на серебряной свадьбе посмотрел на свою жену и сказал: „Я в течение двадцати пяти лет все больше и больше любил тебя!“ Тогда я вспомнил все те браки, которые за 25 лет постепенно совсем остыли. Страшно! Есть много супругов, которые должны бы сказать своему партнеру: „Послушайка, нам следует однажды все начать сначала!“ Это возможно, это возможно!

И теперь третье: многие молодые люди говорят: „Я вовсе не думаю еще о женитьбе. Как же тогда обстоят дела? Можем ли мы делать, что хотим?“ Таким я скажу следующее.

в) Бог желает, чтобы молодежь была непорочной.

Я знаю, это в настоящее время звучит смешно, но думаете Бог следует моде? Это не мое предложение, об этом говорит Библия.

Я бы хотел, по возможности, немного обосновать это. Видите ли, в Библии имеется замечательная мысль. Она повествует об одном молодом человеке по имени Исаак. Однажды отец посылает своего слугу поискать для него жену. И этой жене он уже верен, хотя ее вовсе еще не знает. Вы, молодые люди, которые не думаете еще о женитьбе, можете быть уверены в том, что Бог усмотрит Вам в нужное время необходимую девушку. И этой девушке Вы должны уже сейчас сохранить верность. Или наоборот. Вы, девушки, сохраните верность тому, которого Вы еще вовсе не знаете. Это и есть та мысль Библии. Бог желает, чтобы молодежь была непорочной.

Однажды знакомый врач-психиатр мне объяснил: „Я убежден, что в сущности девушка может лишь один раз по-настоящему любить. Только однажды ее сердце открывается по-настоящему. И если такая девушка уже нафлиртовалась, то для брака она уже не годится. Она выйдет замуж за седьмого, а будет иметь в виду первого, которого любила". Я ему ответил: „Интересно, Вы исходите из психиатрии к тем же словам, что и в Слове Божьем".

Итак, я со всей ясностью должен сказать: добрачные половые сношения, извращенная любовь, гомосексуализм, измена, развод – грехи, за которые Вам придется предстать пред лицом святого Бога!

Собственно, на этом я мог бы остановиться. Я знаю по себе, какой большой помощью молодому человеку является познание воли Божьей и что Ему Одному принадлежит решающее слово. Но было бы жестоко с моей стороны остановиться на этом и не добавить еще кое-что важное.

4. Как преодолеть это бедствие?

В Библии мы можем прочесть чудесный, потрясающий рассказ. Иисус, Сын Бога Живого, находится в окружении людей. Вдруг происходит волнение, все расступаются. Толпа людей – священники, простолюдины – ведут молодую, красивую женщину. Я, как сейчас, вижу ее перед собой в полуразорванной одежде. Они подводят ее к Иисусу и говорят: „Иисус! Эту молодую женщину мы застали в прелюбодеянии. Закон Божий гласит, что прелюбодейцы достойны смерти. Ты всегда такой милосердный, Иисус, но против воли Божией Ты, наверное, ничего не скажешь. Мы хотим слышать от Тебя, что эта женщина должна быть побита камнями!" Тут Иисус посмотрел на молодую женщину и ответил: „Да, Бог относится к этому очень, очень строго, и, согласно Его воли, она достойна смерти“. Удовлетворение озаряет их лица. Некоторые из них уже хватают камни, ибо прелюбодеев побивали камнями. Но Иисус продолжает: „Подождите-ка немного! Тот из вас, кто совершенно без греха – в мыслях, словах, поступках – пусть первым бросит камень“. Затем Иисус наклоняется и что-то пишет на песке. Я бы очень желал знать, что Он писал, но в Библии об этом не сказано. Через некоторое время Он поднял взор: площадь оказалась пустой, осталась только женщина. В Библии сказано: „Они ушли, обличаемые своей совестью“.

А теперь я обращаюсь ко всем вам: бросили бы вы первый камень в эту женщину, потому что в этом отношении – в мыслях, словах и поступках – вы абсолютно чисты? Смогли бы вы первым кинуть камень? Не смогли бы, правда же? Значит, все мы здесь не что иное, как собрание грешников.

Вот видите: этим людям следовало сделать наоборот. Им следовало сказать: „Господь Иисус! Нас следует поставить рядом с этой женщиной. Ты не осудил ее, помоги и нам!“ Я не знаю в сексуальном бедствии нашего времени никакого другого помощника, кроме Иисуса. Я говорю это как один из тех, кто сам уже воспользовался Его помощью. Когда я говорю об Иисусе, то не развиваю какую-то теорию: Он был руководством в моей практической жизни и является им до сих пор. Пастор ведь тоже не нейтральное лицо, он же тоже человек. Ему нужен Спаситель точно так же, как и Вам. В жизни я не раз убеждался, какого Спасителя я имею, а именно, в двух отношениях:

а) Иисус прощает грех

Ни пастор, ни священник и даже ангелы не могут Вам прощать Ваши грехи. Первая грязная мысль и каждое падение, бесспорно, являются грехом. Вы идете со своим грехом на суд Божий, и если не найдете Иисуса и не признаете свои грехи, Вы не получите прощения. Иисус – единственный, Кто может наш грех простить.

Предстаньте – в духе – пред престолом Иисуса и скажите: „Теперь я, наконец, все грехи моей юности складываю пред Тобою. Все мои порочные привычки я исповедую Тебе и ничего не хочу утаить“. И тогда поднимите взор на Его крест и скажите: „Иисуса кровь с креста текла / с Его чела, с ланит, / я был в пороках без числа, / но ею я омыт“. Слышите? „Кровь Иисуса Христа, Сына Божьего, очищает нас от всякого греха.“ Слово освобождения!

В 17 лет я стал солдатом. Армия окунула меня в пучину грязи. Вдруг я словно проснулся и, оглянувшись на свой путь, полный нечистоты, спросил себя: „Кто освободит меня от пороков моей юности?“ Тогда я понял: Иисус ликвидирует мое прошлое. Иисус простит мою вину! И я обратился к Иисусу. Сейчас я больше жить без Него не хочу.

Как-то в Дюссельдорфе, в большом собрании, я говорил о том, что Иисус через прощение грехов ликвидирует прошлое. Когда собрание окончилось и все устремились к выходу, я увидел, что один высокий представительный господин пробирается сквозь толпу ко мне. Наконец, сильно возбужденный, он встал передо мной и спросил: „Это действительно верно, что Вы сказали, будто существует прощение вины?“ – „Да, – ответил я, – слава Богу, этим я жив!“ Тогда он сказал: „Я – психиатр. Видите ли, ко мне приходят многие душевнобольные люди. У них целый комплекс болезней, но они не знают, в чем заключается их болезнь. В большинстве случаев, это старые проступки, которые они больше не могут вспомнить или не хотят. Мне приходится с ними много работать, чтобы привести эти старые истории из подсознания в сознание. Но на этом моя сила кончается. Я могу только вскрыть старый проступок: ложь, ссору, нецеломудрие; но часто я в отчаянии думаю: если бы я мог устранить саму вину! Поэтому я Вас спрашиваю, господин пастор Буш: действительно ли существует Некто, Кто может устранить вину? Верно это или нет?“ Тогда я еще раз радостно подтвердил: „Слава Богу – да!“ И я понял, какую неслыханно-величественную весть мы имеем в Новом Завете: Иисус прощает грех!

И второе:

б) Иисус освобождает от оков

Когда я однажды сказал очень красивой молодой секретарше: „Девушка, вы идете в погибель, ваши отношения с шефом непозволительны! Не делайте несчастным этого человека и его семью!“ Она с явно выраженной на лице болью ответила:

„Но я не могу освободиться, я же люблю его!“ „Да, – возразил я, – но у этого человека есть жена и дети, вы поступаете жестоко!“ Но она снова сказала: „Я же не могу освободиться!“ При этом я почувствовал, что она сама мучилась от этой связи, но не могла ее порвать. Я был счастлив, что мог ей сказать: „Видите ли, узы греха мы действительно порвать не можем, но в Библии написано: „Кого Сын Божий освободит, тот истинно свободный“. Призовите Иисуса! Он освободит Вас от оков!“

Я очень люблю эти слова из гимна: „Пришел Иисус, и раскрылись оковы, / смертные цепи Он наши порвал. / Поколебал Он позора основы. / Спаситель, Сын Божий, свободу нам дал. / Славой Он грех и позор заменил, / пришел Иисус и оковы разбил“.

Будучи пастором большого города, я воочию видел, как рвутся смертные цепи греха. Рассматривая проблемы сексуальных бедствий и связей, становится ясно, что и молодые, и старые нуждаются в Спасителе, Освободителе. Каждый может убедиться, что Иисус дарит чудную и совершенно реальную свободу! Вам обязательно нужен Спаситель, иначе Ваша жизнь будет жалким прозябанием.

5. Мир жаждет любви „агапе“

Мне нужно еще кое-что добавить. Многие девушки говорят: „Да, нам уже сорок, и нас никто не взял замуж. Как нам быть?“

Видите ли, я – стопроцентный пацифист, и признаюсь, что стал им, в сущности, благодаря бедствиям таких девушек. Во время второй мировой войны погибло пять миллионов молодых парней. Это означает, что пять миллионов девушек лишились исполнения наивысшей мечты своей жизни – осчастливить мужа, что пять миллионов девушек нашего народа должны свой путь пройти в одиночестве. Требуются ли более веские причины для того, чтобы питать отвращение к войне? Не хотите ли Вы себе уяснить, что означает это молчаливое бедствие пяти миллионов девушек нашего народа? Мужчины, которых они хотели бы осчастливить, лежат на полях сражений. Таким девушкам я хочу сказать: „Во имя Бога, не стремитесь похитить посредством греха то, чего вы оказались лишены! Не разрушайте чужие семьи!“ Поток опасностей и искушений прорвался в наш народ. „Да, но что же нам делать?“ – спрашивали они. И я ответил: „Если вам выпала такая доля, то нужно с нею смириться. Если вы не вышли замуж, то ни при каких обстоятельствах не считайте себя несчастными!“

Библия рассказывает о незамужней женщине по имени Тавифа. Она жила в городе Иоппия. Современное название – Яффа. Когда она умерла, то вблизи находился апостол Петр. Его позвали. Вошедши в ее комнату, он удивился, так как ожидал, что, по-видимому, эта старая дева лежит в одиночестве на своем смертном ложе! Но в комнате полно людей! Вот вдова, которая говорит: „Эту одежду мне сшила Тавифа!“ Вот слепец, который свидетельствует: „Я был так одинок, но каждое воскресенье приходила Тавифа и в течение часа читала мне. Это был светлый час в моей жизни!“ Вот сидят маленькие дети, те, у которых еще постоянно мокрые носы, и говорят: „Мы – беспризорники, никому нет дела до нас, но вот Тавифа позаботилась о нас!“ И вдруг Петр понял: жизнь Тавифы была намного богаче жизни некоторых женщин, которые со временем скисают возле своих скучных мужей!

В немецком языке существует только одно слово, которым выражается любовь. В греческом же для этого имеется два слова. Новый Завет был написан по-гречески. Любовь, о которой мы рассуждали вначале, по-гречески называется „эрос“. Отсюда происхождение слова „эротика“. Но существует еще одно слово для выражения любви: „агапе“. Это любовь Божия, о которой я намерен говорить другим. Незамужние девушки, смиритесь со своей долей и наполните свою жизнь любовью „агапе“! Мир жаждет такой любви. Разрешите мне еще раз повторить: Богу дано определять: что – добро, а что – зло! Бог утверждает: молодость должна быть целомудренной, брак должен быть верным, а если жизненный путь к браку не привел, то следует с ним смириться.

6. Любовь, на которую мы не имеем права

В заключение я еще раз хотел бы повторить об Иисусе. Тема моя называется: „Наше право на любовь“. Существует любовь, на которую мы права не имеем, которая нам даруется добровольно. Это – любовь Иисуса Христа. Мы – грешники. Нам нужен Спаситель. Позвольте мне кое-что рассказать вам в качестве личного свидетельства. Это было во время третьего рейха, когда я снова сидел в тюрьме за свое вероисповедание. Меня посетил тюремный пастор и сказал: „ Ваши дела очень плохи“. Он вышел, и я остался один в своей узкой камере. Совсем наверху была маленькая световая щель; мне было холодно. Ах, вся атмосфера, в которую я угодил, была жутко холодной. Я тосковал по своей жене, своим детям, своему месту службы, по моей молодежи. Я же был пастором молодежи. И вот я сидел, без надежды когда-нибудь освободиться. Когда наступил вечер, меня охватило безграничное отчаяние. Я не знаю, приходилось ли вам в вашей жизни когда-нибудь впадать в такое отчаяние. Но в этот момент – иначе я не могу засвидетельствовать об этом – в мою камеру вошел Господь Иисус. Он жив! Он может проходить сквозь запертые двери. И Он это сделал, представив моим глазам Свою смерть на кресте. Я услышал Его слова: „Я – Добрый Пастырь. Добрый Пастырь полагает свою жизнь за овец“. Тотчас меня объял такой поток Божественной любви из рук Иисуса, что я его едва выдержал, настолько он был велик для моего сердца. Я понял: это любовь, которую мы не заслужили, на которую мы не имеем права, которая нам даруется.

Эта любовь открыта и Вам! Почему Вы позволяете ей обойти Вас? Она хочет излиться непосредственно в Ваше сердце!

Можно ли разговаривать с Богом?

В Швабии рассказывают одну небольшую историю. В одно швабское село прибыли канатоходцы, которые вечером собирались показывать свое искусство. Они уже поставили для этого снаряжение с длинным канатом посередине. Мимо него проходила одна мать с ребенком. Дитя спрашивает: „Мама, разве по этому канату можно пробежать?“ На что мать ответила: „Можно, если можешь. Но я не могу!“ Первое, что я должен сказать относительно нашей темы:

1. Можно, если можешь

Да, возможно, но возможно тому, кто может. Тут многие из вас скажут: „Но я не могу!“ Ну конечно же, с Богом можно говорить! Вы же можете разговаривать с господином Майером, почему же Вам не поговорить с живым Богом? Он существует! Но умеете ли Вы разговаривать с Богом?

Еще в детстве я разучивал песенку: „С высоты небесной, с ангельских высот на детей взирает Бог, Отец щедрот“. В то время я думал: „Тогда нет больше смысла молиться, потому что так громко я не могу кричать, чтобы меня услышал Бог с высоты небесной“. Некоторые люди насмехаются: „Мы послали спутник во Вселенную. Если бы Бог был, то мы с Ним должны были встретиться“.

Видите ли, многие путаются в этом вопросе и спрашивают: „Где же Бог? В высоте небесной? Там, высоко? Километров на 100, на 1000?“ В таком случае я со всей определенностью хочу сказать: „В высоте небесной“ – таких слов в Библии нет, но в Ней говорится о живом Боге: Он... недалеко от каждого из нас“. А в другом месте сказано так: „Сзади и спереди Ты объемлешь меня“.

Это становится ясным лишь в том случае, когда понимаешь, что нашему восприятию доступен мир только в трех измерениях. Но мир значительно больше. Бог находится в другом измерении, но рядом с Вами. Когда Вы грешили, Он стоял рядом и молчал. Некоторые люди, которым по 40 или

50 лет, всю свою сознательную жизнь прожили в грехе – а Бог молчит.

С Богом, конечно, можно разговаривать. Но здесь дело обстоит так же, как с канатоходцем: можно тому, кто умеет. Большинство же людей сегодня вынуждены сказать: „Но я не умею!“ Пожалуйста, будьте честными до конца: Вы же совершенно не умеете молиться. Можно было бы, если бы вы могли. Но не умеете!

Жутким признаком нашего времени является то, что совершенно утеряна способность молиться и, вместе с тем, верить. Знаменитый писатель Франц Верфель написал роман под названием „Расхищенное небо“. В нем есть одно предложение, которое меня постоянно беспокоит. А именно: „Признаком настоящего времени является метафизическое отступление человека“. Словом „метафизический“ характеризуется понятие вечности, которое действительно существует, но в другом измерении. Метафизическое отступление означает, что от радио, телевидения, болтовни, пропаганды, идеологии, политики, соседей, произвола на фабриках человек тупеет до такой степени, что теряет способность считаться с тем, что существует Бог и что с Ним можно разговаривать. Можно ли говорить с Богом? Можно было бы, если бы не отупение, происшедшее за последние сто лет духовной истории!

Шестнадцатилетний юноша рассказал мне об одном случае, который произошел с ним на войне. После налета бомбардировочной авиации на его батарею он первым вышел из бомбоубежища и увидел человека, лежавшего со вспоротым животом. Когда он попытался ему помочь, то этот человек сказал: „Я умираю. Ты мне уже не поможешь. Мне нужен только кто-нибудь, кто мог бы со мной помолиться. Парень, помолись-ка!“ Но юноша ответил: „Среди гитлеровской молодежи я научился лишь сквернословить, но не молиться“.

Он побежал к капитану и позвал его. Капитан склонился над человеком, у которого виднелись кишки из вспоротого живота, и спросил: „Чего ты хочешь, друг?“ „Капитан, я умираю. Помолитесь со мной!“ „Боже! – воскликнул капитан, – Я не умею молиться!“ И послал за старшим лейтенантом. И вот они стоят, мужественные воины, которые многое о себе мнят, которые могут рассказать любой пошлый анекдот, которые могут сквернословить, но ни один не умеет молиться. И вот этот юноша мне говорит: „Я тогда стоял и думал: выбраться бы мне из этой грязной войны, тогда уж я в первую очередь разыщу людей, которые научат меня молиться. Я бы не хотел так жутко погибать, как этот человек!“

Вот в каком состоянии находятся люди нашего времени. Я замечал одно и то же и у генеральных директоров, и у рабочих: одни считают себя слишком умными, чтобы молиться, другие смущены вольнодумством. Мы разучились молиться. И это, конечно, в значительной мере приводит к катастрофе, которую Верфель называет „метафизическим отступлением“. В результате – полная беспомощность при любом ударе судьбы. В Эссене я сидел в бомбоубежище с людьми, которые хвастались, говоря о конечной победе, о чудесном фюрере и Великой Германии, но когда взрывались бомбы – они скулили. А мы – христиане, молились и пели им христианские гимны, чтобы они могли выдержать. Сами они не умели молиться. О да, если человек не может молиться – это катастрофа!

Недавно ко мне подходит умный, образованный человек и, улыбаясь, говорит: „Господин пастор, молитва нисколько не помогает!“ А я ему отвечаю: „Не говорите глупостей! Вы мне напоминаете безногого человека, который заявляет, что катание на лыжах не приносит пользы. Но ведь он не может кататься на лыжах!“ Дискутировать о ходьбе на лыжах можно, но не с инвалидом, не правда ли? Но такова уж наша природа. Мы не умеем молиться, но все же встаем и заявляем: „Молитва нисколько не помогает!“ Из моих слов Вам ясно, что в этом отношении я потерял почтение к мужской половине немецкого населения. Это имеет свои основания, поверьте мне. Чем более убогими мы становимся, тем больше мы хвастаемся! О, если бы я мог Вас довести до такого состояния, чтобы Вы сегодня вечером, смирившись, сказали: „Знает Бог, что самое малое, что должен уметь христианин – это молиться. А я этого не умею!“

Конечно, меня охватывает не только гнев по поводу отупения нашего бедного народа, но и глубокая печаль. Меня огорчает мысль о том, что церковь считает такое состояние нормальным и делает вид, будто люди умеют молиться. Вы тоже так делаете? На Рождество церковь посещают люди, которые в другое время никогда в церковь не ходят. На подобном рождественском богослужении все бывает переполненным. И если пастор призывает к молитве, то все они складывают руки и опускают головы. Это меня глубоко задевает, и мне хочется крикнуть: „Прекратите, ведь среди Вас нет и 10%, умеющих молиться. Вы же все притворяетесь!" Разве я не прав? На бракосочетаниях призывают к молитве, на похоронах тоже. И вот, все стоят со своими цилиндрами в руках и думают, что молятся, если взгляды их устремлены к цилиндрам. А после служения – пьянствуют! Когда я был солдатом, еще до 1915 года, нам однажды было приказано посетить церковь. Фельдфебель дал нам инструктаж: „Вам следует очень тихо пройти вдоль рядов. Когда вы пройдете к сиденьям, то остановитесь, медленно сосчитаете до 12-ти и сядьте". А люди, видя солдат, думали: „Как благоговейно они молятся!" А они только медленно считали до 12-ти и – садились! Я уверен, что на бракосочетаниях и похоронах после призыва: „Будем молиться!" – люди не досчитывают и до 12-ти. Меня охватывает тоска, когда я думаю о том, что раньше после слов: „Будем молиться!" – люди действительно молились и не притворялись.

Великий исследователь Центральной Африки Давид Ливингстон – один из великих людей с мировым именем, человек мужественный, образованный, умный, следующим образом перешел в вечность (мирской человек сказал бы – умер). Тогда он был в Центральной Африке только со своими носильщиками-туземцами. Однажды утром носильщики упаковали багаж, свернули палатки. Только палатка Ливингстона еще стояла. Они его не тревожили, потому что знали: утром он молится. Он говорит со своим Небесным Отцом, своим Богом. Но на этот раз слишком уж долго. Наконец, руководитель колонны носильщиков заглянул в палатку через щель и увидел, что он еще на коленях. Они прождали до обеда. Тогда, наконец, решились войти в палатку. Он все еще был на коленях, но сердце его не билось.

Этот великий человек, выдающийся ум, умер, молясь на коленях, перешел в небесную обитель к Господу. А немецкий обыватель говорит: „Молиться не имеет смысла". Неужели нам не совестно? Следовало бы со слезами признать: „Я больше не умею молиться!" Ливингстон это умел. Он умер на коленях. Мы умираем в больницах под уколами. Без медицинского обезбаливания нам не вынести смерти. Но этому человеку уколы были не нужны. Он беседовал с Богом, и во время этой беседы он перешел в вечность.

Как обстоит дело с молитвой дома? В моем родительском доме, где было 8 детей, было так: утром, перед завтраком мы собирались все вместе. Мы пели гимн: „Ты бодрствуй светлым утром и, вставая, спеши ты подкрепить себя в мольбе..." или „Господа славь ты, мой дух, восхваляй Всеблагого!" Затем читали главу из Библии. В заключение мой отец молился. И даже когда я стал безбожником, в нашем доме продолжали молиться. Когда я отпал и, будучи молодым офицером, попал на скользкий путь, молитва моих родителей была для меня тормозящим канатом. Собираетесь ли Вы в своем доме на утренние молитвы? Я обращаюсь к Вам, мужья! Бог потребует однажды от Вас отчета о душах Ваших детей и жен, если Вы не возглавляли свою семью как следует. Как Вы начинаете день? Поются ли у Вас гимны? Читается ли Слово Божие? Вы не умеете молиться? Но что произойдет, если Ваши маленькие дети попросят Вас: „Папа, помолись с нами утром!?"

Один благородный господин в Эссене попросил меня навестить его. Я застал их дома вдвоем с женой, и вот что он мне рассказал: „Случилось нечто чрезвычайное. Мой 16-летний сын, возвратившись после Вашего молодежного общения, спросил: „Почему у нас в доме не молятся?" Когда я ему попытался объяснить, что это только формальность и не имеет никакого смысла, он опять спросил меня: „Папа, что ты думаешь о Святом Духе?" Я ответил, что вообще о Нем не думаю, на что сын мне ответил: „Вот в этом и состоит несчастье нашей семьи. Нам нужен отец, который мог бы молиться о Духе Святом!" Таким был рассказ этого господина. Тогда я его спросил: „Может быть, мне стоит поговорить с Вашим сыном, что он слишком дерзок со своим отцом?" Но господин возразил: „Нет, нет! Я только думаю, что если мой сын прав, то я на ложном пути!" Мне осталось только подтвердить, что парень прав, а он – на ложном пути. „Этого я и опасаюсь, но что мне делать?" – был вопрос господина.

Понимаете, этому человеку открылось, что он упустил свою большую ответственность главы семьи. То, что Вы одеваете и кормите своих детей – недостаточно. Вы, отцы, имеете гораздо большую ответственность! Умеете ли вы молиться?

Среди моряков бытует легенда о призрачном корабле, который плавает по всем морям земного шара, совершенно покинутый людьми, и все же не тонет. И если теплоходам удается встретиться на море с этим кораблем, то они пытаются установить с ним радиосвязь, но он не отвечает. Люди нашего времени подобны этому кораблю. Бог стремится установить с нами связь. Бог посылает нам Свои сигналы посредством разных событий и переживаний и, в первую очередь, посредством Своего Слова. Но мы не в состоянии ответить . Призрачные корабли!

Однажды случилось так, что после моей проповеди на эту тему маленький ребенок спросил свою мать: „Почему этот дяденька так ругается с кафедры?“ Я надеюсь, Вы меня понимаете, я не ругаюсь, но сердце мое разрывается от жалости: до чего дошел наш бедный народ – интеллигенция и рабочие, мужчины и женщины, старые и молодые – никто уже не в состоянии воззвать к Богу, находящемуся рядом с нами.

Многие люди называют себя христианами, но молиться они не умеют.

Когда я посещаю семьи, то часто слышу подобный рассказ: „Мы очень набожные, господин пастор. Моя мать знала пастора Шульца. А Вы его знали? Нет? А моя мать его знала очень хорошо!“ В таких случаях я отвечаю так: „Вопрос заключается в том, можете ли Вы призвать имя Иисуса, можете ли Вы молиться? Если Вы Иисуса не знаете, то Ваша дорога ведет прямо в ад“. Будьте добры, спросите каждый сам себя: „Умею ли я молиться? Молюсь ли я?“ И ответьте сами себе на этот вопрос.

Возможно, Вы скажете: „Довольно, пастор Буш, прекратите! Скажите лучше, как мне научиться молиться?“ К этому я как раз перехожу.

2. Как мне научиться молиться?

а) Первый крик жизни

Итак, как учатся разговаривать? Можете ли Вы припомнить, как Вы учились говорить? Нет, этого Вам уже не вспомнить!

Мне тоже. Но если Вы хотите научиться молиться, то нужно прежде всего издать первый звук жизни, истинной жизни в Боге. Сейчас я Вам скажу, как это сделать.

Иисус однажды рассказал о таком событии. Два человека пришли в церковь. Один из них был знатным и имел большое положение в обществе. Он сразу прошел вперед и начал: „Дорогой Господь, я благодарю Тебя за то, что я такой хороший". И Господь сразу Свое ухо отвратил. Этот человек мог говорить сколько угодно, но Бог его больше не слушал. Такое случается! Второй человек был весьма сомнительным типом. Мы бы сказали – с преступными наклонностями. Он был спекулянтом, жуликом или кем-то в этом роде. Библия называет его „мытарем". Когда он вошел в церковь, его охватил страх окружающей торжественности, он остановился в дверях и подумал: „Здесь мне вовсе не место! Мое место скорее где-нибудь в трактире, где все идет кувырком, чем здесь". Он уже собирается уходить, как вдруг вспоминает, зачем пришел. У него ведь бесконечная тоска по Богу. Вернуться к Отцу! И он не может уйти, этот человек. И войти он не может. Он вспоминает, какова его жизнь и тогда, сложив руки, произносит одно только предложение: „Боже, будь милостив ко мне, грешнику!" В Библии сказано, что в это время запели небесные хоры, ибо человек ожил.

Первый крик новой жизни гласит: „Я согрешил!" Я сейчас Вам об этом расскажу на примере. Когда рождался мой первый сын, у моей жены были очень трудные роды. Я думал о словах Иисуса: „Женщина, когда рожает, терпит скорбь". Мне казалось, что моя дорогая жена не выдержит. Но вдруг я услышал голосок, пискливый голосок. Это было дитя! Новая жизнь! Прекраснее мелодии быть не могло, чем этот писк. Когда я его услышал, то зарыдал. Вы понимаете, меня это потрясло: первый крик новой жизни!

И видите ли, первым криком жизни для Бога является то, что человеку, наконец, открывается свет истины, и он произносит: „Я согрешил! Будь милостив ко мне, грешнику!" И все Ваши молитвы – ничто, если вначале не было этого первого крика. Я еще никогда не видел дитя, которое начинало бы свою жизнь с длинных речей, а не с первого крика. Точно так же нет другого пути и в Царство Божие!

Первый в жизни крик! Вы уже пережили его? Нет? Тогда Вам, ради Бога, следует смириться! Я не являюсь пропагандистом только ради церкви, но мне очень хочется, чтобы некоторые из Вас не попали в ад! Другого пути для этого нет, Вам нужно произнести первый крик жизни, жизни в Боге: „Я согрешил! Боже, будь милостив ко мне, грешнику!"

Когда блудный сын вернулся от свиней домой, то первое, что он произнес, было: „Отче, я согрешил против неба и пред тобою". И в то мгновение, когда Вы это произнесете, Сын Божий, Иисус провозгласит Вам: „Дорогой друг, я умер за твои грехи! Я заплатил твой долг!"

в) Только дети Божии могут по-настоящему молиться

Недавно я встретил одного знакомого с тремя чудесными малышами – мальчиком и двумя девочками. Я заметил, что все дети одновременно разговаривали с отцом. Отец старался всем ответить на вопросы. Я поздоровался при встрече: „Добрый день, господин, добрый день, дети!" Но дети моментально умолкли. Дети по-настоящему могут разговаривать только со своим отцом или матерью. В обществе чужого человека они смущаются.

Так и мы по-настоящему можем молиться лишь тогда, когда мы становимся детьми Божьими! Но мы не умеем молиться потому, что не являемся детьми Божьими.

Ах да, мы же „церковники", мы конфирмированы: мы „христиане", мы в Рождество посещаем церковь, мы очень вежливо здороваемся с пастором и не доставляем ему неприятностей. Один из проповедников однажды сказал: „Они – крещеные зайцы". Когда его спросили о том, что это должно означать, то он ответил: „Если поймать зайца и преподать ему крещение, то он все равно опять в поле убежит. Так и они: после крещения снова в мир идут". Дорогие друзья! В таком случае Вы не сможете молиться! Только дети Божии могут по-настоящему молиться! И поэтому только дети Божии могут иметь истинную радость!

Видите? Вам нужно стать детьми Божьими! По природе своей Вы ими не являетесь. Возможно, Вы имеете христианскую окраску, но вы не дети Божии. Дитя должно обязательно родиться, а дитя Божее должно обязательно испытать возрождение. Вам надо стать чадом Божиим, только тогда вы сможете молиться! Дети Божии без молитвы жить не могут. Для детей Божиих молитва подобна дыханию. Мои ребята в шутку часто друг другу напоминают: „Не забывай о дыхании!“ А Вы забываете о дыхании души! Для детей Божиих молиться – означает дышать. Итак, Вам необходимо стать чадом Божиим.

Я хочу Вам коротко рассказать, как можно стать чадом Божиим: только через Иисуса! Он говорит: „Я есмь дверь. Кто Мною войдет, тот спасется“. Вот сквозь мрак жизни к Вам идет Иисус, муж с ранами от гвоздей на руках. До сих пор Вам не было дела до Него. Весть об Иисусе казалась Вам мифом. Но Он идет Вам навстречу. Может случиться, что Вы признаете в Нем Мужа в другом измерении, Сына Бога живого, Вашего Спасителя. Первый шаг на пути к становлению чадом Божиим – признание Иисуса. Второй шаг – безграничное доверие к Иисусу в том, что Он может привести в порядок мою внутреннюю жизнь, беспокойство души, тайные проступки, грехи юности! В старом завете один муж Божий говорит: „Ты производил мой суд и мою тяжбу“. Однажды наступает момент, когда полностью доверяешься Иисусу так, что отваживаешься отказаться от своей прежней жизни, а всю свою жизнь предаешь в Его руки. Мы это называем возрождением. В моей жизни это был тот час, когда я в свои 18 лет отказался от безбожной жизни и свою жизнь передал Иисусу. В этом мне ни один человек не помог. И я Вам помочь не могу. Это Вам следует совершить с Ним одним. Рискните же и скажите Ему: „Боже, жизнь возьми: она вся Тебе посвящена“. В тот момент, когда это совершите, Вы станете чадом Божиим. Ко мне приходят люди и пытаются объяснить, что можно и иными путями спастись. Попытайтесь! Но я Вам скажу, что существует лишь одна дверь в Царство Божие! Имя ей – Иисус! Иисус, умерший и воскресший ради нас!

Пожалуйста, выйдите Иисусу навстречу. Он давно уже ищет Вас! Когда Вы станете чадом Божиим, тогда Вы сможете молиться, тогда закончатся муки Вашей жизни, тогда Вы сможете сказать Иисусу все, что у Вас на сердце – как дитя своему отцу.

Я уже старый пастор и изучил массу людей и убедился,

что каждый человек имеет свои мрачные тайны, с которыми он носится по жизни. Но когда становишься дитем Божиим, то свое сердце можно излить Иисусу. Ему можно рассказать о своих мрачных тайнах, с чем самому никак не справиться, о своих дурных связях и привычках. Ему можно сказать то, что нельзя доверить ни одному человеку. Один 18-летний юноша рассказал о себе, что, будучи христианином, он был однажды близок к тому, чтобы разочароваться. И вот, перед библейским часом, он обратился к Иисусу: „Иисус, если Ты сегодня вечером не скажешь Слово первоначально для меня, я все заброшу. Без определенной ясности у меня нет больше сил справиться с собой и с жизнью в большом городе". Когда же он после библейского часа возвращался домой, ему было уже все ясно. Так продолжал он свой рассказ: „Иисус услышал мою молитву и беседовал со мной лично". Меня глубоко тронул рассказ юноши о том, как он из глубины неверия и разочарования воззвал к Иисусу и получил ответ. О, если бы Вы себе могли представить, какие ответы на свои молитвы получают дети Божии!

Когда я был на войне, моя мать мне писала: „Я сегодня ночью проснулась в три часа, и мне пришли на ум мои дети и внуки, я думала о вас, находящихся на линии огня, о Елизавете, от которой из Канады нет известий. И тут на меня напала такая тревога, как будто вооруженный воин душил меня железными перчатками. Я не смогла этого выдержать и взмолилась: „Иисус, скажи мне хоть одно слово, я не выдержу такого волнения!" Затем я включила свет, взяла свою Библию и открыла ее. Первые слова, которые я прочла, были: „Все заботы Ваши возложите на Него, ибо Он печется о вас..." Тогда я мгновенно все возложила на своего Спасителя, выключила свет и радостно заснула". Вот это да! Так можно поступать, только будучи дитем Божиим!

Мне вспоминается, что однажды моя мать сказала: „Вчера вечером я так устала, что уже не могла молиться. Тогда я только сказала: „Доброй ночи, дорогой Спаситель!" И я подумал тогда: „Так естественно дети Божии разговаривают со своим Господом!" Он действительно печется о нас: каждый час, будь то днем или ночью, Он рядом, а я являюсь Его достоянием и могу на Него вполне положиться.

Вы поняли? Если кто-либо не может молиться, то это – настоящая катастрофа. Я желаю Вам первого крика жизни: „Я согрешил! Боже, будь милостив ко мне, грешнику!“ Я желаю, чтобы Вы не успокоились до тех пор, пока не будете принадлежать Иисусу, пока не станете дитем Божиим! Тогда я перестану скорбеть о вас.

Как нам устоять в жизни, если мы больше верить не можем?

1. Без веры не устоять

Да, я сразу должен предупредить: тому, кто не может верить, очень трудно устоять в жизни. В таком случае я не в силах помочь. Неверующему человеку невозможно помочь. Я хочу Вам пояснить почему.

Мы полагаем, будто Бог является теологическим тезисом, мыслью или силой природы, или чем-то в этом роде. Но, друзья мои, Бог – это личность, которая существует в действительности и наполняет все во всем. И если я не примирен с Богом, если я не дитя Божее, то я стою в стороне от действительности. А это опасное положение.

Самым великим в моей жизни был тот час, когда я, будучи молодым офицером, во время первой мировой войны вдруг осознал: Бог же действительно существует! Я казался себе человеком, который на автомобиле наскочил на скалу. Раньше я тоже говорил, что верю в Господа Бога, но не осознавал, что Он является реальностью. Но вдруг я столкнулся с Божией реальностью.

В Библии есть потрясающий псалом, в котором говорится, что Бог настолько реален, что от Него просто невозможно скрыться. Там сказано так: „Взойду ли на небо, Ты там...“ Американский астронавт Гленн сказал, что самым большим откровением для него оказалось то, что там, в космическом аппарате, ему стало ясно: Бог пребывает и там! Итак, „взойду ли я на небо“ или ношусь в космическом пространстве: „Ты там!“ И если бы я скрылся в глубочайшей шахте рудника, глубиной более 1000 метров, то и там я обнаружил бы Бога! Псалмопевец говорит: „Сойду ли в преисподнюю, и там Ты“. Когда я недавно летал в Калифорнию, моя жена положила мне в чемодан стих из этого псалма, который я прочел, открыв чемодан в Сан-Франциско: „Возьму ли крылья зари и переселюсь на край моря: и там рука Твоя поведет меня“. Бог является великой реальностью!

А поскольку Бог – великая действительность, Он не оставит никого безнаказанным, стоящим в стороне от Него. Если я живу так, как будто бы Бога не существует, пренебрегая Его повелениями, не соблюдаю день воскресный, прелюбодействую, лгу, не почитаю родителей, Бога не чту, тогда я стою в стороне от действительности. Но таким образом мне в жизни не устоять! Оглянитесь-ка вокруг себя в этом мире: люди же просто не могут свести концы с концами, даже те, кто зарабатывает много денег. В душе царит большая неудовлетворенность: в личной жизни неустроенность, в семейной – то же самое.

„Как же нам устоять в жизни, если мы больше не можем верить"? Ведь таким образом нам не справиться с жизнью! Тем более, со смертью! Через сто лет никого из нас уже здесь не будет. Все мы умрем.

Возможно, кто-либо скажет: „После смерти ничего нет. Мы уходим в небытие!" Но посудите сами, чему Вам лучше довериться: Слову Божьему или собственному сердцу. Как встретить смерть, если вдруг становится ясным: ведь я не могу взять с собой ничего из того, что собирал всю жизнь. Возможно, вы построили себе дом, а у меня – прекрасная библиотека. И из всего, что мне здесь было дорого, а также – из людей, которых любил, я ничего и никого не могу взять с собой. Только одно мы возьмем с собой в вечность – нашу вину перед Богом. Представьте себе: Вы лежите на смертном одре и вдруг осознаете: „Я все должен оставить, только все мои преступления и грехи сейчас, вместе со мною, предстанут пред лицом святого и праведного Бога!"

Как нам предстать на суд Божий без веры в Того, Который оправдывает безбожников? А мы предстанем пред Ним!

Господь Иисус по великой милости Своей сказал: „И не бойтесь убивающих тело, души же не могущих убить; а бойтесь более того, кто может и душу, и тело погубить".

Несколько лет тому назад в Норвегии жил знаменитый профессор Халлесби, настоящий уважаемый серьезный норвежец. В течение недели он проповедовал по радио. Я еще и сейчас себе представляю, как он стоит перед микрофоном и говорит: „Возможно, Вы сегодня вечером спокойно ляжете в постель, а рано утром проснетесь в аду! Я хотел бы Вас предостеречь!" Это вызвало невообразимое возмущение, ибо норвежцы тоже относятся к разряду „современных людей", а это же в наши дни так важно. Журналист самой крупной газеты в Осло написал передовую статью такого содержания: „Мы ведь живем не в средневековье! Недопустимо, чтобы такое современное учреждение, как радио, использовалось для сообщения явной чепухи!“ Ну, а если уж подобное напечатала крупная газета, то все мелкие ей вторят. И вот, весь лес газетных страниц шелестел: „Мы ведь живем не в средние века! Разве допустимо профессору говорить об аде!“ По этому поводу радио Осло просило профессора Халлесби внести ясность в положение дел. И опять профессор Халлесби становится перед микрофоном и говорит: „Я должен внести ясность в положение дел: я сделаю это. Вполне возможно, что сегодня вечером вы спокойно ляжете в постель, а рано утром проснетесь в аду. Я хотел бы Вас предостеречь!“ Что тут началось! Все епископы Норвегии были опрошены: существует ли ад? Даже журнал „Шпигель“ вмешался в это дело и опубликовал большую статью „Споры об аде в Норвегии“. Не прошло и года после этой шумихи, как мне пришлось читать в Осло лекции для студентов, а вечером выступить с несколькими публичными лекциями. Вначале была проведена пресс-конференция. В гостинице собрались представители всех газет. И вот, случилось удивительное: справа от меня сидел журналист, который начал эту шумиху, а слева – профессор Халлесби, в качестве представителя евангельской прессы. Журналист пошел в наступление: „Пастор Буш, у нас с профессором Халлесби разногласия. Вы же современный человек. Как Вы считаете, ад существует?“ „Да, – ответил я, – конечно, ад существует! Само собой разумеется!“ – „Я не могу понять, как Вы можете это утверждать“ – возразил он. – „Я рад пояснить Вам это, – ответил я. – Я верю, что существует ад, потому что Сам Иисус сказал об этом. А я верю тому, что сказал Иисус, Который знал больше всех умных людей!“

Слово Божие говорит: „Бог хочет познания истины“. Поэтому мы и говорим о вере, так как Бог указал нам путь к праведности в жизни и смерти“.

Как нам устоять в жизни, если мы больше не можем верить? Как мне справиться с трудностями, если я больше не могу верить? Без веры нам не устоять в этой жизни!

Позвольте мне обосновать это другим образом. Представьте себе, что у Вас есть славная маленькая золотая рыбка. „Бедняжка, тебе всегда приходится быть в холодной воде! Мне хочется создать для тебя более благоприятные условия!" – однажды решаете Вы. Вы вынимаете ее из воды, вытираете махровым полотенцем и помещаете в прекрасную золотую клетку. Вы даете ей лучший корм – я не знаю, чем питаются золотые рыбки, – возможно, муравьиными яйцами или чем-то в этом роде. Итак, Вы даете ей самые лучшие, самые жирные муравьиные яйца и говорите: „Моя милая золотая рыбка, теперь тебе хорошо: у тебя прекрасная золотая клетка, чудесные муравьиные яйца, свежий воздух!" И что же будет делать золотая рыбка? Будет ли она в знак благодарности взмахивать плавниками и повторять: спасибо, спасибо? Напротив, она будет задыхаться и биться. А если бы она могла говорить, то сказала бы: „Мне не нужна твоя золотая клетка, мне не нужны муравьиные яйца, я хочу в свою стихию, я хочу в воду!" А нашей стихией является живой Бог, который сотворил небо и землю и всех нас тоже. Швейцарский национальный гимн начинается словами: „Истоки всей жизни в Тебе". Бог является стихией! И до тех пор, пока у меня не будет мира с Богом, я могу свою душу удовлетворять золотой клеткой. Понимаете? Современный человек все дает своей душе: удовольствия, путешествия, лучшую еду, хорошее вино – все, но душа бьется и говорит: „Все это мне, в сущности, вовсе не нужно! Я хочу в свою стихию, я хочу мира с Богом!" Не будьте же жестокими по отношению к самим себе! Наше сердце кричит внутри нас, пока мы не приобретем мира с Богом! Как рыба стремится в свою стихию, так наша душа желает к Богу, Который является нашей стихией.

Как же нам устоять в жизни, если мы больше не можем верить? На это я могу лишь сказать: „Никак! Ни в жизни, ни в смерти, ни в вечности!" И если Вы возразите, что все же люди довольно хорошо преуспевают в жизни, то я Вам должен ответить: это только внешнее благополучие. Не так ли? Возьмем, например, Гете – он был красив, богат, умен, занимал пост министра, короче: имел все, а в конце концов признался, что если сложить все часы его жизни, в которые он испытывал истинный душевный покой, то вряд ли наберется три дня. Так тревожна жизнь. Нет, без веры с жизнью не сладить.

Это первое, что я должен был Вам сказать. Перехожу к следующему вопросу:

2. Все дело в истинной вере

В конце концов, дело заключается в том, чтобы Вы имели истинную, спасающую веру!

У каждого человека есть своя вера. Когда я, еще молодой студент, однажды был дома у матери, ее пришла навестить одна дама. Но так как матери дома не было, я пригласил ее сесть и сказал, что ей придется довольствоваться беседой со мной. „Очень приятно, – сказала она, – а чем Вы занимаетесь?“ – „Я изучаю теологию“, – ответил я. – „Что? – воскликнула она. – Теологию? Кто же сейчас еще будет веровать? Это же невозможно!“ И эта старая дама призывает на помощь авторитет Гете (это было во Франкфурте, где жил Гете), она гордо произносит: „Мы сейчас верим Гете! Христианство уже давно устарело!“ Так как этот разговор был мне неприятен, я перевел его на другую тему, обратившись к ней: „Милостивая сударыня, позвольте Вас спросить, как Вам живется?“ И тут она, постучав по столу, быстро произнесла: „Той, той, той! Разве можно об этом спрашивать?“ Я спросил: „Простите, а что означает: той, той, той?“ На что она ответила: „Это защищает от несчастья!“ „Так, – определил я, – Вы отбросили веру в живого Бога, но верите в „той, той, той“ и в постукивание по дереву? Ничего себе! Блестящий обмен!“

И тут меня осенило: каждый человек во что-то верит. Вопрос лишь в том: истинная ли, спасающая ли вера у меня? В наше время говорят: „Главное то, что у Вас есть вера!“ И часто можно услышать: „Я верю в Господа Бога!“ „Я верю в природу!“ „Я верю в судьбу!“ „Я верю в провидение!“ Нет, нет, мои друзья, главное то, что я имею истинную веру, такую веру, которая дает мир, мир с Богом и мир в сердце. Мне нужно иметь такую веру, которая спасает от ада, которую я могу ощущать здесь, потому что она дарует мне новую жизнь. А иная вера мне ни к чему. Многие люди когда-то верили в Германию, в конечную победу, в фюрера. И что из этого вышло? Мне нужна истинная, спасающая вера!

Но истинная, спасающая вера – это вера в Иисуса, Сына живого Бога. Вера в Иисуса! Не в основателя религии, которых уйма, но в Иисуса Христа, Сына Бога живого. А сейчас я должен сказать о том, что представляет собой вера в Иисуса.

В Библии описывается чудесная история, в которой прямо-таки демонстрируется эта спасающая вера в Иисуса. Давайте мысленно представим себя 2000 лет тому назад, идущими за ворота Иерусалима на гору Голгофу, на лобное место. Не обращайте внимание на людей, которые кричат и ревут! Не обращайте внимание на римских воинов, которые стоят на страже и бросают жребий об одеждах осужденных! Но поднимем свой взор: посредине, на кресте висит Сын Божий, прибитый гвоздями! Лицо окровавлено от тернового венца, который они надели Ему на голову. Там висит Бог. Справа от Него висит разбойник. Его также приговорили к смерти. Слева еще один разбойник. И вдруг один из разбойников начинает кричать: „Послушай-ка Ты, посредине, Ты говорил, будто Ты – Сын Божий. Если Ты действительно Сын Божий, а не лжец, то сойди со креста, да и мне помоги!“ О, его можно понять. В смертельном страхе человек говорит то, чего в другое время, возможно бы, не сказал. Затем заговорил и другой. Он, обращаясь к своему товарищу, говорит: „И ты все еще не боишься Бога?!“ Он начинает так, что становится ясно – Бог свят и страшен.

Когда в наших городах взрывались бомбы, люди были в полной растерянности. Возможно, церковь виновна в том, что не было сказано: „Бог может быть страшным! Бог может лишить своего покровительства! И ты все еще не боишься Бога?!“ Следовало кричать об этом там, где люди ходили по трупам, чтобы делать деньги: „И вы все еще не боитесь Бога!“ Молодым людям, прожигающим свою жизнь в разврате, следовало бы заявить: „И вы все еще не боитесь Бога!? Что вы думаете? Неужели вы ослепли?“ Все начинается с осознания святости и гнева Божьего. И вот разбойник, этот преступник, провозглашает: „Мы правильно осуждены! Мы этого заслужили!“ Это второе, что приводит к спасающей вере: осознание своей вины.

Я встречал много людей, которые мне говорили: „Я не могу верить!" Я спрашивал таковых: „Задумывались ли вы над тем, что виновны перед Богом?" „Нет, я поступаю верно и никого не боюсь". Тогда я им говорил: „До тех пор, пока Вы сами себя обманываете, Вы никогда не придете к истине!"

Недавно я встретил одного человека, который тоже заявил мне: „Я поступаю верно и никого не боюсь!" Я ему возразил: „Поздравляю! Я так сказать не могу. В моей жизни многое не в порядке". Он ответил: „Конечно, если подойти со всей строгостью..." „О, – сказал я, – Бог подходит строго, но Вы же не станете сами себя обманывать!" Знайте! Вы будете иметь истинную, спасающую веру только тогда, когда начнете называть грех грехом, когда свои грязные сексуальные связи назовете прелюбодеянием, когда Вы свою измену назовете изменой, когда Вы свою ложь перестанете называть хитростью, но назовете ложью, когда Вы не будете оправдывать свое самолюбие, но признаете, что сами себя обожествляете – а это и есть идолопоклонство. Это второе, что ведет меня к спасающей вере – когда я, наконец, начинаю называть грех грехом, обращаюсь к Богу и говорю: „Господи, я заслуживаю Твоего суда!" Как ужасно, что наши современники сами себя утешают словами: „Все очень хорошо!" Но Бог когда-нибудь сорвет маску с наших лиц!

А затем этот разбойник обратился к Иисусу: „Ты же ничего плохого не сделал. Почему Ты здесь висишь?" И в этот момент его осеняет: „Он же здесь висит за меня! Он несет на себе мою вину!" И тогда он взывает: „Господи, Ты – Царь, помяни меня, когда прийдешь в Царствие Свое!" Это третье: он верит, что Иисус дарует вечное спасение, потому, что Он умирает за нас. А Иисус говорит: „Ныне же будешь со Мною в раю!"

Итак, спасающая вера заключается в том, что мне открывается святость Божия, что я сознаю свое погибшее состояние и что я принимаю умирающего за меня на кресте Иисуса за единственный шанс моего спасения. Без такой веры Вы ни за что не устоите! Ничего другого я Вам сказать не могу!

Люди уже упрекали меня в том, что я рассуждаю слишком однобоко. На что я только могу ответить: „Простите! Но существует только один-единственный путь справиться с жизнью, смертью и судом, а именно: я – грешник, прихожу к

Иисусу, раскаиваюсь, признаю грехи свои и верю в то, что Иисуса кровь с креста текла, / с Его чела, с ланит, / я был в пороках без числа, / но ею я омыт". Я хотел бы, чтобы Вы никогда не забывали это одно-единственное предложение: „Иисус умер за меня!" Когда Вы рано утром встаете, пусть звучит в Вашем сознании: „Иисус умер за меня!" Когда Вы завтра будете на своей работе, в водовороте жизни, то пусть Вам мгновенно придет на ум: „Иисус умер за меня!" И тогда по милости Божией Вы преклонитесь перед Ним и скажете: „Умер за меня! За меня! Значит, я могу этому верить!" В то мгновение, когда Вы это постигнете – вы становитесь чадом Божиим! Иисус говорит: „Я есмь дверь. Кто Мною войдет – спасется".

Теперь я должен еще, в-третьих, сказать о том, что многие люди мне говорят: „Да, пастор Буш, как раз этому, о чем Вы говорите, я и не могу поверить. Когда я Вас слушаю, все как будто хорошо, но верить этому я не могу". И на это я хотел бы теперь ответить. Людей, которые так говорят, я хочу разделить на четыре группы. Итак:

3. Люди, которые не могут верить...

а) ...потому, что они не религиозны

К первой группе относятся люди, которые мне объясняют: „Я не могу верить, потому что я не религиозен. Вы религиозны, господин пастор, а я – нет!" На это я только могу ответить: „Я тоже не религиозен". Колокольный звон, ладан и тому подобное не производят на меня большого впечатления. Я очень рад тому, что в последние годы в Эссене я мог проповедовать в зале, в котором был только приличный духовой оркестр. Не было органа и колоколов, и я в них не нуждался. Я не против них, но не имею в них надобности. Вот насколько я мало религиозен!

Когда Иисус, Сын Божий, был на земле, существовало много религиозных людей. В то время были книжники, фарисеи – это все очень религиозные люди. Например, садукеи были более либеральными религиозными людьми. Это те, которые в настоящее время сказали бы: „Я ищу Бога в природе". В нацистское время они говорили: „На наших флагах изображен Бог". Они религиозны в любое время. И эти религиозные люди распяли Сына Божьего. Он не подходил к их компании. Были и совершенно нерелигиозные люди: развратницы, спекулянты (Библия называет их мытарями), ремесленники, которые целиком поглощены своей работой, так как этим добывали себе хлеб насущный, знатный человек по имени Закхей, который „делал деньги", обирая других. Это все абсолютно нерелигиозные типы. И они познали Иисуса! Как же это произошло? Они знали, что являются грешниками, что жизнь их неправильна. Но вот пришел Спаситель, Который грешников превращает в детей Божиих, и они поверили в Него.

Иисус пришел не для того, чтобы религиозных людей сделать еще более религиозными, но для того, чтобы спасти грешников от смерти и ада и сделать их детьми Божьими. Если существуют люди, которые говорят: „Я не могу верить, потому что я не религиозен", то я могу им сказать следующее: „У вас есть все шансы стать детьми Божьими!" Мы все знаем, что мы – грешники, но „Иисус умер за меня!" Я повторяю: „Иисус пришел не для того, чтобы религиозных людей сделать еще более религиозными, но чтобы погибающих грешников сделать детьми живого Бога!"

б) ...потому, что они не хотят верить

Ко второй группе относятся те, которые говорят, что они не могут верить, но в действительности, если бы они были до конца честными, то должны были бы сказать, что они вовсе и не хотят верить. Если бы они уверовали, им пришлось бы изменить весь свой образ жизни. А этого они делать не желают... Они знают, что их жизнь неправильна. А если бы они стали детьми Божьими, то все бы обнаружилось. Нет, этого делать они не желают. Тогда, возможно бы, коллеги их высмеяли! А что сказали бы родственники, если бы они стали вдруг христианами? Нет, тогда уж лучше не надо! И если Вы встретите людей, говорящих, что они не могут верить, то присмотритесь к ним повнимательней, не следует ли им лучше сказать, что они не хотят верить?!

В Библии повествуется потрясающий рассказ. Сын Божий, Господь Иисус сидит на горе Елеонской. Перед Ним, в долине, в чудесном солнечном сиянии, располагался город Иерусалим. Вдали возвышается гора, на которой стоял прекрасный храм, о котором даже язычники говорили, что его можно отнести к одному из чудес света. Все это лежит перед Ним. Но вдруг ученики с ужасом увидели, что по лицу Иисуса текут слезы. Они удивленно и вопрошающе смотрят на Него. И тогда Иисус Христос говорит: „Иерусалим, Иерусалим, сколько раз я хотел собрать детей твоих, как птица собирает птенцов своих под крылья, но вы не захотели! И вот вы подлежите суду Божьему. Не останется здесь камня на камне, все будет разрушено". Это одно из удивительных Слов Библии: „Но вы не захотели!" Жители Иерусалима тоже говорили: „Мы не можем поверить!" – но они не хотели верить!

Должен Вам сказать, что тот, кто не хочет верить, пусть не верит. В церкви еще до сих пор существуют различные принуждения. Однако, Царство Божие состоит только из добровольцев. Кто хочет жить без Бога, пусть так и живет! Бог нам Себя предлагает, но мы можем Его отвергнуть. Вы хотите жить без Бога? Живите! Вы хотите жить без молитвы? Живите! Вы хотите жить без Библии? Живите! Вы не хотите святить день воскресный, хотите прелюбодействовать, пьянствовать, лгать, красть? Пожалуйста! Кто не хочет признавать этого Спасителя, Которого Бог послал для спасения грешников, тот может Его отвергнуть. Кто устремляется в ад, тому не возбраняется! У Бога нет насилия, только уясните себе, пожалуйста, что все последствия этого Вы берете на себя. Бог через Иисуса предлагает Вам прощение грехов и мир. Вы можете сказать: „Я в этом не нуждаюсь, я этого не хочу!" Тогда живите так! Но не думайте, что перед смертью, в последние 5 минут Вашей жизни, Вы сможете постичь то, что Бог предлагал вам на протяжении всей Вашей жизни. Вы можете отвергнуть перемирие с Богом в Иисусе, но тогда Вам придется жить без мира с Богом во веки веков. А это и есть ад!

Ад – это место, где Вы действительно полностью освободитесь от Бога. Там Вас больше никто не будет приглашать. Оттуда Вас никто не будет звать. Возможно, Вы захотите там помолиться, но уже не сможете этого сделать. Там, возможно, Вы захотите призвать имя Иисуса, но оно Вам больше не прийдет на ум. Вы можете не принимать вести, которую я Вам предлагаю. Вы можете не обращаться к Иисусу, но уясните себе, что этим Вы избираете ад! Вы совершенно свободны в выборе!

„Но вы не захотели!“ – сказал Иисус жителям Иерусалима. Он их не принуждал. Но то, что они избрали, было ужасно!

в) ...потому, что они слишком многое пережили

К третьей группе людей, которые говорят, будто не могут верить, относятся, в основном, мужчины. Они приводят странный довод. От женщин я подобного не слышал. А довод таков: „Господин пастор, я так много пережил, что не могу верить!“ Я спрашиваю: „Что же такое Вы пережили? И моя жизнь не была скучной!“ – „Да... я так много пережил, что ничему больше верить не могу!“ И эта мысль, как привидение, маячит перед мужской половиной мира. В таком случае я высмеиваю их, говоря: „Верите же Вы расписанию движения автобусов, верите же вы сведениям, полученным из полиции?“ – „Да!“ „Тогда Вы мне больше никогда не говорите, что ничему не верите, но говорите, что не верите ничему, кроме расписания движения автобусов и тому, что скажет полиция“. Можно было бы продолжить, как вам ясно. Затем я продолжаю: „Видите ли, в мою мрачную жизнь, полную греха, нечистоты, тьмы и заблуждений, вошел Иисус. Я понял: Он – Сын Божий, посланный Богом. И тогда я вручил свою жизнь Тому, Который так много сделал для меня – Иисусу. И если Вы действительно никому и ничему больше не верите, то Тому, Кто Свою жизнь отдал ради Вас, Вы верить можете. Да, в Него Вы верить можете. Вы верите очень многому, но только Тому, Единственному, Которому можно полностью довериться и в Ком еще никто не разочаровывался, Вы говорите: „Нет! Это же слишком смешно!“ И говорите, что слишком многое пережили. Нет, Вы еще недостаточно пережили.

г) ...потому, что кое-что служит им преткновением

Четвертая группа тех, которые не могут верить – это люди обстоятельные. Они якобы не могут верить потому, что либо церковь, либо учения церкви служат для них преткновением.

Одна юная студентка, обращаясь ко мне, рассказала: „Господин пастор, я занимаюсь изучением естественных наук и, слушая одну из Ваших лекций, почувствовала желание кое-чему научиться от Вас, но я не могу верить. Вы знаете, все эти догмы и принципы строения церкви для меня неприемлемы. Принять их – все равно что проглотить охапку сухого сена!“ Я засмеялся и возразил: „Девушка! Вам вовсе не нужно глотать охапку сухого сена! Вы когда-нибудь слышали об Иисусе?“ – „Да“, – сказала она. – „Если бы я сказал, что Иисус был лгуном, Вы бы поверили этому?“ – „Нет, этому я не верю!“ – ответила она. А я продолжал: „Девушка, можете ли Вы еще о ком-либо сказать, что он никогда не лжет?“ – „Нет, – сказала она, – этого я, пожалуй, ни об одном человеке не сказала бы“. – „Вот видите, девушка, Вы же верите. Вы выразили свое доверие Иисусу. Это же чудесно! С этого все и начинается. Он говорит истину. В Библии сказано, что признающие посланного Богом Иисуса Христа имеют жизнь вечную. Вам не нужно рассуждать о догмах и принципах строения церкви. Но из сумрака жизни Вам навстречу идет Один. Вам все отчетливее видны раны от гвоздей и тернового венка, которые свидетельствуют о том, что Он взял на Себя Ваши грехи и возлюбил Вас так, как никто еще Вас не любил. Пусть откроются полностью Ваши глаза, чтобы, глядя на Иисуса, Вы могли сказать: „Мой Спаситель! Мой Господь и мой Бог!“ Верить – не означает глотать догмы, как сухое сено, верить – значит принять Иисуса Христа!“

Один человек сказал: „Верить я не могу, потому что пасторы, пасторы...“ – и тут начинается. Я услышал разные истории о пасторах. У одного были любовные истории. Другой прогорел с кассой. И всюду с пасторами что-либо происходило. „Поэтому я больше верить не могу!“ Я краснею, потому что сам себя знаю. Хотя я с кассой не прогорел, но если бы люди меня знали, они тоже не принимали бы меня всерьез. Но что же можно на это сказать? А сейчас послушайте-ка: в Библии нигде не сказано: „Веруй в своего пастора – и спасешься!“ Но сказано: „Веруй в Господа Иисуса Христа – и спасешься!“ Конечно, не все пасторы соответствуют этому назначению – но пастора можно сравнить с дорожным знаком, указывающим путь к Иисусу. Для нас не является помехой, что дорожный указатель может быть слегка искривленным и кособоким или немного размытым дождем. Главное – видеть, куда он указывает. Я бы тоже не стал слушать пастора, который не является путеводителем к Иисусу, к распятому и воскресшему Сыну Божьему. Ведь не стану же я гневаться на дорожный знак, указывающий мне путь и цель, но буду продолжать стремиться к цели. И цель эта: „Иисус грядет – источник благодати". Неужели Вы хотите в судный день предстать пред живым Богом со словами: „Господи, я не принял Твоей благодати, я не принял прощения грехов, потому что пастор был никуда не годным!"? Итак, Вы хотите однажды предстать пред Богом? Нет, мои друзья, неправда, что Вы не можете верить! Иисус однажды сказал слова, имеющие огромное значение: „Кто хочет творить волю Божию, тот узнает: от Бога ли мое учение". Вопрос заключается в том, желаю ли я положить начало послушанию и исполнению того малого, что осознал в своей жизни. А затем я буду простираться вперед.

4. Что делать, если не можешь верить?

Об этом я хочу Вам сказать в нескольких словах.

а) Просите у Бога света!
Он рядом с Вами. Скажите Ему: „Господи, приведи меня к вере! Дай мне увидеть Твой свет!" И Он услышит!

б) Считайтесь с постоянным присутствием Божиим!
Иисус всегда с нами! Скажите Ему в тиши: „Иисус, я хочу свою жизнь посвятить Тебе". Так поступил я, когда в своем безбожном состоянии вдруг ощутил страх перед Богом и после этого услышал об Иисусе.

в) Читайте Библию!
Ежедневно проводите четверть часа наедине с Иисусом. Читайте Библию и внимайте тому, что Бог Вам хочет сказать. Читайте внимая! Затем молитвенно сложите руки и скажите: „Иисус, мне многое нужно Тебе рассказать. Я не могу справиться со своей жизнью, помоги мне!"

г) Ищите общения!
Ищите общения с людьми, которые тоже хотят стать истинными христианами! Не оставайтесь одинокими! Одиноких путников на пути к небу не бывает! Ищите общения с христианами, которые следуют тем же путем.

Как справиться с жизнью, если нас постоянно сопровождают провинности и упущения?

Это очень серьезный вопрос. Действительно, нас постоянно сопровождают провинности и упущения. Поэтому я счастлив, что могу рассказать о великом и прекрасном даре, который делает людей безмерно счастливыми и богатыми. Эту вещь нигде не купить, ни в одной стране мира. Даже если бы Вы были миллиардером и готовы были выложить на стол все свои банкноты, Вы бы не смогли ее купить. И по знакомству Вы тоже не смогли бы ее достать. То, что невозможно купить в настоящее время, в основном можно приобрести по знакомству. Нет никакой возможности самому приобрести эту великолепную вещь. Ее можно получить только в подарок. И эта чудесная вещь, о которой я хочу рассказать, которую невозможно купить, а также приобрести по знакомству, называется: прощение грехов.

Я знаю, что сейчас многие разочарованно думают: „Прощение грехов?“ И моментально возникает вопрос:

1. Нужно ли мне это?

Я уверен, что половина из Вас скажет, что не нуждается в прощении грехов. Один молодой мужчина на днях разъяснил мне: „Мы живем в такое время, когда наши потребности возбуждаются рекламой. Наши прадеды ничего не знали о жевательных резинках и сигаретах. Нас же, посредством бесконечных реклам по телевидению, радио и на афишах, постоянно призывают к тому, чтобы мы, например, без сигарет совершенно не мыслили жизни. Сначала возбуждается потребность, затем можно торговать!“

Затем молодой человек продолжал: „Так делает и церковь. Она разъясняет людям, что они нуждаются в прощении грехов, затем этим торгует. Понимаете, мы не имеем в этом потребности, но Вы в нас ее возбуждаете, чтобы потом сбыть свой товар!“ Так ли это? Если сейчас первого встречного на улице остановить словами: „Добрый день! Как Вас зовут?“ „Майер!“ – „Господин Майер, Вы нуждаетесь в прощении грехов?“ Господин Майер нам ответит так: „Вздор! Мне нужно не прощение грехов, а 2000 марок!“ Ведь это так! Возможно ли возбудить потребность, которой в данный момент вовсе не существует, чтобы потом отвечать посредством Библии?

Должен сказать, что это ужасное заблуждение, очень страшное заблуждение. Нет ничего более необходимого для нас, чем прощение грехов! Кто думает, что не нуждается в прощении грехов, тот не знает святого и страшного Бога. О любви Божьей так много было сказано, что мы вовсе не знаем, что Бог – страшный Бог, как сказано в Библии! Так однажды я очнулся от своей жизни во грехах и вдруг ясно понял, что Бога следует бояться! Кто говорит, что не нуждается в прощении грехов, тот не имеет никакого понятия о живом Боге, Который может тело и душу низвергнуть в ад. Да, воистину, можно навеки погибнуть! Это говорит Иисус, а Он знает. И если весь мир скажет, что не верит этому, то значит погибнет весь мир! Иисус знает то, что от нас сокрыто. Он нас настойчиво предупреждает о погибели! А мы стоим со своими грехами и осмеливаемся говорить о том, что не нуждаемся в прощении грехов, что церковь возбуждает в нас потребность, которой не существует. Как глупо! Ничто нам так не нужно, как прощение грехов!

Я должен Вам рассказать один эпизод. Мне пришлось однажды проводить собрание в прекрасном городе Цюрихе, в доме съездов. Это было очень большое собрание. Многим не хватало места, и им пришлось стоять возле стенки. Среди таковых я обратил особое внимание на двух джентельменов, которые весело беседовали. Было заметно, что они пришли из любопытства. У одного из них была красивая бородка. Я обратил на нее внимание потому, что пожалел, что сам не могу иметь такую. Начав лекцию, я решил привлечь их внимание. Они слушали с большим интересом. Но вот я впервые сказал о прощении грехов и в тот же момент увидел, как господин с бородкой иронически улыбнулся и что-то шепнул своему соседу на ухо. Я не услышал, что он сказал, но понял это по выражению лица. Его ирония выглядела примерно так:

„Прощение грехов! Это же типичная пасторская болтовня! Боже ты мой!“ И при этом он, возможно, думал: „Я же не преступник! Мне вовсе не нужно прощения грехов!“ – ведь то же говорите и Вы, не так ли? „Я же не преступник! Мне вовсе не нужно прощения грехов!“ – значит, примерно это он и сказал. И тут я рассердился. Я знаю, что сердиться не положено перед Богом. Но, несмотря на это, все же меня охватила злость. „Минуточку внимания! – сказал я. – Я сейчас сделаю полуминутную паузу, а Вы за это время сами себе ответьте на вопрос, который я задам: „Отказываетесь ли Вы навеки от прощения грехов, так как оно Вам не нужно? Да или нет?“ И после этого в огромном переполненном здании воцарилось молчание. Господин с бородкой побледнел и даже придержался за стенку. Так он, бедняга, испугался! Он, видимо, хотел бы сказать: „Я не преступник! Но если речь идет о смерти, если дело принимает серьезный оборот, то все-таки я хотел бы получить прощение грехов. Я не хотел бы от этого отказаться“. А Вы тоже? Или все же отказываетесь?

Существует одно выражение, которое я за свою жизнь слышал очень часто, а именно: „Я прав и ничего не боюсь!“ Но представьте себе, я не слышал его от людей моложе 40 лет. Молодой человек определенно знает, что его жизнь полна пороков. Только беспощадно убив свою совесть, можно прийти к тому, чтобы утверждать подобную ложь. Если я от кого-нибудь слышу слова: „Я прав и никого не боюсь!“, то возражаю таковому: „Тебе уже больше 40 лет, у тебя склероз, поэтому ты так говоришь. Ты беспощадно убил свою совесть!“ Пока наша совесть еще не убита, мы знаем совершенно точно, что нет ничего более необходимого для нас, чем прощение грехов!

Несколько лет тому назад в Эссене выступал „современный“ музыкант Билл Хейли или, правильнее сказать ‚этакий „кривляка“. Чтобы послушать его и его эстрадный ансамбль, в большом зале собрались тысячи юношей и девушек. Но уже во время исполнения первого музыкального произведения они медленно, но верно начали разрушать зал. Убытки составили около 60 тыс. марок. Один молодой полицейский позднее рассказывал мне: „Я сидел впереди и мне пришлось всеми силами держаться за стул, чтобы не принимать в этом участия". На следующий день я шел по улицам города и увидел трех парней, стоявших группой и выглядевших так, будто они тоже присутствовали там. Я подошел к ним: „Добрый день! Я готов спорить, что вчера вечером вы тоже слушали Билла Хейли!" – „Верно, господин пастор!" – „О, оказывается мы знаем друг друга, – говорю я, – как прекрасно! Скажите-ка, почему вы все-таки так испортили зал? Мне это непонятно." И слышу в ответ: „Ах, пастор Буш, это всего лишь отчаяние!" „Что? – спрашиваю я, – отчаяние? По какому поводу?" – „Да мы этого и сами не знаем", – последовал ответ.

Великий датский теолог и философ Киркегаард рассказывал о своей жизни, что, будучи ребенком, он часто бывал на прогулках со своим отцом. Иногда отец останавливался и, задумчиво глядя на него, говорил: „Дитя мое, ты выглядишь унылым, как будто тебя что-то угнетает". За 40 лет своего пасторского служения я многократно встречался с таким внутренним унынием, с угнетенным состоянием людей. А теперь я спрашиваю Вас: знакомо ли Вам это внутреннее отчаяние, угнетенное состояние в жизни? Расскажу на примере, отчего это происходит. Будучи пастором в окрестностях Рура, я часто спускался в шахту. Это очень интересно. Одеваешь спецовку, шлем и – летишь в подъемной клети на глубину, например, до восьмого горизонта, а возможно – еще глубже. Да, но туда не спускаются, потому что совсем внизу – „болото". Там собираются в шахте грунтовые воды, и шахтеры называют это „болотом". За время, прожитое мной в Эссене, однажды произошел такой случай: порвался трос, и клеть улетела вниз, в „болото". Это было ужасно!

Мне хочется провести параллель – болото в рудниках и люди... Все мы знаем, что в нашей жизни существуют несколько уровней. Мы можем, например, внешне производить впечатление веселого настроения, а внутри – все выглядит иначе. Или можно улыбаться и при этом быть глубоко печальным. Можно и делать вид, как будто нам в жизни все дается легко, но в глубине нашей души, на самом дне сердца, гнездится глубокое отчаяние. Об этом говорят врачи, философы, психологи, психиатры. Один психиатр мне сказал: „Вы себе даже не можете представить, сколько молодых людей посещают мой кабинет!" Но большинство людей вовсе не интересуется, откуда берутся отчаяние и страх, и видят выход лишь в опьянении. А не лучше ли посмотреть действительности в глаза?

Создается впечатление, будто тот факт, что в глубине человеческого сердца гнездится отчаяние, является открытием нынешнего века. Удивительно то, что Библия обнаружила это 3000 лет тому назад. „Лукаво сердце человеческое... и крайне испорчено", – написано в ней. В Библии также сказано и почему. Она указывает несколько причин: то, что мы со времени грехопадения далеки от Бога, так как с тех пор мы живем вне нашей настоящей стихии, которой является Бог! Потому что мы, в сущности, боимся суда живого Бога над нашей жизнью. Но основной причиной глубокого отчаяния нашего сердца является наша вина, наша вина перед Богом! Она и является великой проблемой нашей жизни, с которой мы сами справиться не можем! Мы чувствуем это! И поэтому в нашем сердце – глубокое отчаяние.

Нужно ли нам прощение грехов? Конечно, нужно! Для нас нет ничего более необходимого, чем прощение грехов!

Что такое грех? Грех – это всякое разделение с Богом! Мы даже рождаемся грешниками. Позвольте Вам привести пример. Дитя, рожденное во время войны в Англии, конечно, ничего против нас, немцев, не имело, но оно принадлежало вражескому лагерю. Так и мы по природе рождаемся в лагере, враждебном Богу. Мы все более отдаляемся от Бога, сооружая стену из своих проступков. Каждое преступление Божиих заповедей является камнем, из которых кладется эта стена. Таким образом, грех является зловещей реальностью.

Сейчас я должен Вам рассказать, как я впервые понял, что грех – зловещая реальность и что никакой грех невозможно исправить. У меня был чудесный отец, с которым меня связывали прекрасные взаимоотношения. Однажды я готовился к экзаменам во флигеле нашего дома и услышал, как внизу вдруг позвали: „Вильгельм!" – это мое имя. Я высунул голову и спросил моего отца, который звал меня: „Что случилось? Горит?" А он ответил: „Мне нужно в город. Не хочешь ли и ты пойти со мной? Вдвоем все же веселее!" – „Ах, папа, – крикнул я сверху, – я сейчас занимаюсь такой важной темой моей экзаменационной работы, что мне очень нежелательно отрываться". – „Тогда я пойду один", – сказал он. Через 14 дней он умер. У нас был такой обычай, что гроб с телом покойного устанавливался в доме, и сыновья по очереди дежурили около него. Тихая ночь. Все спят. Я сижу один возле гроба и вдруг вспоминаю, как 14 дней тому назад отец попросил меня пойти с ним в город. Я же – отказал! Я смотрю на него и говорю: „Ах, отец, попроси меня еще раз, и если ты захочешь пройти со мной 100 километров, я пойду с тобой!" Но уста его оставались сомкнуты. Тогда я понял, что мое равнодушие является зловещей реальностью, которую я никогда не смогу поправить.

Как Вы считаете, сколько в нашей жизни проступков, сколько упущений? Как нам справиться с жизнью, если нас постоянно сопровождают проступки и упущения? Без прощения грехов нам, в сущности, не справиться со своей жизнью!

А как быть со смертью? Не хотите ли Вы взять с собой в вечность всю свою вину? Я себе часто представляю, как это будет выглядеть. Я же постепенно приближаюсь к тому. Возможно, что еще крепко держишь любимую руку, но вот наступит мгновение, когда мне и ее придется отпустить. Тогда мой жизненный корабль предстанет в великом безмолвии пред Богом, пред Его лицом! Поверьте мне, Вы тоже однажды предстанете пред Ним. Со всеми своими проступками, со всеми своими упущениями предстанете Вы тогда пред живым Богом! Как будет ужасно, если Вы обнаружите, что всю свою вину, все свои упущения Вы взяли с собой!

Нужно ли нам прощение грехов? Оно нужно нам, как ничто более, больше хлеба насущного.

2. Где же приобрести прощение грехов?

Можно ли забыть прошлое? Если да, то каким образом?

Я только что рассказал историю с моим отцом. Я никогда не смог изгладить свою вину. Вы понимаете меня? В сущности, мы не можем поправить наши проступки. Все наши действия пред Богом запечатлены в ожидании возмездия. Один человек, по имени Иуда, предал своего Спасителя за 30 сребреников. И вдруг он понял, что поступил неправильно.

Он идет к людям, которым предал Его, возвращает деньги и говорит: „Я совершил зло. Возьмите деньги назад! Я хочу это дело исправить!“ Они пожимают плечами и говорят: „Какое нам до этого дело? Смотри сам!“ Можете обращаться к кому угодно, вам ответят: „Смотри сам!“ И все же, несмотря на это, существует возможность уничтожить, ликвидировать проступки и упущения? Каким образом? Как происходит прощение грехов?

Друзья мои, на этот вопрос в Библии единодушно отвечают мужи веры, восторженно, в один голос. От начала до конца, от Старого до Нового Завета основным гимном Библии является: прощение грехов существует!

Где? Пойдемте со мной за ворота Иерусалима, к холму Голгофы. Мы не будем обращать внимание ни на толпу людей, ни на разбойников по правую и левую руку, ни на римских солдат, но только на человека, распятого на кресте посреди них. Кто этот человек? Он не такой, как мы. Однажды, среди множества людей, Он сказал: „Кто может Меня обвинить в каком-либо грехе?“ И никто ни одного греха не назвал. Об этом никто из нас не рискнул бы спросить. Затем Его обвинили в преступлении, и римские судьи, а также еврейский синедрион, допрашивали Его, но нашли Его невиновным. Он – не один из нас. Он не нуждается в прощении грехов. И это Он висит там, на кресте?! Кто этот человек? Он явился не из мира людей, но пришел к нам из другого измерения, из мира Божьего. Я говорю Вам об Иисусе, Сыне Божием. И Он висит на кресте? Почему? За что? Друзья мои, Бог праведен: Он должен наказывать грех. Тогда Он наши грехи переложил на Сына, на Своего Сына, и взыскивает наши грехи с Иисуса! „Наказание мира нашего было на Нем!“ Это великая весть Библии: суду Божьему предан Иисус ради нашего умиротворения! Вот где прощение грехов!

Где мне избавиться от грехов? Где мне найти мир с Богом? У креста Иисуса! „Кровь Иисуса Христа, Сына Божьего, очищает нас от всякого греха“. Постичь бы нам это!

Опубликована интересная книга американца Виллиама Л. Гулля. Это был пастор, тринадцать раз посетивший в тюрьме Адольфа Айхмана, виновного в убийстве миллионов людей. Он вел с ним длинные беседы, слышал его последние слова, проводил его до виселицы и присутствовал при том, когда его пепел был высыпан в Средиземное море. Пастор опубликовал содержание своих бесед с Айхманом под заглавием „Борьба за одну душу“. Вначале он повествует о том, что имел большое желание спасти этого страшного грешника, чтобы тот не попал в ад. Потрясающим было то, что этот человек, убивший миллионы людей, доставивший миру ужасное горе, сидя за письменным столом, до последнего момента говорил: „ Я не нуждаюсь в том, чтобы за меня умирали. Мне не нужно прощение грехов. Я этого попросту не желаю“.

Не хотите ли и Вы идти по следам Айхмана и так умереть? Нет? Если Вы этого не желаете, то обратитесь от всего сердца к Иисусу, Сыну Божьему, только Он может прощать грехи, так как умер за них, заплатил за них!

Когда пастор Гулль разговаривал с Эйхманном, ему было противно предлагать этому человеку прощение грехов посредством крови Иисуса. Возможно ли даже такому человеку получить спасение? Да! Да! „Кровь Иисуса Христа, Сына Божьего, очищает нас от всякого греха“. Но я должен сознаться в своем грехе, рассказать Ему, а потом, взирая на крест, верой принять: „Иисуса кровь с креста текла / с Его чела, с ланит; / я был в пороках без числа, / но ею я омыт“.

В Библии приводятся все новые и новые примеры для того, чтобы объяснить, каким образом распятый и воскресший Господь Иисус прощает грехи. Иисус ведь не остался во гробе, но воскрес в третий день, об этом Вы, вероятно, знаете – Он жив.

Так, например, в ней говорится о поручительстве. Поручитель обязывается за меня вступиться, если мне нечем рассчитаться за долги. Но рассчитываться нужно. В жизни всегда так бывает, если кто-нибудь должен возместить долг. Каждый раз, когда мы согрешаем в своей жизни, возникает обязательство перед Богом. В Библии сказано: „Возмездие за грех – смерть“. Бог требует нашей смертью возместить долг. Но вот пришел Иисус и умер за наши грехи для того, чтобы мы могли жить. Он становится нашим поручителем перед Богом. Итак, либо Вы поплатитесь за свои грехи адом, либо идете к Иисусу со словами: „Господь Иисус, я хочу постичь то, что Ты заплатил за меня!“ Эрнст Готлиб Вольтерсдорф признает в одном гимне: „Я знаю без сомненья, / заступник мой пришел, / Он мне грехов прощение / Своей ценой обрел. / Он заплатил сполна / за все мои проступки, от них нет и следа“.

В Библии также наглядно показана картина выкупа. Один человек попал во власть работорговца. Сам он откупиться не мог. Но вот приходит добрый господин и видит этого раба; его сердце сжалилось, и он спрашивает: „Сколько он стоит? Я его выкупаю!“ С какого времени раб свободен? С той минуты, когда заплачена последняя копейка. Иисус заплатил за Вас на Голгофе последнюю копейку! Теперь, постигнув это, вы можете сказать: „Господь Иисус, я перед Тобой слагаю свои грехи и верю, что Ты их уничтожишь!“ Иисус выкупает! Он освобождает от рабства греха! Филипп Фридрих Гиллер поет: „От греха освобожденье – / это жизни обновленье / для измученного духа / в чудном имени Иисуса...

Библия приводит все новые и новые примеры. Так она приводит пример примирения. Даже темный язычник знает, что он нуждается в примирении. Поэтому во всех религиях есть масса священников, совершающих жертвоприношения для примирения. Но Бог признает только одну-единственную жертву примирения: „Вот Агнец Божий, Который берет на Себя грех мира!“ Многие священники приносили различные жертвы. Иисус же Сам – Священник, Который примиряет с Богом! И Он Сам является той жертвой, Которая примиряет с Богом! Лишь Он один может примирить нас с Богом. Альберт Кнапп в одном гимне говорит: „Вечно буду видеть пред очами, / как Он бледный, с кровью на челе, / на руках, прибитых к дереву гвоздями, / висит тихий Агнец на кресте... / я уверен – это также за меня / „совершилось“ произнес Он со креста.

Кроме того, в Библии используется образ очищения. Один христианин пишет другому: „Он возлюбил нас и омыл Своею кровью наши грехи“. Вы, наверное, знаете историю о блудном сыне, который дошел до того, что был вынужден жить среди свиней. Так происходило в жизни со многими людьми. Над таковыми стоит искренне сжалиться. Но вот блудный сын опомнился и побежал – такой, каким был – домой, в объятия отца. Он не стал сначала приводить себя в порядок, не купил себе костюма и новых башмаков, но пришел таким, каким был. А отец его затем очистил и одел в новые одежды. Многие люди считают, что им сначала нужно стать добрыми, тогда они смогут быть христианами. Это катастрофическое заблуждение. Мы можем приходить к Иисусу такими грязными и измазанными, какие мы есть. О, как запачкана и осквернена наша жизнь! Прийдите к Иисусу таковыми, как Вы есть. Он Вас очистит! Он все обновит! „Кровь Иисуса Христа, Сына Божия, очищает нас от всякого греха". Об этом свидетельствует апостол Иоанн. Это можем подтвердить и мы!

У меня сейчас нет возможности привести Вам все примеры, которые используются в Библии. Но я думаю, что Вы начнете сами читать Библию, и, таким образом, Вы глубже познакомитесь с этой чудесной вестью о прощении грехов.

Как нам быть в этой жизни, если нас постоянно сопровождают проступки и упущения? Своими силами с ними не справиться. Справиться можно лишь, придя к Иисусу и попросив у Него прощения грехов. Тогда исчезнут внутренний страх и отчаяние. Посвятить себя Иисусу – это не темное, страшное дело, но переход от мрачного могильного страха к светлому весеннему сиянию солнца благодати Божией. Этого я Вам желаю от всего сердца.

Итак: нужно ли нам прощение грехов? Да! Где нам его найти? У Иисуса, распятого и воскресшего Спасителя!

3. Как мне достичь этого?

Возможно, сейчас кто-нибудь думает: „Это же прекрасно! Это должно быть чудесно – иметь прощение грехов! Но как мне этого достичь? Об этом не пишут газеты, не сообщают романы и не говорится в фильмах. Как мне этого достичь?" Да, как мне достичь?

Тут никто помочь не может. Я думаю, лучше всего будет, если Вы сегодня же уединитесь и воззовете к Иисусу. Он же воскрес! Он жив! В Библии так говорится о людях уверовавших: „Каждый, кто призовет имя Иисуса...". Прямо сейчас приступайте к делу, призовите Его!

Знаете ли Вы значение слова „призвать"? Это – прямой провод к Иисусу! Но Вы им давно не пользовались! У Вас есть прямой провод к Иисусу, но Вы, возможно, никогда с Ним не говорили! Очень жаль! Вызовите же Его! Вам не нужно долго выбирать слова, но стоит только сказать: „Господь Иисус!" – и Он уже на проводе. Он уже слушает. Именно это и есть молитва.

А дальше? О чем Вам говорить? Обо всем, что у Вас на сердце! Скажите: „Иисус, у меня плохие взаимоотношения с одним человеком. Самому мне не выйти из этого состояния. Но я знаю, что это грех. Иисус, помоги мне!" Или: „Иисус, мое предприятие не в порядке. Налоговые платежи уже давно не в порядке, но я не знаю, как мне поступать иначе, так как меня ожидает банкротство. Господь Иисус, помоги Ты мне!" Или: „Господь Иисус! Я изменяю своей жене и не могу из этого выпутаться. Господь Иисус, помоги Ты мне". Понимаете? Вы можете Иисусу доверить по „проводу" то, что Вы не скажете ни одному человеку. Он слышит! Выкладывайте же все! Это освободит Вас. Выскажите Ему все Ваши проступки. Спросите Его: „Господь Иисус! Пастор Буш сказал, что Твоя кровь все очищает. Это правда?" Спросите это у Него. Поговорите с Ним сегодня же. Начните разговаривать с Иисусом по проводу, который уже так долго существует без пользы для Вас. Используйте этот провод непрестанно. Посредством него Вы можете говорить с Иисусом. Обращайтесь к тем людям, которые призывают имя Иисуса!"

Возможно, Вы скажете: „Да, я Ему все рассказал, но Он мне ничего не отвечает!" Но будьте внимательны! Сейчас я Вам расскажу о проводе, по которому Он с Вами говорит. Для этого возьмите Евангелие – Новый Завет. Старый Завет Вы прочтете позже. С него не начинайте, это пока слишком трудно для Вас. Новый Завет начните читать с Евангелия от Иоанна, затем прочтите Евангелие от Луки. Начните читать так, как бы Вы читали в журнале сообщение о каком-либо факте. И тогда Вы заметите, что это Он говорит с Вами. Этим Библия отличается от всех остальных книг – она является проводом, посредством которого Бог говорит со мной. Однажды мне сказал кто-то: „Когда я хочу слышать Бога, я иду в лес". Но я ответил ему: „Это же глупо! Когда я в лесу, я слышу шум деревьев, пенье птиц и журчание ручейков. Это прекрасно, но лес не даст мне ответ на вопросы: прощены ли мне грехи, как мне получить новое сердце и милостив ли Бог по отношению ко мне. Об этом Бог говорит мне только посредством Библии“.

Посвятите ежедневно четверть часа Иисусу. Воззовите к Иисусу и скажите Ему все: „Господи! У меня сегодня много дел. Одному мне не справиться“. Вы меня поняли? Скажите Ему все! А затем откройте Евангелие и прочтите полглавы. „Господь Иисус, теперь говори Ты!“ И вдруг Вы встречаете Слово Божие для себя. Это Вы сразу заметите: „Это Он говорит мне!“ Подчеркните себе это, а еще лучше – поставьте рядом дату.

В молодости мне пришлось быть в одном доме. Там на пианино лежала Библия. Когда я ее взял в руки, то заметил, что многие места были подчеркнуты красным и зеленым, а рядом поставлены даты. Это было в большой семье, и я спросил, чья это Библия. „Она принадлежит нашей Эмми“, – последовал ответ. Мне приглянулась эта Эмми, и я женился на ней. Я хотел иметь девушку, которая понимала бы, что Иисус с нами разговаривает по такому проводу, а не иначе.

Когда люди спорят о Библии, мне становится не по себе. Они говорят, что Библия написана людьми, и всякую прочую чепуху. Мне от этого становится скучно!

В первую мировую войну я некоторое время был телефонистом. Тогда мы еще не знали о беспроволочном радио. У нас были маленькие аппараты, к которым были присоединены провода. Однажды мне пришлось быть на наблюдательном пункте, расположенном на возвышенности. Еще не было возведено никаких защитных сооружений, и я пытался связаться с батареей, лежа в траве. Вдруг я увидел, что вдоль возвышенности проходит один из легко раненных пехотинцев. Я закричал: „Ложись! Нас обнаружили! Сейчас по нас откроют огонь!“ Он бросился ниц, подполз ко мне и говорит: „У меня отпуск, я теперь могу ехать домой. Послушай-ка, ну и старый же у тебя аппарат!“ – „Да, – пробурчал я, – старая модель“. – „И клеммы совершенно расхлябаны!“ – „Да, – подтвердил я, – клеммы совсем расшатались“. – „И вот, даже кусок отломался“, – продолжал он. Тогда я не выдержал: „Так, теперь помолчи, у меня нет времени долго выслушивать твою критику! Мне нужно выйти на связь!“ Точно также происходит у меня с Библией. Как только я настраиваюсь слушать голос Иисуса, приходят люди, которые говорят, что Библию написали тоже люди! Но на это я могу ответить только так: „Ах, замолчите же, в ней я слышу голос Иисуса!“

Вы меня поняли? Не позволяйте себя сбивать с толку! Он говорит на этом проводе.

И еще: ищите общения с людьми, которые тоже хотят идти этим путем!

Видите ли, когда я в своих беседах говорю об этом, люди мне обычно возражают: „Ах, это же для бабушки. В церковь ходят только старые люди“. Поэтому я рад, что более 30 лет был пастором молодежи и узнал множество молодых людей, которые Вам могут подтвердить сказанное мной: есть прощение грехов, с Иисусом можно разговаривать, Он отвечает.

Ищите общения с людьми, которые имеют опыт общения с Иисусом. Да, таких людей найти можно, которые тоже хотят идти с Иисусом дорогой к небу.

Итак, Иисус стоит перед Вами и говорит Вам: „Прийдите ко Мне, все труждающиеся и обремененные, потому что вас постоянно сопровождают проступки и ошибки. Я успокою Вас! Я могу Вам даровать прощение грехов!“

Как нам поступать, если нас раздражают люди?

Название темы не совсем точное: „если нас раздражают другие – а они нас раздражают, это же так! Ведь нас обязательно кто-нибудь раздражает, не так ли? Я даже рискну спросить: пусть отзовется тот, кому никто не действует на нервы“. Вот видите, никто не отзывается! Нас раздражают, это факт, никаких „если...“, это же в порядке вещей. Разве я не прав? О да, мы страшно действуем на нервы друг другу! Не все. Моя жена, например, меня не раздражает. Но многие другие меня часто раздражают. И Вас тоже? Ну, конечно же! Поэтому мы и ссоримся. В семьях, между соседями, на предприятиях и даже в христианских кругах люди постоянно действуют друг другу на нервы. Повсюду только и слышишь разговоры об этом „действии на нервы“. Существует множество людей, которые могли бы сказать: „У меня было бы все хорошо, если бы не тот или не та!“ Таким образом, этот „кто-нибудь“ становится бельмом не только в глазу, но и в жизни. И об этом следует поговорить. Как нам следует жить, когда нас кто-то раздражает?

Друзья мои, я хотел бы подробнее остановиться на этом вопросе. Видите ли, может случиться, что кто-то немного покашливает, а в действительности у него заболевание легких. Тут уже карамельки от кашля не помогут, но должно последовать более глубокое обследование и другое лечение. Вы понимаете это сравнение? То, что мы друг друга раздражаем, только признак того, что организм человека нездоров. Это раздражение имеет гораздо более глубокие корни, чем, к примеру, то, что соседка Вам немного не по душе. Поэтому я хочу осветить этот вопрос в более широком плане. Мне хочется показать Вам, что раздражение является признаком того, что человечество нездорово.

1. Мир, в котором мы живем

Видите ли, мое мировоззрение основано на Библии. И я нахожу его единственно верным, ибо все остальные, лет через 20, так или иначе придется выбросить на свалку.

А Библия говорит: Бог создал мир совершенным. Тогда Адам не раздражал Еву, а Ева – Адама. Существовала полная гармония. И тем более живой Бог не раздражал людей, а люди не раздражали Бога. Там все было в согласии: Бог с людьми, а люди – между собой.

Но вот Библия повествует, что на заре истории человечества произошла первая катастрофа. Библия называет ее грехопадением. Повествуется о том, что человек был искушаем. Он не должен был есть плодов с определенного дерева. Бог ему это запретил. Но ему предоставлено право выбора – и он выбирает зло, непослушание. Он берет запретный плод. В то же мгновение, когда в начале истории человечества происходит грехопадение, вся гармония нарушается.

Тогда Бог и люди разлучаются. Бог изгоняет человека из рая и перед входом ставит херувима. С тех пор мы с Богом разлучены. С тех пор мы раздражаем Бога, а Бог – нас. Начните-ка говорить с людьми о Боге, они сразу же раздражаются: „Прекратите, наконец, об этом! Никто не знает, существует ли Он на самом деле!“ Между Богом и нами – ужасная пропасть.

В тот же самый момент разделились и люди. Это стало ясно уже по детям Адама и Евы. Уже с того времени люди стали друг друга раздражать.

Вот два брата. В действительности так бывает, что именно братья могут друг друга сильно раздражать. Каин и Авель были очень разными. В сущности, нельзя сказать, почему они были разными. Однажды земледелец Каин трудился мотыгой на поле. Но вот приходит Авель. Я представляю, как в Каине все перевернулось: „Скорей бы ушел этот кроткий подлиза! Видеть его не хочу!“ Но Авель подходит к нему и заводит разговор. Тогда Каин наносит мотыгой удар по ненавистному лицу и приходит в себя лишь тогда, когда брат уже мертв. Друзья мои, мы все цивилизованы и поэтому не убиваем друг друга мотыгой. Но если Вы читаете газеты, то встречаете нечто подобное. И если припомнить крупномасштабные процессы истребления во времена третьего рейха, то, в сущности, в них тот же каинский смысл: ненависть к людям! Таким образом истреблены сотни тысяч жизней! Каин приходит в себя, когда видит Авеля мертвым перед собой. Он слегка испуган. Но потом он роет яму, опускает в нее труп и прикрывает его землей. Он оглядывается по сторонам и убежден, что свидетелей нет, никто его не видел. Мы, люди, ведь всегда так думаем: то, чего никто не видел, на самом деле и не происходило. О, если бы Вы знали, какие темные истории повсюду сопутствуют людям. Каин уходит, ему становится не по себе. Но вдруг он слышит голос: „Каин!" Кто бы это мог быть? „Каин!" Мурашки пробегают у него по спине. Вдруг он понял, кто его зовет: живой Бог! Он все видел! Он был немым свидетелем! „Каин!!! Где твой брат Авель?" Каин еще сопротивляется: „Я же не нянька своему брату Авелю! Разве я сторож брату моему?" „Каин, – сказал Бог, – голос крови брата твоего взывает ко Мне от земли".

Теперь Вы видите, как эта история все объясняет: со времени грехопадения все разъяснилось. Люди разлучились. Бог раздражает Каина, так же как Он раздражает многих Вас. Но мы не сможем избавиться от наших близких, так же как мы не можем избавиться от Бога! Таков мир, в котором мы живем!

2. Убеждать бесполезно

Да, объяснения теперь бесполезны. Например: никакие разговоры о „Боге милостивом" не помогут. Между Богом и нами теперь стена, пропасть. Во время войны, когда мой дом и половина Эссена горели, ко мне подбежала женщина, крича: „Как только Ваш Бог может такое допускать?" На это я ей ответил: „Мой Бог может такое допустить. Может быть, Бог является Вашим врагом?!" Со времени грехопадения все разъединилось: Бог и человек! Мы разлучены с Богом и с людьми. И в этом кроется причина того, что люди нас раздражают. Если у Вас есть соседка, которая Вас раздражает, то причиной тому является грехопадение, т.е. то, что мы – люди падшие, разлученные с Богом. Поэтому всякие объяснения теперь бесполезны.

Недавно я побывал на швейцарской границе. На пограничной заставе висел плакат. Он гласил: „Сообща – лучше!" Я подумал: „Ясно! Только плакат мне не поможет, если люди меня раздражают!" Или такой плакат, который я видел на днях: „Будьте взаимно вежливы!" Американцы на каждом углу развешивают плакаты такого содержания: „Улыбнитесь приветливо!“ Но, в сущности, это делу не поможет! Разве я не прав? Нет, убеждать бесполезно!

Помню, как, будучи еще молодым теологом, я часто бывал в одной семье, в которой все были в ссоре. Все родство жило в одной местности и полностью перессорилось. В один из вечеров я их всех созвал и, с присущим мне воодушевлением, попытался их всех примирить. Тогда я натер себе на языке мозоль. Часов в 11 вечера они, примирившись, пожали друг другу руки. Я был очень счастлив и подумал: „Из меня в будущем получится дельный пастор, если начало уж такое хорошее“. Радостный, я пошел домой и безмятежно заснул. Утром, повстречавши одну молодую женщину из примиренных, я сказал: „Как хорошо было вчера вечером, не правда ли?!“ „Хорошо? – возразила она. – Разве Вы не знаете, что произошло?“ – „Что же?“ – спросил я, бледнея. Оказывается, по дороге домой все снова перессорились, а потом дело пошло еще хуже! Вы смеетесь? Но мне не было смешно. Я вдруг понял, что с грехопадением дело обстоит очень серьезно, что мы с Богом и с ближними разлучены и что здесь даже самым добрым словом не поможешь.

Часто люди мне пишут: „Дорогой господин пастор, там и там у меня родственники, которые в ссоре между собой. Не могли бы Вы их навестить?“ В таких случаях я отказываю, так как знаю, что добрым словом здесь не поможешь. Подумайте-ка о людях, которые Вас раздражают. Я мог бы Вас долго убеждать, но все было бы бесполезно. В этом-то и весь ужас. Я хочу Вам рассказать о семье, которую я посетил. Приходит домой 17-летний сын, неуклюжий, в синих джинсах, с лохматой шевелюрой. Я заметил, что отец начинает раздражаться: „Вы только посмотрите на него! – говорит он, – посмотрите на него!“ Отец – порядочный и корректный служащий. Представьте, как в отце все переворачивается, когда он видит небрежность своего сына. Или, в другой семье, любящая мать, христианка, видя, как дочь подкрашивает губы, не сдержавшись, говорит: „Как она мне действует на нервы!“ Не то же ли самое и повсюду? Когда я одному разведенному мужу пытался объяснить, что он грешит, то он мне возразил: „Перестаньте, господин пастор! Меня уже одно то раздражает, что моя жена чавкает, хлебая суп!“

Вы находите это слишком смешным? Я же нахожу это ужасающим! Вы говорите: „Это мелочи!“ Мелочи? Это признаки того, что мир во время грехопадения выпал из Божьих рук и что мы живем в падшем мире, как люди без Бога!

Это раздражение иногда может принять очень скверный оборот. Я знаю одну молодую девушку в Эссене, у которой рассеянный склероз, и она совершенно парализована от этой ужасной болезни. Она живет в маленьком доме. Рядом живет отчаянный парень, который вечером с полвосьмого до одиннадцати любит смотреть телевизор на большой громкости. Бедная больная девушка должна была все это через тонкую стенку слушать вечер за вечером, час за часом. Она просила его немного убавить громкость телевизора, но парень в ответ еще больше увеличивал громкость. Представьте себе, это продолжалось год за годом, вечер за вечером, час за часом. Какими чудовищными, какими подлыми мы можем быть! Вы себе можете представить, как бедную девушку раздражал этот человек? А этого парня, конечно, раздражала девушка. За стенами шла борьба, которая делала жизнь невыразимо трудной!

Когда я был еще совсем молодым пастором, у меня было 150 конфирмующихся. Я начал их посещать. Все они жили в многоквартирных домах. Во время первого посещения я обнаружил в доме скандал, то же было при втором и третьем посещениях. Тогда на конфирмационном часе я попросил встать тех, кто не был в ссоре. Встали только трое или четверо. „А остальные все в ссоре?“ – спросил я и получил утвердительный ответ. Тогда я спросил тех, кто не был в ссоре: „А почему у вас обходится без ссор?“ Они ответили, что живут одни.

Вот такое положение. Нам нужно быть радостными, нужно трудиться, а при этом наши нервы постоянно разрушаются!! Когда что-нибудь падает нам на ногу, нам больно. Если кто-нибудь нам постоянно действует на нервы, это становится невыносимым.

3. Вмешательство Бога!

Если бы мне нечего было больше сказать кроме того, что сказано, я бы и не начинал. Но у меня есть чрезвычайно важная весть, удивительная весть: в своем непостижимом милосердии живой Бог вмешивается во всю эту неразбериху взаимных раздражений и досад! Весь этот горемычный мир лежит перед взором Божиим, и Бог принимает меры!

Его вмешательство чудесно. Это самая восхитительная весть Библии. Он разрушает стену, которая разделяет нас с Ним, и снисходит к нам в Своем Сыне Иисусе! То, что наша современная жизнь непочтительно отстраняет Евангелие об Иисусе, не говорит против Евангелия об Иисусе, но свидетельствует о недальновидности нашего времени, так как Иисус является единственным шансом нашего спасения! Что может быть более величественным, чем то, что совершил Бог, разрушив стену между Ним и нами, послав Сына Своего в этот мир разобщенности с Богом, раздражения и раздоров? Пришествие Сына Божьего, Иисуса Христа, совершенно меняет ситуацию!

а) Иисус дарит мир с Богом

А теперь я хотел бы Вам показать, что в Иисусе все соединяется. Иисус не был разобщен с Богом. Иисус – Сын Божий. Недавно мне было сказано: „Иисус был таким же человеком, как и каждый из нас, в крайнем случае, Он был основателем религии!“ На это я ответил: „Тогда, очевидно, Вы имеете в виду кого-то другого. Я имею в виду Того, Кто сказал о себе, что Он – приходящий с небес, а мы – сущие от земли“. Да, я говорю о Нем, о Сыне Бога Живого, имя Которого – Чудный, посредством Которого Бог вторгся в наш погибший, проклятый мир. Кроме того, Его никто из людей не раздражает. Его не раздражает даже Иуда, предавший Его. Меня раздражает тот, кто меня предает. Иисус любит Иуду до конца! Вам нужно представить историю Иисуса, как человека, которого никто не приводил в раздраженное состояние!

Вот, например, чудесная история, происшедшая в последний вечер перед Его смертью, когда Он с учениками совершал вечерю. В странах Востока люди не сидят на стульях, но возлежат вокруг стола на широких подушках. Мне трудно представить, как люди могли есть в таком положении. По крайней мере, мы бы лежа не могли есть при помощи вилки и ножа. Но они ели. Прежде всего, они сняли сандалии. Там было так принято. Затем омыли ноги от дорожной пыли. В этот день ученики вместе с Иисусом прошли большой путь. Они устали, сняли сандалии и устроились на подушках. Я себе представляю, что Петр кивает Иоанну и одновременно делает знак взглядом: ведь один из них должен принести воды и омыть остальным ноги, а Иоанн – самый молодой и раздражает Петра тем, что постоянно стремится увильнуть от этого. Но Иоанн, пожимая плечами, думает: „Как Петр действует мне на нервы, вечно он мне указывает. Ведь Иаков мог бы тоже принести воды для омовения ног." А Иаков думает, что ему это не к лицу, он же один из любимых учеников, пусть на этот раз принесет воду Матфей. В этот момент все раздражены друг другом, потому что каждый увиливает от того, что ему надо сделать. И тогда встает Иисус. Ученики в испуге: неужели Он пойдет за водой! Но Он идет, берет полотенце, наливает воду в умывальницу и моет всем ноги. Иуде! Петру! Иоанну! Иакову! Матфею! Я чуть было не сказал: и мне! Таков Иисус, Тот, в Котором все: Бог в Нем, а Он возлюбил всех.

Я должен Вам изобразить Иисуса, висящего на кресте – таким Он мне дорог больше всего! Как бы мне хотелось оказаться вместе с вами на том холме пред вратами Иерусалима, где ревет толпа народа, где с копьями стоят римские воины, где над головами высятся три креста. Я имею в виду средний крест. Того, с терновым венцом, я хотел бы Вам представить. Друзья мои, Он умирает там за Вас, чтобы извлечь Вас из этого жалкого состояния, находясь в котором Вы раздражаете других, раздражаете сами себя, и другие тоже раздражают Вас, – и примирить Вас с Богом.

Если Вы хотите, чтобы все, что находится между Вами и Богом, было устранено – пойдите к кресту Иисуса. Этот Иисус, умерший за Вас и воскресший, является Божьим посланником мира. Оставьте все свои сомнения, которых у Вас предостаточно, и придите в распростертые объятия Иисуса. Сложите к ногам Его все свои прежние привычки и грехи! Вы это сможете совершить, если будете взирать на крест Иисуса. Протяните Ему свою руку и скажите: „Тебе я хочу принадлежать!" И это будет Вашим первым шагом к примирению с Богом. Апостол Павел говорит в своем послании к

Римлянам: „Итак, оправдавшись верою, мы нашли мир с Богом через Господа нашего Иисуса Христа". Иисус – Божий посланник мира. Примите Его! Досадно, что многие люди, хотя и слышали об этом, примирения с Богом не достигли. Это ужасно! Я хотел бы приложить все усилия ради Ваших сердец, ради Ваших душ, чтобы Вы приняли Божьего посланника мира!

Сегодня у меня была беседа с несколькими журналистами. Разговор зашел на тему о том, что же в настоящее время нужно принимать всерьез. Я им сказал откровенно, что после пережитых мною двух войн и нацизма я не знаю, что еще можно принимать всерьез. Пустые фразы, которые мне предлагают международные пророки и политические деятели? Да они сами не принимают их всерьез, и я тоже. Я не знаю, что между небом и землей можно было бы принять всерьез, кроме Божьего посланника в лице Иисуса. Это я могу принять всерьез. Это единственное, что еще можно воспринять всерьез. Это стоит сделать. И если здесь есть молодые и пожилые люди, которые скажут, что не могут ничего принимать всерьез, то Евангелие как раз об этом говорит для Вас: „Бог необычайно серьезно относится к Вам в Иисусе". Теперь и вы всерьез примите Его предложение мира в Иисусе! Видите, Иисус нас вновь соединяет с Богом. Ваша беда в том, что Вы, возможно, называете себя христианами, являетесь исправными плательщиками церковного налога, но не имеете мира с Богом! Я говорю Вам: Иисус умер и за Вас, взявши Ваши грехи на Себя, чтобы Вы сейчас обратились к Нему, пали ниц пред Ним и могли сказать: „Господи, к Тебе идет погибший грешник. Я теперь в Тебя верю! Я принимаю Тебя!" Это приведет Вас к жизни, к примирению с Богом!

б) Иисус дарит мир с ближним

Но там, где посредником становится Иисус, происходит не только примирение с Богом, но и с ближним. Тогда наступает конец всякому раздражению.

Сейчас слушайте внимательно. Среди Вас есть прекрасные христиане, но если Вас другие люди раздражают, то не все в порядке. Ясно ли вам это? Вы скажете: „Вы бы знали мою соседку! Эту козу!" А я Вам говорю: „Пока Вы ее не полюбите, у Вас не все в должном порядке". Если Иисус вторгается в нашу жизнь, то раздражение, постоянно вызываемое кем-то, проходит.

Видите ли, в ком пребывает Иисус, тому Он дарует мир с Богом и мир с тем, кто нас раздражает. Если есть люди, которые Вас раздражают, то Вам нужен Иисус. Ничто иное Вам не поможет! Ваши нервы не выдержат такой жизни. Иисус должен Вас примирить с Богом и стать Вашим достоянием, тогда и с другими будет все хорошо!

У меня есть очень близкий для меня друг. У него хорошая квартира, но у владельца, который сдает ему квартиру, скверный характер и, к тому же, он очень жаден на деньги. И вот, на днях хозяин квартиры прислал ему бессовестное письмо, в котором приказывал сделать то-то, заплатить за то-то! Мой друг рассказывал: „Волосы у меня встали дыбом. Я пошел к письменному столу, чтобы ему ответить. Вдруг передо мной встал образ Иисуса, умершего за меня и за хозяина квартиры. Я уже не мог ответить так резко. Тогда я пошел к нему и сказал: „Послушайте-ка, неужели мы действительно будем так разговаривать друг с другом! Мы же оба порядочные люди! Может быть, мы здраво поговорим? Я Вас действительно уважаю! Поэтому нет необходимости со мной так поступать". Хозяин был побежден так, что скандал не состоялся. Теперь они добрые друзья: хозяин со скверным характером и последователь Иисуса.

Позвольте мне еще что-то рассказать. Будьте внимательны. Я знаю одного человека по имени Дапоццо. Он – французский евангелист. С тех пор, как он побывал в концлагере, у него раздробленная рука. Он-то мне и рассказал одну историю, которую я никогда не забуду: „Однажды во время обеда в концлагере меня вызвал начальник. Меня завели в комнату, где был накрыт стол. На столе стоял только один прибор. Пришел начальник лагеря. У меня был волчий голод. Начальник лагеря сел за стол, а ему приподносили фантастические блюда, одно за другим, тогда как я должен был спокойно стоять и смотреть. Всем своим видом он показывал мне, как ему вкусно, а я умирал от голода. Но этого еще было недостаточно. В конце ему принесли кофе, он положил на стол сверточки и говорит: „Посмотрите-ка, Ваша жена из

Парижа прислала Вам печенье!“ Я знал, что у них там было плохо с питанием, как жене пришлось экономить, чтобы испечь это печенье. И вот, начальник лагеря его поедает. Я попросил его: „Дайте мне хотя бы одно, я его есть не буду, но хотя бы взять на память о моей жене“. Но, смеясь, он съел все до последнего“. Это был момент, когда раздражение достигает высшей точки – ненависти! Дапоццо продолжал: „В то мгновение мне стало ясно, что означает „...любовь Божия излилась в наше сердце“. Я мог любить этого человека, я думал: „Бедный ты человек! Нет такого, кто мог бы тебя любить. Тебя окружает лишь ненависть! Как все же хорошо мне быть дитем Божиим!“ Вы понимаете? Дапоццо мог питать к нему сочувствие и милосердие. Этот человек не раздражал его. Начальник это почувствовал: он вскочил и выбежал! После войны Дапоццо как-то навестил его. Тот побледнел: „Вы хотите отомстить?“ – „Да, – ответил Дапоццо, – я хочу Вам отомстить. Я хотел бы выпить у Вас чашку кофе. Я привез с собою торт, мы теперь вместе сядем и поедим!“ Человек тот вдруг понял: тот, кто находится под властью Иисуса, не может уже ненавидеть, он свободен от раздражения, так как любовь Божия излилась в его сердце.

Я – старый пастор крупного города, очень часто слышал, как сетуют: „Я так одинок. Меня никто не любит!“ Я не могу больше такое слушать. В таком случае мне хочется сказать: „А ты? Где человек, который бы мог сказать о тебе: „Он мне оказал любовь!?“ Знаете ли, я нахожу глупым, когда люди постоянно сетуют: на свете не существует любви, а сами холодны, как сосульки! Простите меня за грубое выражение, но я происхождением из Рурской области, а там говорят грубо.

Когда я это понял, то решил, что буду проявлять любовь. И вдруг заметил, что мы вовсе не в состоянии проявлять ее. Наше сердце невыразимо эгоистично. Существуют люди, которых можно любить, так как они симпатичны нам. А те, которые действуют на нервы?

Я вспоминаю беседу с одним рабочим-коммунистом, который говорил: „Мы участвовали в Шанхае в демонстрации Кули!“ На это я возразил: „Это прекрасно! А каковы Ваши отношения с соседом?“ И у него выскочило: „Если я его встречу, то он у меня получит!“ Понимаете? „Люби своего дальнего“ – это не так трудно, но „Люби своего ближнего“ – это уже посложнее.

Итак, я считаю, что мир сможем стать иным лишь тогда, когда я смогу полюбить своего ближнего, в том числе с тяжелым характером, опасного, желающего мне зла. Мне самому это не под силу. Это – дар Божий. Друзья мои, это, конечно, непросто, я сам это испытал, а именно: когда Иисус вселяется в нашу жизнь и дарует нам мир с Богом и затем хочет даровать нам и мир с ближним, то это очень болезненно, так как Он нам тогда показывает, что мы раздражаем других намного больше, чем они нас, что другим нас терпеть намного труднее. С тех пор, как я знаю Иисуса, Он показывает мне мои проступки по отношению к другим. И тогда становится все виднее, что Спаситель умер на кресте и дает прощение грехов.

Вы понимаете? Самую большую революцию в мире творит Иисус, но Его нужно принять! И поэтому я прошу Вас, чтобы Вы не только слушали все это, но и приняли Иисуса всерьез. Я желал бы, чтобы Вы сказали: „Я нашел Иисуса! А Он нашел меня!“

Все должно измениться – но как?

Во времена моей юности все с восторгом читали новеллы писателя по имени Макс Эйт, который в настоящее время забыт. Он, в сущности, был инженером и брал свой материал, прежде всего, из истоков технического века. Одна из новелл называлась „Трагедия призвания“. В ней изображен молодой инженер, который однажды, при необычных обстоятельствах, получил очень ответственное поручение. Ему нужно было построить мост через реку, напоминавшую скорее морской лиман. Это очень сложное поручение, потому что на такой мост оказывают влияние морские приливы и отливы. А в начале технического века еще не было таких средств, какие имеются в настоящее время. Итак, молодой человек строит этот гигантский мост. Когда он был готов, состоялось торжественное открытие с музыкой, флагами и корреспондентами газет. Все газеты писали об этом молодом человеке. Теперь он стал большим человеком в обществе. В Лондоне он воздвигнул огромное архитектурное бюро, женился на богатой женщине, у него было все, что душе угодно. Но в его жизни была странная мрачная тайна, о которой знала только жена. Каждый раз, с наступлением осени, он исчезал, он уезжал к своему мосту. Когда ночью бушевал шторм и хлестал дождь, он, завернувшись в плащ, стоял на улице возле моста и испытывал страх. Он буквально чувствовал силу шторма, обрушивающегося на опоры его моста. Вновь и вновь он производит расчеты, сделал ли он опоры достаточно прочными, правильно ли он рассчитал силу ветра, действующего на опоры. Когда штормы прекращаются – он снова в Лондоне. Тогда он опять становится большим человеком, играющим весомую роль в общественной жизни города. Никто не замечает, что, в сущности, он всегда объят страхом: „Правильно ли построен мост? Достаточно ли он прочен?“ Эти мучительные вопросы являются мрачной тайной его жизни. Макс Эйт потрясающе описывает, как этот инженер, в одну из жутких штормовых ночей, опять в страхе наблюдает за своим мостом. Он видит, как по мосту идет поезд. Он видит еще огни последнего вагона, но вдруг они исчезли в буйстве шторма. И он сразу понял: поезд рухнул вниз, в бушующую пучину. Мост переломился посередине.

Когда я, еще молодой парень, прочитал этот рассказ, мне пришла в голову мысль: „Разве это не сказано о каждом из нас?“ Все мы строим мост своей жизни, и если у нас иногда бывают бессонные ночи или что-то нас сильно тревожит, то, возможно, возникает страх: „Правильно ли я построил мост своей жизни? Выдержит ли он все бури жизни?“ И мы совершенно точно убеждаемся, что не все в порядке. Мост нашей жизни не вполне в порядке! И это первое, что я хотел бы Вам показать:

1. Не все в должном порядке

Будучи пастором крупного города, я затрагивал эту тему в беседах со многими людьми, спрашивая их: „Скажите, все ли в Вашей жизни в должном порядке?“, – и мне еще ни разу не пришлось встретить человека, который, в конце концов, не признался бы: „Все в порядке? Нет! Многое должно бы быть иначе!“ Я, конечно, не могу сказать, где слабое место у моста Вашей жизни. Но Вы же сами знаете, что многое должно быть иначе.

Тогда время от времени принимается решение: я должен измениться! Вот в этом и том я должен изменить все к лучшему! Скажите, Вы действительно верите тому, что человек может измениться? Нет, в сущности, человек измениться не может! Библия говорит об этом совершенно определенно: „Может ли эфиоплянин переменить свою кожу, а барс – пятна свои? Так и вы: можете ли делать доброе, привыкши делать злое?“ Мир наполнен нравственными речами и благими намерениями, но изменить сам себя не может ни один человек. Это суровые слова! Я часто стою потрясенный среди людей, с которыми мне приходится встречаться, и чувствую, что мост их жизни не совсем в порядке. Они же меня спрашивают: „Ну что же нам делать? Мы же не можем сами измениться!“ Да, это так: развратный человек не может сотворить себе чистое сердце. Лжецы не могут сделать себя праведными. Эгоист не может вдруг проявить жертвенную любовь, хотя он способен притворяться, оставаясь при этом таким же себялюбивым, как и прежде. А нечестный не может сделать себя честным. О, если бы я знал, в каком месте неисправен мост Вашей жизни! Но Бог может Вам это указать.

Это удивительная истина, на которую нам указывает Библия. Я ведь раскрываю Вам не свои идеи, но возвещаю то, о чем говорит Слово Божие. Библия сообщает невероятную, захватывающую дух истину. Она говорит: живой Бог послал в мир посланника, который может изменить нас и всю нашу жизнь! И это не кто иной, как Его Сын, Господь Иисус!

2. Все может измениться

Друзья мои, зависит ли от церкви то, что люди считают христианство скучным. Я же считаю: нет более захватывающей дух вести, чем та, что Бог послал Своего Сына в мир, как единственный шанс нашего спасения! Этот Иисус говорит удивительные слова: „Се, творю все новое!“ Он и только Он может изменить людей!

Я видел пьяниц, которые освободились от пьянства. Себялюбивые старые женщины, мучавшие окружающих своим эгоизмом, вдруг изменились и стали замечать других. Мужчины, опутанные нечистотой, освобождались. Иисус изменяет людей! Иисус приходит и вдруг – все обновляется! Это не сказка. Я мог бы привести вам множество примеров.

И поэтому нам, сознающим, что мост нашей жизни не совсем в порядке, нужен этот Спаситель. Нам нужен Господь Иисус, не христианство, а Христос! Поймите, нам не нужна религия, догма, церковничество, но нужен живой Спаситель. И Он здесь! Его Вы можете призвать сегодня и рассказать Ему о своем бедственном положении. Это и есть замечательная весть, которую я возвещаю!

Позвольте мне разъяснить Вам на примере то, что я только что говорил. Недавно я был неделю в Мюнхене, к прекрасным достопримечательностям которого относится огромный парк в центре города, так называемый Английский сад. Так как моя гостиница находилась недалеко от парка, я каждое утро заходил туда. У входа был маленький деревянный мостик через небольшую речку. Слева от деревянного моста вода стремительно ниспадала через запруду. Однажды я увидел, что там, где вода ниспадает, крутится большой кусок дерева. А так как у меня было много времени, я наблюдал, как этот кусок постоянно вертелся по кругу. Иногда казалось, что он попадет в поток и поплывет дальше. Но вот его снова подхватывает водоворот. Когда я пришел на следующий день, кусок дерева был все еще на прежнем месте. Со стороны казалось, что он стремился попасть в поток. Но его постоянно подхватывал водоворот. Вы можете себе это представить? Там протекал стремительный поток, но кусок дерева все время вертелся по кругу.

Такова жизнь большинства людей. Все вращается в одном и том же кругу: те же грехи, те же нужды, то же разочарование в сердце. Одни и те же будни, один и тот же круг! Но рядом существует поток, который исходит от Сына Божьего, от Иисуса. Этот Иисус умер за нас на кресте. Как Вы думаете, если Бог позволяет Сыну Своему так страшно умирать, то не означает ли это что-то особенное, даже если Вы в этом пока ничего не смыслите! Поднимите мысленно взор на Него. В этом же должен заключаться какой-то смысл! Невозможно же пройти мимо! Вам следует приложить все старания, чтобы это понять! А затем Бог воскресил Его в третий день. От Иисуса исходит поток освобождения. Но мы, как кусок дерева, только вращаемся по кругу вокруг себя. Я подумал там, в Английском саду, что стоит лишь подтолкнуть этот кусок дерева, и он окажется в потоке. Но я не мог дотянуться, не желая упасть в воду. Мы – не кусок дерева, и этот шаг из вечного старого круга, этот шаг – в поток спасения, который исходит от Сына Божьего, должны сделать мы сами. А после мы увидим, что все же Бог нас извлек! Я Вам должен сейчас сказать: Вы должны сделать этот шаг сами! Есть люди, которые очень явно чувствуют, что Бог влечет их совершить этот шаг из вечного старого круга – в поток спасения, исходящего от Иисуса!

3. Так или иначе

Я хотел бы пояснить Вам это на нескольких библейских историях: апостол Павел узником был доставлен в Кесарию, где находилась резиденция римского правителя. Нового римского прокуратора по имени Фест однажды навестил иудейский царь Агриппа со своей женой Вереникой. Они проявили интерес к узнику по имени Павел и очень желали его послушать. Фест обещал, что на следующий день они его услышат. И вот, когда Фест, Агриппа и Вереника пришли с великой пышностью в судебную палату с тысяченачальником и знатнейшими гражданами, заняли свои тронные места, было велено привести узника Павла. Но через несколько минут происходит смена декораций. Уже не Павел становится обвиняемым, а все общество, окружающее его. Павел произносит евангелизационную проповедь, в которой он разъясняет своим слушателям, что представляет собой Иисус. На этот раз он не столько говорит о их грехах, сколько о Сыне Божием, изобразив перед их духовным взором Того, Который сказал: „Кто теперь жаждет, прийдите ко Мне и пейте". „Вы, которые не удовлетворены своей жизнью, но имеете обремененную совесть, страх перед смертью, жажду и голод души, желающей к Богу, слушайте: Иисус и к Вам простирает руки со словами: „Прийдите ко Мне все труждающиеся и обремененные!" Так, видимо, проповедовал Павел и представил им величие Иисуса, Который повстречался ему лично. Когда Павел закончил, правитель Фест сказал: „Говорить ты можешь прекрасно, Павел, но, по-моему, то, что ты говоришь, похоже на безумие!" Он ничего не понял, этот Фест. Библия говорит о некоторых людях, что их сердца очерствели. Да, это бывает, с них все стекает, они ничего не воспринимают. Возможно, среди Вас тоже есть люди, сердца которых очерствели. Таковым был и господин Фест. Но царь Агриппа был весьма потрясен, и меня поразило то, что он сказал: „Павел, еще немного, и ты убедишь меня сделаться христианином, учеником Христа". – „Еще немного", – но он ушел. И все осталось по-прежнему. Как тот кусок дерева в Английском саду все кружится в прежнем круговороте, в тех же буднях, в той же жизни, так до самой смерти, отправляясь прямо в ад. Прежняя песнь о грехе и самоправедности. У Вас тоже все остается по-старому? Тогда Иисус напрасно умер за Вас. Тогда Вам нет прощения, нет освобождения, нет мира с Богом. Недостает лишь одного шага. „Еще немного – и я бы сделался христианином". Это удивительно: люди, называющие себя христианами, все же не дети Божии. Люди, называющие себя христианами, все же идут в погибель. Люди, называющие себя христианами, все же остаются без примирения.

А теперь я Вам хочу показать обратное. Однажды апостол Павел прибыл в европейский город Филиппы. Там были разные увеселительные учреждения, театр и все, что полагается иметь порядочному городу. А так как всякий порядочный город должен иметь и тюрьму, то в этом городе была и она. Этой тюрьмой управлял бывший римский офицер, получивший этот спокойный пост, возможно, благодаря какому-то старому ранению. Однажды этому темничному стражу, как его называет Библия, привели двух заключенных, каких он вряд ли раньше встречал: апостола Павла и сопровождавшего его Силу. Они проповедовали в городе. Но так как народ был возбужден после этих проповедей, власти приказали их избить и отправить в тюрьму. Итак, Павла и Силу передали темничному стражу, чтобы он их тщательно стерег до утра, на что тот, будучи настоящим служащим, ответил: „Есть хорошо стеречь! Будет сделано!" Внизу у него была камера, в которой вдоль стен стекала вода, в нее он и бросил Павла с Силой, забив им ноги в колоды. Если бы у меня спросили, какую религию исповедовал этот человек, то я бы сказал: такую, как и многие из Вас. Он верил в Господа Бога, возможно, и в несколько богов. В Риме люди исповедовали даже и такие религии, которые они сами всерьез не принимали. Как и у нас. Представьте себе такого темничного стража! Но вот случилось нечто необычайное. Это полностью объяснить невозможно. В полночь Павел начинает пением славить Иисуса. Мне думается, что до полуночи он переживал случившееся. Ему нужно было время, чтобы справиться с тем, что с ним так обошлись, немилосердно избив и заключив в тюрьму. С этим человеку очень трудно справиться. Но потом ему пришло в голову: „Меня же искупил Своей кровью Иисус, Сын Божий! Я ведь примирен с Богом! Я и здесь в Его руках!" Тогда он начинает петь гимны. А Сила вторит ему. Превосходно! И это слышат все заключенные. Эту мелодию никогда не слышали в тюрьме. Будучи заключенным, я познакомился с тюрьмами. Там царят проклятия и вопли, отчаяние и рев стражей. Когда я однажды захотел пением прославить Бога, мне тотчас же запретили. Видимо, современные стражи понимают, что в прославлении Бога таится опасность. Но в те старые времена до этого еще не дошли. Итак, Павел и Сила пели. Это, конечно, удивило темничного стража. Он, видимо, прислушивался, о чем же они поют. Они поют духовные гимны! Неужели человек еще всерьез принимает своего Бога? Тем более в тюрьме? В этой дыре, внизу, должно бы исчезнуть всякое настроение. А они поют о своем Боге! Между тем темничный страж лег в постель. Но вдруг произошло великое землетрясение. Оно было от Бога. Двери тюрьмы отворились, заключенные освободились от оков. Темничный страж, вскочив с постели, кое-как оделся и увидел, что все двери отворены. Решив, что все его заключенные разбежались, он испугался ответственности за них и решил умертвить себя. Но Павел воззвал громким голосом: „Не делай себе никакого зла, ибо все мы здесь“. Библия ничего не говорит о внутренних переживаниях стража. Но ему мгновенно открылось, что есть живой Бог, Который вступается за своих последователей! Есть живой Бог, Которого он хулил всем своим существом! Есть живой Бог, Который должен был его отвергнуть! Есть живой Бог, Которому открыты все его грехи и вся его нечистота! Есть живой Бог, а он – погибший грешник! Он вбежал в камеру к Павлу, крича: „Государи мои, что мне делать, чтобы спастись?“ Он почувствовал, что его жизнь, как тот кусок дерева в Английском саду, все вращается по кругу, а он остается прежним, как всегда. Но вот перед ним встал вопрос: „Что же мне делать, чтобы попасть в спасительный поток?“ Возможно, в наше время ему предложили бы большую проповедь, большой доклад на тему морали. Мы, возможно, сказали бы: „Исповедуйся, выкладывай-ка все!“ Павел же предложил одно: „Тебе нужен Иисус! Веруй в Господа Иисуса Христа и спасешься ты и весь дом твой!“ Темничный страж мало что знал об Иисусе. Он пользовался лишь слухами о том, что Иисус спасает от гнева Божьего, от суда, от ада, от прежней жизни. Но вот он получил толчок от прежней жизни в поток спасения. Он становится достоянием Иисуса. Там еще чудесно описывается, как тюремный страж освобождает

Павла из тюрьмы, слушает его проповедь об Иисусе и ночью принимает крещение, чтобы полностью принадлежать Иисусу. Эта история заканчивается словами: „Он возрадовался со всем домом своим, что уверовал в Бога". Теперь он попал в поток жизни! Теперь он примирен с Богом!

В вышеприведенных примерах об одном человеке сказано, что ему до спасения „еще немного не достает". Другой же – пережил толчок в поток спасения. А как Вы примете весть о спасении?

4. Примите Иисуса всерьез!

Все должно измениться, но как? Прежде всего, важно то, чтобы Вы познакомились с Иисусом!

Это было вскоре после войны. Ко мне обратился директор средней школы: „Господин пастор, у меня 15 молодых людей, которые закончили школу во время войны. Но этого недостаточно, им нужно еще полгода позаниматься, это бывшие лейтенанты авиации, старшие лейтенанты артиллерии и подобные типы. Они, конечно, страшно обозлены, что им еще раз приходится садиться за школьную скамью. Не позанимаетесь ли Вы с ними религией?" Как я уже раньше говорил, я шел к ним со страхом и трепетом. И вот, передо мною сидят воины в полинявших военных формах, поседевшие от дыма и пороха. „Добрый день, – приветствую я их, – я должен преподать вам уроки религии". Но не успел я даже закончить свое вступление, как один из них встал и спросил: „Как Бог мог допустить такую страшную войну?" Другой продолжил: „Где же любовь Божия? Он же молча воспринимает то, что миллионы евреев отравлены газом!" И так далее! Вопросы сыпались на меня со всех сторон. В конце концов, я поднял руку и сказал: „Минуточку! Вы же похожи на слепого, который с тростью идет в тумане. Так говорить о Боге неразумно! Бог совершенно неведом и сокрыт. Он открылся нам только в Иисусе. Для того, чтобы нам идти дальше, нужно прежде всего узнать: кто такой Иисус? Господа, прежде чем начать дискуссию, Вам следует изучить откровения Божии. Этим мы и займемся. Для этого принесите в следующий раз свои Библии. И мы стали читать: „В начале сотворил Бог небо и землю“. Мы читали о грехопадении и о суде Божием над падшим человечеством. На всех произвели глубокое впечатление слова из Библии: „Ты должен узнать и убедиться, что оставляя Господа Бога твоего, добровольно обрекаешь себя на бедствие и скорбь“. Это испытывают народы. Это испытывают отдельные люди. Затем мы читали об Иисусе! За один прием мы прочитали о Его смерти и воскресении. Незабвенным останется для меня тот час, когда вдруг воцарилась полная тишина: один читал, а остальные слушали. У нас захватило дух перед великими делами Божьими, которые были явлены в Иисусе. Все были сильно взволнованы, так, что эта глупая дискуссия теперь показалась совершенно неуместной. Они поняли, что называли себя христианами, но не имели ни малейшего представления о живом Боге, Который снизошел к нам в Иисусе и сделал для нас все.

Итак, примите Иисуса и Его призыв всерьез! Иисус однажды рассказал притчу: один раз царь устроил своему сыну свадебный пир. Он послал своих слуг приглашать людей на этот пир: „Прийдите, ибо все готово!“ Но все начали извиняться. Один сказал: „Я бы охотно пришел, но мне предстоит совершить большое дело, и им я сейчас занят“. Понимаете, многие так поясняют: „Вы – пастор, у Вас совсем иное положение, а коммерсант так не может“. Другой, извиняясь, говорит: „Я очень благодарен. Но я только что женился. Медовый месяц, сами понимаете. Поэтому не до чужих дел“. Итак, никто из них не пришел. Я пытался представить себе, как эти люди жили дальше с мыслью: „В сущности, мне следовало бы сходить к царскому сыну, но обстоятельства помешали“.

Ведь с большинством из Вас происходит то же самое: „По сути дела, мне следовало бы быть дитем Божиим, но все както некогда... О, я прошу Вас, примите Иисуса верою! Многие люди говорят, что у них тоже есть вера. Во что только не верили немцы во времена третьего рейха: в фюрера, в Германию, в окончательную победу, в чудо-оружие и т.д. Во все возможное мы уже верили. Но недостаточно того, что у меня тоже есть какая-то вера. Я должен иметь мир с Богом. А его можно иметь только посредством Иисуса! Теперь я хочу Вам рассказать, что означает вера. Поясню Вам это на нескольких примерах.

Когда я был еще совсем молодым пастором, мне пришлось посещать в одном ужасном округе каждый дом. Куда бы я ни приходил, люди закрывали предо мною дверь, говоря: „Мы ничего не покупаем!“ Но я предусмотрительно успевал ставить ногу на порог и говорил: „Я ничего не продаю, но хочу Вам что-то подарить! Я – пастор“. „Нам не нужен пастор“, – был ответ. Однажды, я пришел в одну квартиру. Открыв дверь, я сразу очутился в кухне. По комнате яростно бегал взад-вперед молодой человек. „Добрый день!“ – сказал я. Он буркнул что-то в ответ. „Я евангельский пастор“, – представился я. Он остановился и заревел: „Что? Пастор? Этого еще не хватало! Как раз этого мне еще не хватало! Уходите! Я ничему больше не верю, я потерял веру в человека“. Видимо, он пережил что-то тяжелое. Я ответил ему: „Молодой человек, обнимемся! Веру в человека я тоже потерял! Мы чудесно подходим друг ко другу“. „Как? – спросил он удивленно, – Вы же пастор и должны превозносить веру в человека“. – „Разве? – спросил я в ответ, – жаль, но я ее потерял. Я был на войне. Вспоминаю все непристойности, всю грязь, которую там повстречал, и то, что никто никому не желает добра. Нет, спасибо, вера в человека разлетелась в клочья!“ – „Да, – признался он, – тогда я не понимаю, почему Вы пастор?!“ – „О, – сказал я, – я получил новую веру, которая не разлетится в клочья!“ – „Ха, я хотел бы знать, что это за вера!“ И я рассказал ему о Евангелии: „Это полное доверие Иисусу Христу, Который пришел в мир, как единственный шанс спасения!“ „Иисус? – удивился он, – это же христианство! Я думал, что с ним давно уже покончено“. „Как же, наоборот, оно начинается тогда, когда всякая другая вера разрушается!“

Как бы мне хотелось, чтобы Вы выбросили за борт всякую другую веру и приобрели доверие к Иисусу!

Сразу же после войны я приобрел старенький P4, так как собирался много путешествовать. Когда я впервые с грохотом прикатил на этом маленьком P4, то один из моих друзей воскликнул: „О, пастор за рулем! Теперь нам придется все деревья обить мягкой тканью“. – „Ты что, думаешь я не умею водить автомобиль?“ – спросил я сердито. – „Как же, у тебя ведь есть права!“ – „Тогда садись, поехали!“ – потребовал я. „Нет, нет, благодарю, я еще не сделал завещания“, – возразил он. В этот момент пришла моя жена. „Садись, поехали“, – предложил я ей. Она без колебаний села и до сих пор еще жива. С того момента, как она села в автомобиль, она полностью доверила мне свою жизнь. Так и Вам следует отнестись к Иисусу. Доверьте Ему полностью свою жизнь!

Недавно я прочел интересное сообщение о временах второй мировой войны, когда в сталинградский „котел“, окруженный со всех сторон русскими армиями, проник последний немецкий самолет. Этот самолет загрузили ранеными. Но вот к самолету подходят и легкораненые и обмороженные солдаты, которые тоже хотят улететь. Но самолет уже загружен до предела. Тогда они цепляются за самолет, где только можно удержаться: за наружные дверные ручки, за шасси... и самолет поднимается. Когда он приземлился, никого из прицепившихся не было: их унесло ветром. Спаслись только те, кто был внутри.

Тогда я невольно подумал: евангелие о Сыне Божием, Иисусе, Который умер ради нас и воскрес, подобно такому спасающему самолету. На нем можно вылететь из гибельного котла. В нем достаточно места. Но как много таких, которые еще не вошли, а лишь висят снаружи: ходят в церковь лишь в Рождество; крещенные, но верят во что попало. А если умирают, то пастор должен подтвердить, что они были добрыми порядочными людьми. Понимаете ли вы, что я хочу сказать? Многие лишь висят снаружи. Будьте уверены, что их всех унесет ветром! Спасется лишь тот, кто внутри! Находитесь ли Вы внутри?

Ад наполнится людьми, которые знали об Иисусе, но не вошли к Нему. Понимаете? Верить в Иисуса означает – войти к Нему. Сделайте это! Он единственный, Кому Вы можете, не размышляя, доверить свою жизнь.

В заключение я хочу еще раз представить Вашему взору крест Иисуса. Взойдемте мысленно со мной на Голгофу, на холм пред вратами Иерусалима. Там, на кресте, висит Сын Божий. Этот крест – единственное место во всем мире, где человек может найти прощение грехов, где все может измениться!

В городе Любеке есть чудесная старая церковь, Любекский собор, в котором находится знаменитая картина распятия, нарисованная в 15 веке в виде иконы Гансом Мемлингом. В 1942 году эта церковь полыхала огнем. После бомбежки, рискуя жизнью, один неизвестный солдат с несколькими своими друзьями ворвался в церковь, чтобы спасти эту икону. Вскоре после войны я читал в Любеке лекции. Однажды директор музея искусств сказал мне: „У меня в подвале хранится знаменитая картина Мемлинга, если хотите, я Вам ее охотно покажу“. Эту возможность я, конечно, не упустил. С директором музея и еще одним другом, мы спустились в подвал. Чудесная картина: воины, бросающие жребий, пестрая толпа людей, плачущие женщины, насмехающиеся фарисеи. И над всем этим возвышаются три креста. Вдруг я замечаю удивительное: посреди этой толпы, под крестом Иисуса, виднеется пятно травянистого покрова, пустое место. „Это же удивительно, – сказал я, – в толпе, как раз под крестом Иисуса, имеется свободное место. Что Ганс Мемлинг мыслил этим сказать?“ Средневековые художники своими картинами всегда хотели что-то сказать, они были до некоторой степени экспрессионистами. Мой друг пояснил: „Я думаю, что он хотел сказать: „Здесь, под крестом Иисуса, есть свободное место, ты можешь его занять!“

Я часто вспоминаю эту картину: „Здесь, под этим крестом, /смерть свое теряет (свое) жало. / В ранах глубоких Христа / Вижу свое я спасенье. / Руки, простертые к нам, / миру дают избавленье...“ Да, я рад, что под крестом Иисуса, Сына Божьего, есть место для меня. И для Вас это место тоже свободно! Неужели Вы оставите это место свободным навсегда?

Чур, не я!

Каждому периоду времени присущи свои модные изречения, которые постоянно употребляются во всех возможных и невозможных ситуациях, по всякому подходящему и неподходящему поводу. Одно из самых распространенных, модных изречений нашего времени является: „Чур, не я!" Этим словом мы наносим удары во все стороны, замахиваемся на других людей и даже сами себя можем убить. „Чур, не я!" – очень опасное для жизни изречение. Но оно может иметь и большое положительное значение. Давайте вместе рассмотрим это.

1. Мы не употребляем его, когда должны бы употребить

В Библии есть древняя история, которая и в наши времена имеет актуальное значение и точно подходит к нашей теме. Я расскажу Вам ее.

Вы, возможно, когда-нибудь слышали об Аврааме, о котором Библия в самом начале говорит: „Авраам поверил Господу, и Он вменил ему это в праведность". Авраам был человеком, который осознавал свои грехи перед Богом, признавался в них Богу и верой принимал прощение от Бога. Однажды Авраам попал в критическую ситуацию вместе со своим племянником Лотом. Библия сообщает: „Авраам был очень богат скотом". И у Лота, который тоже ходил с Авраамом, был мелкий и крупный скот". Написано: „И был спор между пастухами Авраама и пастухами Лота". Это могло перейти в большой конфликт между родственниками. Объяснения между пастухами принимали все более угрожающие формы. Все чаще они прибегали к своим господам и возбужденно рассказывали об ожесточенных спорах и инцидентах. Положение обострялось. Друзья мои, если бы Вы были Авраамом, который был намного старше своего племянника Лота, что Вы предприняли бы в подобной ситуации? Если бы я был дядей этого Лота, я бы ему сказал: „Как твои пастухи поступают с моими? Убирайся отсюда!" Лот бы на это ответил: „Ни за что! Я хочу того, что мне принадлежит по праву. Уходи ты!"

И так бы спор затянулся до бесконечности. Обратите внимание, это был момент, который мог бы стать началом неизбежного крупного скандала между Авраамом и Лотом. Но вот благочестивый Авраам предстал пред очами Бога, потом взглянул на своего племянника Лота и подумал: „Ссора? Скандал? Чур, не я! Чур, не я!“ Итак, он кладет свою руку на плечо Лоту и говорит: „Дорогой мой, да не будет раздора между мною и тобою, ибо мы – родственники!“ И предлагает ему выход из создавшегося положения в ущерб самому себе, лишь бы не участвовать в ссорах.

Позвольте мне задать вопрос присутствующим здесь женщинам и мужчинам: Вы, вероятно, все тоже испытывали подобные ситуации, когда Вас пытались втянуть в ссору. Думали ли Вы тоже так: „Ссориться? Чур, не я!“ Реагировали ли Вы подобно Аврааму? Нет, Вы, наверное, с удовольствием скандалили и сейчас еще находитесь в ссоре с фрау Шульце или соседями. Вы видите, как часто изречение „Чур, не я!“ бывает уместным. Господь Иисус говорит: „Блаженны миротворцы“. Все наше христианство имеет такой малый авторитет, так как в решающие моменты не может отказаться от споров, потому что мы в решающие моменты терпим жалкое поражение.

Я расскажу Вам еще одну историю, которую очень люблю. Знаете ли Вы эту чудесную историю из Библии, историю одного молодого человека по имени Иосиф, который еще мальчиком был продан своими братьями в рабство в Египет. В то время это была великая страна с прекрасно развитой культурой. Иосиф был продан в дом одного богатого человека по имени Потифар. У этого Потифара было множество рабов и больших домов. Иосиф с юных лет заключил завет с Богом. Да, бывает ведь такое! Молодой человек принимает твердое решение и обещает Богу: „Я хочу принадлежать Тебе!“ И вот, он совершенно одинок в Египте. Он видит, как другие рабы крадут и лгут, но он остается верен. Над ним насмехаются, но его господин проникся доверием к нему. Вам известно, что над христианами часто насмехаются, но им многое доверяется, так как они не крадут и не лгут. Когда этот молодой человек возмужал, то стал управлять всеми делами своего господина Потифара. Иосиф был красив станом и лицом. Он был элегантно одет, и его заметила молодая жена господина. Это была языческая женщина, ведущая праздный образ жизни. Жена Потифара для всех дел имела рабынь, а как Вам известно, праздность – мать всех пороков. Однажды, увидев Иосифа, она начинает с ним кокетничать. Иосиф делает вид, будто ничего не замечает. Но вот происходит эта зловещая сцена. Оставшись с Иосифом в доме наедине, жена Потифара предстала пред ним со всей своей невоздержанной страстью, схватила его за одежду и сказала: „Ложись со мною!“ Удивительно прекрасно рассказывает Библия, что после краткого раздумья Иосиф говорит: „Чур, не я! Чур, не я! Прелюбодеяние? Нет! Чур, не я!“ Так это звучит на нашем языке. Но люди, которых описывает Библия, выражались намного прекраснее! Иосиф сказал так: „Как же сделаю я сие великое зло и согрешу перед Богом?“ И это означает: „Чур, не я!“

Вряд ли здесь найдется кто-либо из пожилых, кому не приходилось бы в какой-то момент своей жизни принимать решение, будучи искушенным в грехе нецеломудрия, который в настоящее время никак не желают признавать грехом. Сказали ли Вы тогда: „Бог видит меня! Чур, не я!“? Какие чувства испытываем мы, слушая историю об Иосифе? Ах, нам бы, видимо, и в голову не пришло сказать: „Чур, не я! Чур, не я!“ – только потому, что Бог повелевает нам жить целомудренно и быть благопристойными в словах и делах. Как редко в таких случаях нам вспоминаются слова: „Чур, не я!“ Но я должен Вам сказать, что Бог запоминает все наши ежедневные грехи. Как страшно, что в решающий момент нам не вспоминаются слова: „Чур, не я!“ А это было бы так необходимо каждый раз, когда к нам подступает искушение попрать повеление Божие. Отличительным признаком нашего времени является то, что повеления Божии попираются.

Однажды я должен был выступать перед ганноверскими пасторами с докладом на тему „Что необходимо нам, пасторам, и нашим церквям?“ В этом докладе говорилось: „Хочу только сказать, что всем нам не хватает страха, что мы можем попасть в ад, что Бог действительно строг, что Бог непоколебим в своих повелениях“.

Эти слова: „Чур, не я!“ – очень хороши. Если дух настоящего времени обуревает нас просто-напросто растоптать повеления Божии, тогда: „Чур, не я!“

В Библии есть одна волнующая история. Стоит Сын Божий на горе. А дьявол (Вы не верите, что есть дьявол? Но он есть! Можете быть уверены!) стоит рядом с Сыном Божиим, показывает Ему все страны мира в их красоте и говорит: „Все это я отдам Тебе, если Ты только на одно мгновение преклонишь предо мною колени, только на одно мгновение!“ Но Сын Божий отвечает: „Чур, не я! И даже если весь мир преклонит пред тобою колени, чур, не я!“ Это на нашем жаргоне. Но Господь Иисус сказал прекраснее: „Господу Богу твоему поклоняйся, и Ему Одному служи“.

О, если бы это „Чур, не я!“ всегда вспоминалось нам в нужное время, не правда ли? Но часто выходит так глупо, что мы его употребляем там, где оно вовсе не нужно!

2. Мы используем его, когда вовсе не нужно

Друзья мои, большинство из нас используют изречение „Чур, не я!“ совсем не к месту. Мне вспоминается один молодой парень, эдакий добрый молодец, как принято говорить, которому я сказал: „Послушай, ты мог бы многого достичь, если бы решился свою жизнь посвятить живому Богу!“ А он возразил: „Нет, чур, не я!“

Мы поступаем с Богом, как молодые люди со старым диваном из истории, которую я Вам сейчас расскажу. Врач назначил ежедневную прогулку. И вот на днях я иду в Эссене по обычной тропе вдоль южного вокзала и вижу прямо на дороге диван. Людям он был больше не нужен, и поздно вечером они выставили его в сквер. Я представил себе историю этого дивана: возможно, он был получен в наследство от бабушки, которая только что умерла. Но у молодых людей современная квартира с модной мебелью. „Что же нам делать с этим старым диваном? – говорит муж. – Он же просто не подходит к стилю нашей обстановки. Кроме того, неизвестно, какие насекомые в нем хозяйничают. Мы просто-напросто выбросим его!“ И они выставили его в сквер. Точно так же человек поступает с живым Богом. Бог не подходит к стилю нашей жизни, Ему не место в нашем современном обществе. Что же сделать с Богом? Мы поставим этот „старый диван“ в церковь! Все равно она всю неделю закрыта.

Но, друзья мои, Бог – не старый диван. Ясно ли вам это? Живой Бог – не старая мебель, которую мы можем по своей воле выбросить из нашей жизни, так как она стала немодной. Знаете ли Вы, что представляет собой Бог? Возможно, в этом есть и вина церкви, что Бог в наше время стал проблемой. У нас должны мурашки по спине пробегать, когда мы лишь произносим имя „Бог“! О, это легкомысленное отношение к Богу: „Чур, не я!“

Теперь я хочу пойти еще дальше. Сейчас везде говорят, что весь наш Запад поражен не только физическими болезнями, как рак и многие другие, но и душевными заболеваниями. И знаете, страшно то, что мы душевно больны. Известно ли Вам, что число душевнобольных зловеще растет. Умные люди размышляют о том, чем же, собственно, болен наш старый культурный мир? Один швейцарский врач сказал по этому поводу очень умно: „Наш современный мир болен безбожием“. Обратите внимание, в середине века с Богом еще считались. Об этом свидетельствуют большие церкви. Но потом стали пытаться избавиться от Бога. От Него стараются избавиться путем обожествления техники. Ученые исписали себе пальцы в кровь, доказывая, что Бога не существует. Толпа ревет: „Религия – это опиум народа!“ Даже глупый малыш и тот уже спрашивает: „Где же должен находиться Бог? Я его еще не видел, значит, Его нет!“ – и продолжает сосать свой палец. Проводились всевозможные попытки, чтобы избавиться от Бога. И знаете, до сих пор никто не смог избавиться от Него! Великий основатель современной автоматики, профессор Макс Планк, незадолго до своей смерти опубликовал брошюру под заглавием „Религия и естествознание“. Там он пишет: „В настоящее время для нас, естествоиспытателей, само собой разумеется, что в основании всяких познаний стоит живой Творец“. Видите ли, мы не смогли избавиться от Бога!

Недавно я читал лекции в маленьком горном городке. Когда я вечером вышел из церкви, то увидел стоящих неподалеку парней, которым было лет по двадцать. Я спросил их, почему они не заходят. В ответ мне что-то невнятно пробормотали. „Это же не ответ, – говорю я. – Я спрашиваю тебя, – обратился я к одному из них, – Бог жив или нет?“ Он ответил: „Не знаю“. На что я возразил: „Послушай, это ведь ужасно! Если Он жив, то ты должен Ему принадлежать, если же нет, то тогда, пожалуйста, не считай себя членом церкви“. Я обратился к другому: „Бог жив?“ – „Да, я верю!“ – „О! Тогда скажи, ты Его заповеди соблюдаешь?“ – „Нет!“ Так я беседовал с парнями. Среди них не было никого, кто бы отважился опровергнуть Бога. Но не было и ни одного, кто бы действительно, всерьез хотел принадлежать Богу. И так повсюду!

Когда я совершаю посещение и беседую с семьями, то мужчины обычно говорят: „В Бога я верю, но в церковь пусть ходят другие“. Понимаете, они Бога не отвергают, но и не принадлежат Ему!

Вопрос о Боге остается у людей нерешенным. Такие нерешенные вопросы, образуя комплекс, приводят к душевной болезни, которая губит человека. И мы гибнем, потому что у нас нет мужества выяснить отношения с Богом! В церкви сидят десять женщин и, возможно, один мужчина. А где же мужчины? Я гарантирую Вам, что они душевно погибнут прежде, нежели попадут в ад, потому что у них нет мужества принадлежать Богу, но избавиться от Него они тоже не могут.

В таком состоянии находимся и мы, христиане, тогда как существует захватывающая дух весть о том, что именно этот Бог, к которому мы относимся так пренебрежительно, разрушил стену, разделявшую нас с Ним, и снизошел к нам в Иисусе. Божественный Спаситель пришел в мир. Но недостаточно того, что Он пришел. Он умер на кресте ради нас! Что Богу еще осталось сделать ради нас, как не умереть на кресте?! Затем Он могущественно восстал из мертвых, нанес смерти окончательный удар и проложил путь к вечной жизни. А мы стоим и говорим: „Ах, да! Это же прекрасно, я тоже когда-нибудь послушаю об этом, но „чур, не теперь!“ От такой непоследовательности в суждениях порой становится дурно, просто физически дурно!

Когда я был еще молодым пастором, в моей округе был один рабочий, который мне всегда давал отпор и высмеивал меня, когда я заговаривал с ним об Иисусе. На мой вопрос: „Как Вы думаете однажды умирать?“ – он ответил: „Вы, попы, всегда смертью страх нагоняете! Чур, не я!“ Он всегда мне перечил. Но вот он умирает, когда ему нет еще и 40 лет. Однажды ночью меня позвала его жена. Я прибежал к нему и говорю: „Настал час, когда Иисус тебя в последний раз призывает!“ Это было жутко. Он хотел молиться и не мог. Я говорил ему слова из Библии, слова благодати, но он их уже не мог воспринять. Он говорил, отвергая Бога: „Чур, не я!“ Теперь Бог отверг его. И он умер в большом отчаянии, не примирившись с Богом.

Я умоляю Вас, начните всерьез воспринимать весть, захватывающую дух: „Ибо так возлюбил Бог мир, что отдал Сына Своего единородного, дабы всякий, верующий в Него, не погиб, но имел жизнь вечную“. Но Иисус совершает еще больше. Он говорит нечто чрезвычайно тревожное: „Се, стою у двери сердце твоего и стучу“. Друзья мои, существует много разных христиан: есть христиане, которые являются лишь плательщиками церковных налогов. Очень мило, хотя и страшно скучно. Есть христиане, посещающие церковь только на Рождество. Ах Вы, милые рождественские христиане! Есть христиане, позволяющие ходить в церковь своим женам, но сами они не ходят. Есть христиане, говорящие: „Я крещен“. Чудесно! Но этого мало! Есть христиане, слышавшие слова живого Господа:“Се, стою у двери и стучу. Если кто услышит голос Мой и отворит дверь, войду к нему“, на что они отвечают: „Чур не я!“ Как это страшно! „Господь Иисус, немного христианства во мне выглядит красиво, но быть Тобою побежденным, это уж слишком. „Чур, не я!“ Итак, мы часто говорим „чур, не я!“ совсем не к месту.

Вас не было бы здесь, если бы Вы не имели тяги к христианству. Но послушайте, великолепие Иисуса Вы познаете лишь в том случае, когда обратите внимание на Его стук, откроете Ему дверь и примите Его в свою жизнь.

3. Есть единственный, кто имеет полное основание сказать: „Чур, не я!“, но не говорит этого

Этот единственный – Сам Господь Иисус. Он действительно имел бы полное основание сказать: „Чур, не я!“, но Он не говорит этого. Слава Богу, что Он так не говорит!

Позвольте мне по этому поводу рассказать Вам одну историю. У датского писателя Якобсена есть очень интересная новелла „Чума в Бергамо". Бергамо – маленький итальянский город, расположенный вблизи Равенны на склоне горы. К нему ведет узкая горная тропа. Якобсен пишет, что в этом городке в середине века разразилась чума. Жутко! День и ночь звенели похоронные колокола. Люди взывали к Богу. Они взывают о помощи, но все бесполезно, чума лишь сильнее свирепствует. И тогда им становится все безразличным. Они говорят: „Бога нет!" Они выкатывают бочки из трактиров, и начинается великое пьянство. Пьяные до безумия, они впадают в развратный разгул. Начинается вакханалия, оргия отчаяния. И так изо дня в день. Полное безразличие. Разгул всех страстей. Иногда, посреди танца, кто-нибудь падал с почерневшим лицом. Его так и оставляли лежать. Оргии продолжались: „Будем есть и пить, ибо завтра умрем". Однажды они насторожились. Они услышали пение хора. Подойдя к городским воротам, они увидели вереницу кающихся, поднимающихся по горной тропе и поющих литанию: „Господи помилуй! Господи, помилуй!" Впереди шел молодой монах, который нес черный деревянный крест.

Процессия прошла через городские ворота. Жители Бергамо стояли и смеялись: „Вы, идиоты! Здесь Бога нет! Прекратите свою глупую литанию! Пойдемте, будем есть и пить, ибо завтра умрем". Но монах впереди шествия продолжал путь со своим большим деревянным крестом. Двери церкви были открыты. Все равно в нее больше никто не заходил. Процессия беспрепятственно входит в нее. Монах прислонил крест к колонне. А затем врывается свора необузданных, смеющихся и ревущих смертников. Один буйный мясник в кровавом фартуке становится на алтарь, поднимает золотую чашу вечери и ревет: „Пьянствуйте! У нас Бога нет!" Но вот на кафедру становится бедный монах и призывает к молчанию. Стало тихо, и в этой тишине он сказал: „Я хочу Вам кое-что рассказать: „Когда Сын Божий умирал на кресте, к которому Его гвоздями прибили за руки, то толпа тоже издевалась, глумилась, насмехалась. И даже оба разбойника, висевшие справа и слева, тоже смеялись. Тогда Сын Божий подумал: „Я должен умереть ради этих людей, которых моя смерть вовсе не трогает?! Я должен положить свою жизнь за этих дрянных людей, расположение которых ничем невозможно привлечь?!“ И Сын Божий решил: „Чур, не я! Чур, не я!“ Он Божественной силой вырвал гвозди из дерева, спрыгнул со креста, вырвал у воинов свою одежду так, что игральные кости, которыми они бросали жребий, покатились с горы Голгофы, одел свои одежды и вознесся на небо, сказав: „Чур не я!“ И крест остался пустым! Поэтому теперь нет никакого освобождения, милости к людям и спасения. Теперь остаются лишь смерть и ад!“ Так проповедовал монах. Наступила мертвая тишина. Мясник давно спрыгнул с алтаря, он встал внизу, под кафедрой. Чаша выпала из его рук. „Нет больше спасения, нет милости!“ – как эхо пронеслось в его мыслях. Вдруг одичавший мясник делает три шага вперед, протягивает руку к монаху и кричит срывающимся голосом: „Эй, ты! Повесь Спасителя снова на крест! Повесь Спасителя снова на крест!“

Друзья мои, монах рассказал историю о Спасителе неверно. Но самое трогательное то, что Сын Божий не сказал: „Чур, не я!“ Он страдает на кресте до сих пор, несмотря на то, что люди говорят: „Работа, развлечения и все прелести этого мира нам намного важнее спасения нашей души“.

Этот Спаситель, Который еще и сейчас желает нас спасти, имел полное основание сказать: „Чур, не я! Делайте, что хотите!“ Если бы я был Иисусом, то по мне пусть бы весь мир погиб. Но Иисус, Сын Божий, не говорит: „Чур, не я! Чур, не я! Чур, без меня!“, Он ищет нас! Как долго Ему еще Вас искать? Когда Вы, наконец, увидите, что Иисус желает сделать Вас своим достоянием? Когда же, наконец, откроются Ваши глаза, чтоб Вы могли сказать: „Мой Спаситель! Мой Искупитель!“? Совсем кратко коснусь последнего пункта.

4. „Без Меня не можете делать ничего“

Обратите внимание, мы говорим „Чур, не я! Чур, без меня!“ с восклицанием. Иисус один раз сказал эти слова „Без меня“, но без восклицания. Дальше повествуется: „Без меня не можете делать ничего“. Вы можете быть уверены, что это – истина и то, что Вы делаете без Него, ничего не стоит в свете вечности.

Однажды я наблюдал, как на улице дрались несколько мальчишек. Среди них был совсем маленький мальчик, которому, по-видимому, тоже случайно досталось. Пока я размышлял, не пойти ли их разнять, произошла замечательная сцена. Малыш выбрался из потасовки. Из его глаз текло, из носа текло, все текло, и он тоже „утекал". Когда он отбежал шагов на пять, то еще раз оглянулся и закричал: „Подождите, я все расскажу своему старшему брату!" Я обратил внимание на то, что все вдруг утихомирились. У него был старший брат, которому он мог все рассказать, который придет ему на помощь. Тогда я подумал: „Мой малыш, как хорошо, что у тебя есть старший брат!" Меня охватила большая радость, что в Иисусе я тоже имею старшего брата, который мне оказывает помощь! Как прекрасно, что этот старший брат могущественно защищает своих и что Он даже сказал: „Без Меня не можете делать ничего!"

Один гимн поэта Хавергала начинается так: „Боже, жизнь возьми: она / вся Тебе посвящена. / Дни возьми, пусть каждый час / слышишь Ты хваленья глас!"

Мне хочется, чтобы Вы сказали Своему Спасителю, сделавшему для Вас так много: „Господь мой, Иисус, и я без Тебя тоже больше ничего не хочу делать!"

Можно ли иметь ясность в религиозных вопросах?

Можно с уверенностью сказать, что в религиозных вопросах нет ясности. „Религия" – это вечный поиск Бога, что означает постоянную тревогу и неуверенность. А Евангелие – это уже нечто совсем иное, здесь как раз наоборот: Бог ищет нас. Поэтому лучше вопрос поставить так: „Есть ли в христианстве уверенность в спасении?"

1. Мы позволяем себе крайне неопределенное отношение к Богу

В начале я должен сказать, что мы – современные люди, в сущности, очень смешны. Если у солидного человека появляется пустяковая болячка, он сразу бежит к врачу: „Господин доктор, мне так больно. Что это такое?" Нам хочется точно узнать, что с нами. Или другой случай: одна семья ищет служанку. И вот она находится. Хозяйка показывает отведенную ей комнату, в которой есть горячая и холодная вода, телевизор, и объясняет, что один день в неделю у нее будет свободным. „Это хорошо, – говорит девушка, – но я хотела бы знать свой заработок". На что хозяйка отвечает: „Насчет этого мы договоримся, сначала мне бы хотелось видеть, как вы справляетесь со своими обязанностями". „Нет, нет, – отвечает девушка, – я не согласна, я сразу хотела бы знать, что вы мне будете платить". Права ли девушка? Конечно, права! Когда мы устраиваемся на работу, то самым важным для нас вопросом является заработок. В денежных вопросах мы не терпим неясности. Да, во всех вопросах мы хотим знать истинное положение дел. Только в самой важной области, а именно, по отношению к Богу, нас, как ни странно, удовлетворяет полная неясность.

Много лет тому назад, я проводил собрания в Аугсбурге в палатке на площади, где обычно бывает ярмарка. Организаторам пришла в голову великолепная идея. В связи с тем, что по субботним вечерам во всех ресторанах царит буйное веселье, они решили провести собрание в 12 часов ночи, в субботу. Заранее об этом не извещалось, так как иначе пришли бы те милые любопытные христиане, которые были на этом собрании нежелательны. Мои друзья на машинах, ночью, собирали всех ночных гуляк, которые возвращались из ресторанов, закрывавшихся около 12 часов, официантов, возвращавшихся домой, девиц из баров. Автомашины непрерывно подвозили к палатке людей. И когда я в 12 часов вступил на помост, предо мной оказалось собрание таких людей, которых мне приходилось редко видеть. Прекрасно! Многие были под хмельком. Один из них сидел как раз передо мною, эдакий толстяк с окурком во рту, он даже шляпу не снял. Я подумал: „Как все хорошо удалось!" и начал свою речь. Когда я первый раз назвал имя „Бог", то этот толстяк в шляпе выкрикнул: „Так Его ж нет!" Все засмеялись. Я наклонился к нему и спросил: „Вы уверены, что Бога нет? Совершенно уверены?" Он почесал себе затылок так, что шляпа поползла вперед, передвинул окурок в противоположный угол рта и, наконец, сказал: „Точно об этом никто ничего не знает". И тогда я засмеялся толстяку прямо в лицо: „И все же! Я знаю об этом совершенно точно!" – „Ну, – возразил он, – откуда Вы совершенно точно знаете, что есть Бог?" Тогда я объяснил ему, что через Иисуса я совершенно точно знаю о Боге. После этого в собрании воцарилась полная тишина.

Имеете ли вы уверенность по отношению к Богу? Я спрашиваю христиан: „Уверены ли Вы, что Ваши грехи прощены, что Ваши долги не вспомнятся, так как за все уплачено сполна?" И что я слышу в ответ? „Да, я надеюсь!" Поймите меня правильно, это же смешно, что христиане, подобно язычникам, удовлетворяются такой неопределенностью и неуверенностью по отношению к Богу! Если бы я сейчас пошел по городу и спросил бы любого человека: „Верите ли Вы в существование Бога?" – то последовал бы ответ: „Да, вероятно, Он есть!" И если бы я продолжил: „Принадлежите ли Вы Ему?" – то, скорее всего, услышал бы: „Не знаю!" Какую неслыханную неясность позволяют себе в этой области солидные люди!

Вот что пришлось пережить недавно одному из моих друзей. Он – студент и во время каникул заработал себе деньги в качестве подсобного рабочего на стройке. Однажды его коллеги узнали, что он принимает активное участие в труде евангельской молодежи. Начались насмешки: „Эй! Ты тоже относишься к молодежи пастора Буша?“ – „Да!“ – „И ты по воскресеньям ходишь в церковь?“ – „Конечно!“ – „Каждое воскресенье?“ – „Да, каждое воскресенье!“ – „Каждое воскресенье! Ты что, сумасшедший?“ – „Нет! Я еще на неделе посещаю библейские часы!“ – „Да, ты действительно помешанный человек!“ И со всех сторон на него обрушились издевательства: „Попы делают людей дураками!“ „Христианство оказалось несостоятельным, хотя и существует уже 2000 лет!“ „Библия – это сущий вздор!“ Короче, на молодого человека изливается поток глумления. Но он был, как говорится, „толстокожим, как слон“ и все спокойно вытерпел. Когда эти парни унялись, он сказал: „Да, если вы все так относитесь к христианству, то можно предположить, что из вас никто не является членом церкви“. Вокруг воцарилось молчание. Потом один пожилой человек возразил: „Что ты хочешь этим сказать? Я ведь тоже верю в Господа Бога! Ты думаешь, что лишь ты христианин? Я тоже христианин! Я тоже верю в Бога!“ И тогда все заговорили: „Вообще, что это у тебя за манера, что ты считаешь себя лучше нас! Мы тоже христиане! Мы тоже верим в Господа Бога!“ Тактика моментально изменилась. Они все кричали в унисон: „Мы тоже верим в Господа Бога! Мы тоже христиане!“ Когда они утихомирились, мой друг их спросил: „Почему же Вы тогда смеетесь надо мной?“ И услышал ответ: „Ах! Ты нас только дурачишь! С тобою невозможно разговаривать!“

Понимаете? Солидные строители, которые, попотев изрядно на работе, могут без труда выпить несколько бутылок пива, вначале с большим шумом высмеивают христианство, но потом вдруг до них доходит: подожди-ка, мы ведь тоже христиане! Разве это не потрясающе, что по отношению к Богу люди позволяют себе иметь такую неопределенность! Мы выдаем себя то за язычников, то за христиан. Разве я не прав? Я убежден, что большинство из Вас тоже находится в такой же неопределенности и неясности!

2. Библия говорит о лучезарной уверенности

Вы, возможно, удивленно спросите меня: „Пастор Буш, разве христианская вера может иметь что-то общее с уверенностью? Не в том ли суть христианской веры, что в ней ничего нет определенного, а все надо брать верой?“ Недавно мне опять напомнили об одном изречении, которое мне в своей жизни приходилось слышать довольно часто: „То, что дважды два – четыре, мы знаем точно, но в христианстве все равно ничего точного не узнаешь, так как все основано на вере“. В итоге у нас получается представление, что по отношению к христианским истинам нам следует свой разум упаковать в чемодан или сдать в гардероб и устремиться верой в неизвестность. Таково убеждение многих. Иногда мне высказывают еще и такое: вы, христиане, ведь и между собой не имеете единства. У вас есть католики, евангельские христиане и т.д. А среди евангельских есть лютеране, реформисты и т.д. Кто же прав? Я думаю, что даже христианство в сущности своей убеждено, что христианская вера является самой неуверенной и неопределенной. Но это великое заблуждение.

Видите ли, о том, что представляет собой христианство, можно узнать только из Нового Завета. А в нем каждая строчка исполнена лучезарной уверенностью! Докажите мне, что это не так! Поэтому смешно, когда христиане живут в такой неясности. Но дело здесь не в христианстве. Нет! Весь Новый Завет исполнен лучезарной уверенностью. Я Вам это кратко поясню: Новый Завет выражает полную уверенность в том, что Бог жив!

Не высшее существо, не привидение, не судьба, но Бог, Отец Иисуса Христа, жив! Откуда мы это знаем? Он открылся в Иисусе! Теперь нам это точно известно. Откройте Библию в любом месте и увидите, что там вовсе не решается религиозная проблема, но утверждается, что Бог жив! Он открылся в Иисусе! А человек, живущий без Бога, живет неправильно, превратно, бессмысленно.

Там также с уверенностью сказано, что Бог, Который может уничтожить народы, Который будет их судить, горячо любит меня, и это не предполагается, но недвусмысленно сказано в Послании к Римлянам в 8-й главе: „...я уверен, – обратите внимание, – уверен, что ни смерть, ни жизнь... не могут отлучить нас от любви Божией во Христе Иисусе, Господе нашем“. Любовь Божия явилась нам в Иисусе! Мы не предполагаем это, а точно знаем. Как проявляется любовь

Божия? Он возлюбил нас в Иисусе. Ученики Иисуса поют: „Хвала святой любви Отца, / пославшей к людям в мир Христа!“ Знаете ли Вы об этом? Имеете ли Вы об этом хоть малейшее представление?

Библия повествует о людях, уверенных в том, что они принадлежат Богу. В 48-ом Псалме Давид говорит: „Бог избавит душу мою от преисподней, когда примет меня“. Там не сказано: я надеюсь, что Бог избавит душу мою, но с уверенностью говорится: „Бог избавит душу мою...“ Или еще: „Бог избавил нас от власти тьмы и ввел в Царство возлюбленного Сына Своего“. Ученики Иисуса пережили изменение своей личности, они изменились через Иисуса и знают об этом! Еще сказано: „Мы знаем, что мы перешли от смерти в жизнь“. „Мы знаем“. Можете ли и Вы так сказать? Или: „Дух Его свидетельствует нам, что мы являемся детьми Божиими“. Так и написано – „являемся“.

В Библии все очень ясно. И откуда в нашем народе появилось это бессмысленное изречение: „То, что дважды два – четыре, я знаю точно, но в христианстве все равно точно ничего не узнаешь, потому что все основано на вере“? То, что дважды два – четыре, я знаю точно, но еще больше я уверен в том, что Бог жив. Люди, которые обратились к Богу, говорят: „Дважды два – четыре, это мы знаем, но мы гораздо более уверены в том, что стали детьми Божьими!“

А теперь я Вас спрашиваю: „Где в современном христианстве можно встретить такую лучезарную уверенность? Где?“ Это является признаком того, что мы немного удалились от Библии и нам необходимо снова к ней приблизиться. Я призываю Вас не удовлетворяться частицей христианства! В этом нет никакого смысла. Смысл имеет только чисто библейское христианство. Только такое христианство имеет настоящую цену. Быть уверенным в том, что Бог жив, что Он меня горячо любит и что я могу Ему принадлежать – вот в чем ценность! Все остальное не имеет никакой цены.

И та же лучезарная уверенность звучит со страниц сборника духовных песен. К примеру: „Господь – наш щит и упованье, / твердыня наша и скала; / Он дал нам мир и оправданье, / Он избавитель от греха и зла“. Или: „Я знаю, да, я знаю, / что жив Спаситель мой, / что Им я обретаю / дар жизни неземной“. Или еще: „Я знаю, в Кого я верю, / ничто меня с Христом не разлучит,/ и Он мне спасенье вручит / в день, когда опять придет“.

Позвольте мне Вам рассказать об этом еще в другом аспекте. Христианская уверенность означает: объективно знать, что Бог жив, что Его откровение в Иисусе является истиной, даже если ее отрицает весь мир, что Иисус ради примирения умер и воскрес, чтобы спасти грешников, даже если этим никто не воспользуется. Но христианская уверенность означает и субъективное знание того, что Бог жив и явился в Иисусе, умер и воскрес, что я лично для себя принял твердой верой.

И если 10000 профессоров убеждают одного молодого человека в том, что Иисус не воскрес, то он может свидетельствовать: „Уважаемые 10000 профессоров! Я знаю, что Искупитель мой жив!“ И если весь мир будет ему противоречить, то вера будет утверждать: „Я знаю, в Кого я верю!“ И если Вы приведете мне массу научных опровержений, то я отвечу: „Я знаю об этом лучше!“ И если бы весь мир сомневался, то я бы сказал: „Я в этом уверен!“ Друзья мои, вот какой определенной является христианская вера, которая нам предлагается в Библии.

3. А Вы имеете уверенность?

А теперь я обращаюсь к вам с вопросом: „Есть ли у Вас такая уверенность? Или Вам ее недостает?“ Если бы Вы сказали: „Я считаю себя христианином, но им еще не являюсь. Ведь у меня еще столько неясного!“ – тогда моя речь не напрасна. Я вспоминаю о времени, проведенном мною однажды на досуге с молодыми людьми в Голландии. В два часа ночи в мою дверь постучали. Когда я открыл, то увидел целое общество в пижамах. „Что Вы хотите?“ – спросил я. Один из них ответил: „Мы считали себя христианами, но теперь заметили, что еще не достигли этого!“ Это их так встревожило, что они в два часа ночи захотели получить ясность. Очень ценно, когда мы осознаем, что все наше христианское состояние еще очень далеко от той лучезарной уверенности, которую нам показывает Библия.

Сперджен, замечательный английский проповедник, однажды выразился об этом так: „Вера – это шестой орган чувств". Вы знаете, что мы имеем пять органов чувств, при помощи которых познаем мир: орган зрения, слуха, ощущения, вкуса и обоняния. При помощи этих пяти органов чувств мы можем познать наш трехмерный мир. Человек, который живет только органами чувств, спрашивает: „Где же Бог? Я Его не вижу. Иисуса я тоже не вижу. Я всему этому не верю!" Но если Бог нас просвещает посредством Духа Святого, тогда мы получаем шестой орган чувств. Тогда мы можем не только видеть, слышать, ощущать, чувствовать вкус и запах, но можем познать и другой мир. В Библии говорится: „Жизнь вечная заключается в том, что люди признают Тебя, Единого истинного Бога, и Того, Которого Ты послал – Иисуса Христа". Это возможно с помощью шестого чувства.

Недавно я был в Эссене у одного крупного промышленника. Его резиденция находилась в высотном служебном здании, откуда можно было обозревать полгорода. Пройдя через несколько приемных, я, наконец, сел напротив него. Быстро покончив с делом, он сказал в беседе со мной: „Мне интересно иметь у себя на приеме пастора. После войны я тоже посещал иногда занятия по религии, но все же у меня сложилось мнение..." „Продолжайте, продолжайте, – помогаю я ему, – у меня крепкие нервы!" – „У меня сложилось мнение, – продолжил он, – что христианство – дело очень неясное! Нам читали лекции на темы: „Христианин и экономика", „Христианин и вооружение", „Христианин и разоружение", „Христианин и деньги", „Христианин и его церковь". Но никто мне еще не рассказал, что же собой все-таки представляет христианин. Очевидно, этого люди сами не знают!" И вот, я сижу в этой прекрасной канцелярии, принимая такой вызов прямо в лицо. „О, – возразил я, – Вы заблуждаетесь!" Последовал удивленный вопрос: „Вы можете мне сказать, что собой представляет христианин?" – „О, да, – ответил я, – я расскажу Вам об этом коротко и ясно. Здесь нет ничего неясного". – „Ха-ха, – усмехнулся он, – один говорит, что христианин тот, кто не вступает в конфликт с полицией, а другой говорит, что христианин – тот, кого крестят и хоронят в церкви!" Но я продолжил: „Господин генеральный директор, я Вам скажу, что собой представляет христианин, только Вы держитесь покрепче! Христианин – это человек, который может сказать из глубины своего сердца: „Я верю, что Иисус Христос – истинный Бог, рожденный Отцом в вечности, и истинный человек, рожденный девой Марией, является моим Господом, искупившим меня, погибшего и обреченного человека. Господин генеральный директор, Вас – „погибшего и обреченного человека!“ Он утвердительно кивнул. Он все понял. „Хорошо, – сказал я, – Который искупил меня, погибшего и обреченного грешника, приобрел и освободил меня от всех грехов, от смерти и от власти дьявола. Господин генеральный директор, приобрел и освободил от власти дьявола!“ Он опять кивнул. Об этом он кое-что знал. А я продолжил: „Не золотом и серебром, но Своей святой, драгоценной кровью и Своими безвинными страданиями и смертью, чтобы я Ему принадлежал. Вы слышите? Кто может сказать: „Я принадлежу Иисусу, Он искупил меня Своею кровью от греха, смерти и ада, и в этом я уверен!“ – тот и является христианином, господин генеральный директор“. В кабинете на мгновение стало тихо. Затем он спросил: „Как мне этого достичь? Как мне этого достичь?“ Я ответил ему: „Послушайте, я только что от Вашей секретарши узнал, что Вы уезжаете в отпуск. Я сегодня же, после обеда, пришлю Вам Новый Завет. Возьмите его с собой и ежедневно читайте отрывок из Евангелия от Иоанна и молитесь об этом, тогда только Вы этого достигнете“.

Поймите меня правильно, христианство, как оно изображено в Новом Завете, твердо уверено в том, что объективные истины действительно являются истинными и что я могу достичь это субъективно верою и получить спасение! Есть ли такая уверенность у Вас? Я бы не смог жить, будучи неуверенным в том, что Он меня принял. Однажды я спросил одного молодого человека: „Ты любишь Иисуса?“ – „Да“. – „Ты знаешь, что Он тебя принял? Ты являешься Его достоянием?“ – „Да, но в этом я точно не уверен. У меня еще столько борьбы“. – „Слушай, я бы так жить не смог, – сказал я, – я же должен знать, принял ли Он меня!“ О вы, сомневающиеся христиане, вы, которые точно знаете свое финансовое состояние, но о Боге ничего не знающие! Вы же вовсе не христиане! Согласно Новому Завету, христианами являются те, которые могут сказать: „Я верю, что Христос стал моим Господом".

К этому я должен добавить небольшую историю, которую Вы, возможно, знаете. Генерал фон Фибан рассказывал, как он во время маневров, проезжая верхом на коне через лес, зацепился за ветку и порвал себе мундир. Для генерала такой вид был неприличен, и поэтому, увидя нескольких солдат при въезде в село, где они были расквартированы, он остановил коня и спросил: „Есть ли среди вас портной?" Один из них подбежал ближе, встал по стойке „смирно" и отрапортовал: „Так точно! Господин генерал, я – Портной". Генерал фон Фибан приказал: „Тогда прийдите в мою квартиру на постоялый двор и почините мой мундир". Но солдат ему ответил: „Я не смогу это выполнить". „Почему Вы не сможете, Вы же портной?!" „Простите, господин генерал, моя фамилия – Портной, но я не портной". Рассказывая об этом, генерал фон Фибан так прекрасно добавил: „Точно так же можно сказать и о большинстве христиан. В анкетах, в строке „религия" можно прочесть „христианин, евангельский". А в действительности следовало бы сказать: „Называюсь христианином, но не являюсь им".

О, какое жалкое и опасное состояние! Ведь оно свидетельствует о том, что человек не спасен!

4. Как можно достичь уверенности?

Вы меня спросите: „Как можно достичь уверенности?" Об этом можно многое сказать, просите об этом Бога! Начните постоянно читать Библию, хотя бы ежедневно – четверть часа! Но еще я Вам должен сказать нечто очень важное: путь к утверждению в вере проходит не через разум, но через совесть.

Видите ли, когда заговариваешь с людьми о христианстве, то сразу слышишь слова: „Но я не могу верить, господин пастор. В Библии так много противоречий". – „Противоречий?" – удивляюсь я. – „Да, например, там говорится, что у Адама и Евы было двое сыновей – Каин и Авель. Каин убил Авеля и пошел в чужую страну, где нашел себе жену. Но если они были единственными людьми, то как же он мог найти себе жену? Господин пастор, этого я не могу понять!“ Вы уже слышали эту историю? С помощью этой истории немцы пытаются спастись от Бога. Обычно в таких случаях я говорю: „Вы сообщаете интересные вещи. Вот Вам Библия, покажите, где это написано, что Каин пошел в чужую страну и нашел там себе жену?“ Они обычно краснеют, а я продолжаю: „Если Вы отвергаете Библию, через которую уверовали тысячи порядочных людей и, таким образом, считаете себя более порядочными, то Вы, видимо, основательно изучили Библию. Где об этом написано?“ На это они не могут ничего ответить. Тогда открываю это место я, там написано совсем иначе, а именно, что „Каин пошел в чужую страну, и познал Каин свою жену“. Он пошел в чужую страну вместе со своей женой. Кто же была его жена? Немногим выше написано, что у Адама и Евы было много сыновей и дочерей. Значит, это была одна из сестер Каина. В Библии ясно сказано, что Бог хотел, чтобы из одного рода произошли все поколения людей. Поэтому вначале браки были внутрисемейные, но позднее Бог запретил такие браки. Все ясно? Все! Я доказал, что все эти глупые разговоры несостоятельны. Но Вы думаете, что этот человек уверовал? Нет! Об этом и речи не может быть! Он тотчас же приготовил новый вопрос: „Господин пастор, скажите-ка...“ и дальше в том же духе. Становится ясным, что я мог бы такому человеку ответить на сотни тысяч вопросов, но он остался бы таким, как и прежде. К вере приходят не через разум, а через совесть!

В Эссене моим предшественником был пастор и проповедник Юлиус Дамманн. Однажды к нему пришел молодой человек и тоже задавал вопросы о жене Каина и тому подобные. Но Дамманн оставил его не солоно хлебавшим, сказав: „Молодой человек, Иисус Христос пришел не для того, чтобы отвечать на каверзные вопросы, но чтобы спасти грешников! И когда Вы станете бедным грешником, то приходите снова“. Люди, которых совесть осуждает, люди, которые знают, что их жизнь не в должном порядке, что они не могут с ней справиться, могут научиться верить в Иисуса. Понимание обязательно придет несколько позже.

Однажды со мной произошел случай, о котором я должен сейчас рассказать. Я пришел в больничную палату, в которой лежало шестеро мужчин. Они радостно воскликнули: „Ах, господин пастор, как хорошо, что Вы пришли! У нас к Вам вопрос!“ – „О, вопрос? Очень мило! Какой?“ Я заметил, что они приготовили мне ловушку. Один из них спросил: „Вы же верите, что Бог всемогущ?“ – „Да, я верю этому!“ – „Тогда возникает вопрос: может ли Ваш Бог сотворить такой тяжелый камень, который Он Сам поднять не в силах?“ Вам соль вопроса ясна? Если я скажу „да“, то Бог не всемогущ, если я скажу „нет“, то Он тоже не всемогущ. С минуту я размышлял о том, разъяснить ли мне ему суть дела, но он мне показался слишком глупым, чтобы понять это, и я задал встречный вопрос: „Молодой человек, позвольте мне прежде спросить Вас: „Мучила ли Вас по поводу этого вопроса бессонница?“ – „Бессонница?“ – спросил он, недоразумевая, – Нет!“ Тогда я ему сказал: „Видите ли, я должен беречь свои силы, поэтому я отвечаю только на те вопросы, из-за которых люди теряют сон. Будьте добры, молодой человек, скажите мне, по какой причине у Вас бывают бессонные ночи?“ На это он без промедления ответил: „Ах, из-за моей девушки. Она ожидает ребенка, а пожениться мы еще не можем“. – „Так, – говорю я, – поэтому у Вас бессонница. Тогда об этом и поговорим!“ – „Но разве у этого вопроса есть что-то общее с христианством?“ – удивился он. – „О, – сказал я, – тот камень с христианством не имеет связи, а вот дело с Вашей девушкой имеет прямую связь! Видите ли, Вы провинились! Вы преступили Божье поведение, Вы обманули девушку! И сейчас Вы размышляете о том, как бы вывернуться из создавшегося положения. Вы запутались в проступках и грехах. Вам можно помочь только в том случае, если Вы обратитесь к живому Богу, покаетесь и скажете: „Я согрешил!“ Тогда Спаситель будет рядом и поможет Вам“. Молодой человек слушал, и ему вдруг стало ясно, что Иисус интересуется его отягченной совестью! Иисус может ему помочь! Он является спасением его безысходной жизни!“

Вы правильно меня поняли? То, что он хотел постичь умом, превратилось в глупый разговор, но когда коснулось его совести, то его вдруг осиял свет. Вам это понятно? Мы обретаем уверенность в своем спасении не из ответов на каверзные вопросы, но когда мы послушны голосу совести и признаемся: „Я согрешил!“ Тогда мы можем увидеть Иисуса, висящего на кресте. И тогда лишь мы можем услышать: „Тебе прощены все грехи!“ А затем получить уверенность: „Он принял меня!“ Этот путь идет через совесть, но не через разум.

Итак, если хочешь иметь уверенность в спасении, то, если так можно выразиться, приходится рисковать. В церквях окна часто состоят из цветных стекол. Если Вы их увидите днем снаружи, то они выглядят черными, и их цвет едва угадывается. Но стоит Вам войти в церковь, как они вспыхивают яркими красками. Такое же положение с христианством.

Пока я за ним наблюдаю извне, ничего не могу понять. Все кажется темным. Рискну-ка я, войду, познакомлюсь с Иисусом! Я должен довериться Иисусу! И все станет ясным! Один только шаг из смерти в жизнь – и сразу все христианство становится понятным.

Однажды Господь Иисус проповедовал, и Его слушали тысячи людей. Но вдруг Он произнес страшные слова: „Такими, какие вы есть, вам не войти в Царство Небесное! Вы должны родиться свыше! Ваша природа, даже самая лучшая, не годится для Царствия Божьего!“ После чего некоторые мужчины встали, сказав: „Пойдем-ка отсюда, это же бессовестная речь“. И трое мужчин ушли. Это увидели шесть женщин, они рассудили: мужчины ушли, пойдемте и мы! И тоже ушли. Это заметили несколько парней: мужчины ушли, женщины ушли, нам тоже надо уходить! Постепенно толпа редела. Это, должно быть, было ужасно. Я представляю себе, как бы это выглядело, если бы во время моей проповеди слушатели вставали и постепенно уходили. И вдруг я остался бы один с несколькими верными друзьями. Так произошло с Иисусом. Ужасно! Вдруг Он остался один. Тысячи людей ушли во время Его проповеди. Они не хотели Его слушать. Только 12 учеников остались с Ним. Если бы я был Господом Иисусом, я стал бы их упрашивать: „Ах, останьтесь хоть Вы со мной! Хоть Вы, мои верные друзья, не оставьте Меня!“ Но Иисус поступает иначе. Знаете, что Он говорит? Он говорит: „И вы можете уходить, если желаете!“ В Царстве Небесном нет принуждения. Царство Небесное является единственным Царством, в котором нет полиции.Царство

Небесное является самым добровольным из всех существующих. „И вы можете уйти, пожалуйста!“ – так Иисус сказал Своим ученикам. Ученики тоже хотели уйти. Если ушло 6000 человек, то и у них могло возникнуть такое желание. Ученики, возможно, тоже ушли бы, тем более, что Господь Иисус сказал: „Пожалуйста, идите!“ Он широко раскрывает перед ними дверь: „И вы тоже можете! И вы тоже можете идти в погибель! Как хотите!“ Но тут Петр поразмыслил: „Куда же мне идти? Куда? Жить в труде и поту, жить в грязи греха и, в конце концов, оказаться в дверях ада? В этом нет смысла!“ Вдруг его взгляд упал на Иисуса, и ему стало совершенно ясно: смысл имеет только одна-единственная жизнь – жизнь с Иисусом. И он говорит: „Куда же нам идти, Господь Иисус? Ты имеешь глаголы вечной жизни, мы уверовали и познали (слышите: уверенность), что Ты – Христос, Сын Бога живого. Мы останемся лишь с Тобой!“

Друзья мои, так постигается уверенность. Испытывая разные пути жизни, мы приходим к выводу: Иисус – единственный шанс для нашего спасения! О, как мне хотелось бы, чтобы и Вы получили такую лучезарную уверенность: „Мы уверовали и познали, что Христос – Сын Бога живого“.

В заключение я хочу еще сказать несколько слов специально для всех тех, кто сделал первые шаги веры, кто отдал свое сердце Иисусу, но все же говорит: „Я не имею уверенности в спасении. Как мне ее достичь? Я все еще вижу множество грехов в своей жизни!“ Этим душам, всерьез принимающим весть о спасении, я хотел бы сказать: „Неужели Вы думаете, что уверенность в спасении можно иметь лишь будучи совершенно безгрешным? Тогда Вам место на небе! Кровь Иисуса Христа до последнего дня, вплоть до последнего вздоха нужна мне для прощения грехов!“

История о заблудшем сыне Вам известна. Он пришел домой и сказал: „Я согрешил!“ И отец принял его, устроил пир. Теперь я себе представляю такую картину: на следующее утро сын нечаянно роняет чашку на пол. С тех пор, как он находился со свиньями, он отвык от сервированного стола и нечаянно роняет со стола чашку. Когда она со звоном разбилась, он выругался. Как Вы думаете, прогонит ли его отец со словами: „Марш! Отправляйся к своим свиньям!“? Неужели

Вы так считаете? Нет! Напротив, отец скажет: „Кто принят, тот принят!“ Он объяснит ему: „Сын мой, давай не будем так поступать, будем стремиться к тому, чтобы ты с чашками за столом обращался осторожней, не ругался и постепенно привык к обычаям нашего дома!“ Но он ни в коем случае, не отослал бы его назад к свиньям. Послушайте внимательно: когда человек посвящает себя Иисусу, он, к своему ужасу, убеждается, что старая его природа все еще существует! Еще существует поражение! Но если Вы после обращения терпите поражение, то не отчаивайтесь сразу, но становитесь на колени, молясь: во-первых: „Господи, я благодарю Тебя, что все еще принадлежу Тебе!“ Во-вторых: „Прости мне и омой кровью Своей!“ В третьих: „Освободи меня от моей старой природы!“ Но во-первых: „Господи, благодарю Тебя, что я все еще принадлежу Тебе!“

Вы поняли меня? Уверенность в спасении заключается в том, что я знаю: я пришел домой и теперь борюсь за освящение, как постоянный житель этого дома, а не временный, который то приходит, то уходит. Когда проповедуют, что спасение нужно приобретать вновь каждый день, то такая проповедь ужасна. Моим детям вовсе не нужно каждое утро приходить ко мне и спрашивать: „Папа, можно нам сегодня снова быть твоими детьми?“ Они являются моими детьми! А кто стал дитем Божиим, тот является дитем Божиим и теперь стремится к святости, как дитя Божее!

Итак, я Вам от всего сердца желаю иметь лучезарную уверенность детей Божиих!

Является ли христианство личным делом?

Часто можно слышать такое выражение: „Религия является личным делом!“ Верно ли это? Давайте лучше спросим: „Является ли христианство личным делом?“

Прежде чем ответить на этот вопрос, я хотел бы задать встречный вопрос. Представьте себе монету в пять марок. Что на ней изображено? Пятерка или орел? И то, и другое! У пятимарочной монеты две стороны. Точно так же обстоит дело с вопросом: „Является ли христианство личным делом?“ Ответ: и то, и другое. И да, и нет.

Истинное живое христианство имеет две стороны: чисто личную и чисто общественную. Если же одной из них недостает, то что-то не в порядке!

Я хотел бы показать вам обе стороны истинного христианства, Творцом которого является Дух Святой.

1. Чисто личная сторона христианства

Чтобы Вам это пояснить, я для начала расскажу Вам одну историю. Однажды меня назвали „рассказчиком“. В ответ я сказал: „Это же не позор. Я всегда очень боюсь, что люди в церкви могут заснуть. И когда я в промежутках рассказываю истории, то они не засыпают!“ Кроме того, ведь и вся жизнь состоит из историй, а не теорий.

В прошлом столетии жил прекрасный проповедник Генрих Фолькенинг. Через его проповеди окрестность Билефельда буквально переродилась. И вот однажды этого Фолькенинга пригласили в дом одного богатого крестьянина, у которого был большой двор и который сам был честным работящим человеком. Но проповеди он ненавидел до глубины своего сердца. Он не сознавал себя грешником. Ему не нужен был Спаситель грешников на кресте. Он говорил: „Я праведен и никого не боюсь“. Однажды Фолькенинга позвали к этому крестьянину, который смертельно заболел и пожелал причаститься. Фолькенинг пошел. Он был человеком большого роста с необычайно сияющими глазами. Итак, он подходит к постели больного, долго молча глядит на него, а затем говорит: „Генрих, я очень опасаюсь за Вас. Если все останется по-прежнему, то путь ведет Вас не в небо, а прямо в ад". Говорит, поворачивается и уходит. Богатый крестьянин в ярости бушует: „И этот себя называет пастором! Разве это христианская любовь?" Наступает ночь. Тяжело больной крестьянин не спит. Его мучает совесть: „Путь не на небо, а в ад! А если это правда?" И ему вспоминаются всякие грехи. Он не почитал Бога. При случае он очень часто хитро обманывал людей. В последующие ночи его охватывает настоящий страх. Он совершенно потерял покой, так как вдруг увидел, что его жизнь полна грехов, что он далеко не дитя Божие. Теперь он всерьез хочет измениться. Через три дня он снова посылает свою жену к Фолькенингу: „Жена, позови Фолькенинга!" Был поздний вечер, но Фолькенинг тотчас же пришел. Крестьянин говорит в большом смятении: „Пастор, я думаю, что мне нужно измениться!" – „Да, – говорит Фолькенинг, – Вы зовете, находясь в крайней нужде, а вынужденное покаяние – мертвое покаяние! Должно быть совсем иначе". Говорит, поворачивается и уходит. Вот теперь в крестьянине пробудилась настоящая ярость. Вы, вероятно, тоже сильно рассердились бы на пастора, не так ли? В конце концов, пастору и самому было бы лучше, если бы он с богатым крестьянином разговаривал повежливей. Ведь похоже, что этот человек скоро умрет. Но Фолькенинг был человеком, стоящим перед Богом, и знал, что говорил.

Прошло три дня. Крестьянин впал в тяжелое состояние. Он знал, что скоро умрет! А где же в его жизни были любовь, радость, мир, долготерпение, благость, милосердие, вера, кротость, воздержание? Он всю жизнь презирал Спасителя, Который умер за него. Он прогонял Его, стоящего перед ним со Своей любовью. Он видит себя на краю ада и впадает в полное отчаяние. „Жена, – просит он, – сходи за пастором!" Она возражает: „Я больше не пойду! Он тебе все равно не поможет!" – „Жена, сходи за ним! Я попаду в ад!" И жена пошла. Когда Фолькенинг пришел, то увидел человека, который понял: „Не обманывайтесь, Бог поругаем не бывает. Что посеет человек, то и пожнет!" Фолькенинг подвигает стул к постели, садится и спрашивает: „Верно ведь, путь идет к аду?" – „Да, к аду!" Но вот Фолькенинг говорит: „Генрих, пойдем на Голгофу! И за тебя там умер Иисус!" Он ласковыми и нежными словами рассказывает о том, как Иисус спасает грешников. Но для этого мы должны быть грешниками в собственных глазах. И должно быть покончено с тем, что „я праведен и никого не боюсь!" Для этого нужно облечься в истину. Тогда Иисус может спасти. Крестьянин вдруг познает: „Иисус умер за меня на кресте! Он искупил мои грехи! Лишь Он может мне дать праведность, которая имеет цену перед Богом!" И впервые крестьянин искренне молится: „Боже, будь милостив ко мне, грешнику! Господь Иисус, спаси меня от гибели в аду!" Фолькенинг потихоньку уходит. Он покидает человека, призывающего Иисуса. Фолькенинг утешен, ибо трижды написано в Библии: „Кто призовет имя Иисуса – спасется!" Когда он на другой день снова пришел, то встретил человека, примиренного с Богом: „Генрих, как дела?" И Генрих отвечает: „Он принял меня благодатью!" Произошло чудо!

Видите, как возродился гордый человек! А теперь будьте очень внимательны. Однажды ночью к Господу Иисусу пришел один ученый человек и сказал: „Господь Иисус, я хотел бы с Тобой поспорить на религиозную тему". Иисус ему возразил: „Спорить здесь нечего! Но если кто не родится свыше, не может увидеть Царствия Божия!" – „Как, – спрашивает этот человек, – я же не могу опять стать маленьким ребенком, в другой раз войти в утробу матери своей и родиться!" Но Иисус остается при своем: „Если кто не родится от воды и Духа, не может войти в Царствие Божие!" В этом и заключается личная сторона христианства: человек должен пройти узкими вратами к жизни, он должен родиться свыше посредством великого чуда Божия.

Я говорю вам не какие-то маловажные теологические вещи, но о пути к вечному спасению. Докажите, что я не прав! Возможно, когда Вы будете на смертном одре, возле Вас не окажется никакого Фолькенинга. Слышите?! Для возрождения обязательно нужно признать правоту Бога, осознать себя погибшим человеком, а свое сердце признать крайне испорченным. Возрождение – это тоска по Иисусу, единственному Спасителю мира. Возрождение – это искреннее раскаяние пред Иисусом: „Я согрешил пред небом и пред Тобою". Возрождение – это вера: Его кровь очищает меня от всякого греха. Он искупил меня и даровал мне праведность, которая имеет силу перед Богом". Возрождение – это полная отдача Господу, когда Дух Святой свидетельствует Вам, что Вы приняты. Библия называет это „запечатлением". Без возрождения Вы не попадете в Царство Божие! Но кто стал дитем Божиим, тот определенно знает это. Друзья, если я тонул и кто-то вытащил меня из воды, то я знаю, что спасен, если нахожусь на берегу и имею возможность спокойно дышать.

Вы поняли? Это личная сторона христианства. Этот переход от смерти в жизнь должен испытать каждый лично. Вспоминая свое возрождение, я признаю это изменение своей жизни, как чудо. Я жил в грехах, вдали от Бога. Но вот Иисус вошел в мою жизнь, теперь я принадлежу Ему и хочу свою жизнь посвятить тому, чтобы предостеречь людей от гибели и призывать их к Иисусу. Я призываю Вас не успокаиваться до тех пор, пока Вы не достигнете возрождения и не убедитесь в том, что есть глубокий смысл – принадлежать Иисусу и в действительности знать, что Вы – Его достояние, а Он – Ваше.

Но возрождение – это не конечный этап личного христианства, а лишь начало. После этого личная сторона христианства продолжается.

Я хочу Вам засвидетельствовать о том, что когда я возродился, то почувствовал: „Теперь я обязательно, каждый день должен слышать голос Своего Друга!" И я начал читать Библию. А в настоящее время Библию читает только пастор. Возле моего дома имеется сквер. Туда я каждое утро с удовольствием ухожу для чтения Библии, прогуливаясь при этом взад-вперед. Люди, живущие поблизости, всегда могут меня там видеть. Недавно один из них мне сказал: „Я всегда наблюдаю за Вами, когда Вы читаете молитвенник". Молитвенники читают католические священники. Он себе даже представить не мог, что я читаю книгу, которую точно так же мог бы читать любой мирянин. Ведь Библию может читать каждый!

Когда я со своей эссенской молодежью выезжал куда-либо на проведение досуга, то ежедневно, перед завтраком, мы собирались вместе на четверть часа, вначале пели гимн, наподобие: „От сна восставши, пред Тобой, Творец мой, предстою...“, и стих из Библии для благословения. Затем я предлагал какой-нибудь текст из Библии, каждый садился в укромное место со своей Библией, чтобы самому лично его прочесть. Те, кто уверовали и начали свою жизнь с Иисусом, поступают так и дома, потому что они не могут жить, не выслушав голоса своего Доброго Пастыря и не поговорив с Ним.

А теперь я прошу и Вас: оживите свою личную христианскую жизнь, начав читать Новый Завет! Уделите четверть часа утром или вечером!

А закрыв Евангелие, сложив руки в молитве, скажите: „Господь Иисус, теперь я хочу поговорить с Тобой. Сегодня мне многое предстоит сделать. Помоги мне! Сохрани меня от моих любимых грехов! Дай мне любовь к ближним! Дай мне Духа Святого!“ Помолитесь! Поговорите с Иисусом! Он здесь! Он слышит Вас! Когда христианин обращается в молитве к Богу, это тоже относится к совершенно личной стороне живого христианства.

Недавно я сказал одному уверовавшему господину: „Вам нужно ежедневно, хотя бы четверть часа, беседовать с Иисусом“. На что он возразил: „Послушайте, но я ведь не пастор, у которого для этого есть время. Я ведь очень занятый человек“. – „Ага! Значит, Вам не хватает времени?“ – спросил я его. Когда он это подтвердил, я продолжил: „Вот видите! Это происходит потому, что Вам недостает этой тихой молитвенной четверти часа. Стоит Вам привыкнуть беседовать с Иисусом по утрам, постоянно читать Евангелие и молиться, как Вы заметите, что с делами начнете справляться играючи. Чем больше у Вас дел, тем нужнее Вам эти четверть часа. Позднее, возможно, когда Вы начнете делиться с Господом всеми волнующими Вас вопросами, пятнадцать минут превратятся в полчаса, и Вы вдруг почувствуете, что дела пойдут лучше. Я это говорю из собственного опыта. Иногда и у меня бывает так: не успел встать с постели, как зазвонил телефон. Потом газета – и снова телефон.А тут уже ко мне кто-то пришел. И тогда я весь день возбужден, все не клеится. И вдруг, я вспоминаю: я же еще не беседовал с Иисусом, да и

Ему не дал слова вымолвить! Как же мне может сопутствовать успех?

Понимаете, общение в тиши, наедине с Иисусом, относится только к совершенно личной стороне христианской жизни!

Кроме того, к совершенно личной стороне христианской жизни относится еще и то, что ежедневно следует распинать на кресте свою плоть и кровь. За свою жизнь я имел много бесед с людьми. И, в сущности, каждый человек на что-то жаловался. Жены жаловались на своих мужей. Мужья жаловались на своих жен. Родители жаловались на своих детей. Дети жаловались на своих родителей. Каждый стремился обвинить другого в своем несчастье. Но поверьте мне, если Вы будете практиковать эти тихие четверть часа, Господь откроет Вам, что все несчастье заключается в Вас самих. Ваша семейная жизнь не клеится, потому что Вы живете не по Божьим повелениям. У Вас неудачи на работе, потому что Вы поступаете не по Божьим повелениям. Христиане должны научиться каждый день пригвождать ко кресту свою природу.

Хочу рассказать Вам следующее: я только что провел восемь дней отдыха с группой молодежи из Эссена. Было неописуемо хорошо. Мы все были так счастливы, что и выразить трудно. Все было благословенно. Но когда мы в последний день собрались на вечерю, то многие вдруг стали просить друг у друга прощения. Я тоже подошел к троим и просил у них прощения, что недавно грубил. Мне возражали: „Но Вы же были правы!“ Но я все равно просил прощения. Понимаете, мне нелегко было унижаться перед 20-летними юношами, но я не мог успокоиться, пока этого не сделал.

Когда Вы в тишине будете общаться с Иисусом, то научитесь ежедневно пригвождать свою природу ко кресту. Тогда Вам станет хорошо и легко на душе. Это относится к совершенно личной стороне христианской жизни. Но если Вам все это незнакомо, то не перестаньте называть себя христианами.

Видите ли, часто, идя по улицам, я размышляю: все встречающиеся мне люди называют себя христианами, почти все платят церковный налог, но если бы я сейчас кого-нибудь остановил и спросил: „Извините! Вы христианин?“ – то мне бы ответили: „Конечно, я же не мусульманин!“ Но если бы я спросил: „Послушайте-ка, а были ли у Вас бессонные ночи по причине радости о том, что Вы – христианин?"– то мне бы возразили, что я не в своем уме. И вот итог: христианство без радости. В крайнем случае христиане выражают свое недовольство по поводу уплаты церковных налогов, но радости нет и следа. Однако в момент возрождения Вы узнаете, что означают слова: „Всегда радуйтесь в Господе: и еще говорю: радуйтесь!"

Друзья мои, я недавно со своими юношами я прочел чудесные слова из Библии: „А для вас, благоговеющие пред именем Моим, взойдет Солнце правды, – а им является Иисус, – и исцеление в лучах Его". Как это прекрасно! И знаете ли Вы, что написано дальше? А дальше написано: „...и вы выйдете и взыграете, как тельцы упитанные". Я редко встречаю христиан, которые бы, радуясь в Иисусе, „взыграли, как тельцы упитанные". В чем же дело, почему мы не в состоянии так радоваться? Дело в том, что мы вовсе не являемся истинными христианами! Я вспоминаю свою любимую мать. Она всегда радовалась в Господе. Вспоминаю еще многих других ликующих христиан, которые мне встречались в жизни. С наступлением старости мне самому хочется испытать все больше и больше радости в Господе. Но для этого христианство следует брать всерьез, а не довольствоваться лишь поверхностным христианством!

Итак, это одна сторона христианства. Является ли христианство личным делом? Да, конечно!

Но вот рассмотрим вторую сторону пятимарочной монеты. Истинное, живое христианское состояние имеет еще и другую сторону, которая видна всем людям.

2. Христианство – общественное дело

Общественная сторона христианства заключается в присоединении к обществу христиан. То, что я сейчас буду говорить, очень важно: истинные христиане присоединяются к тем, которые тоже хотят быть спасенными.

Каждое воскресение идет богослужение. Почему Вы не присутствуете? „Я слушаю богослужение по радио", – отвечаете Вы. Я здесь не говорю о больных, пусть они наслаждаются, слушая богослужение по радио. Но если Вас не влечет на настоящее богослужение, на собрание христиан, то Ваше духовное состояние является крайне жалким.

В 300-м году после рождения Христа, а значит, уже очень-очень давно, императором великой Русской Империи был удивительный человек по имени Диоклетиан. Когда-то он был рабом, но получив свободу, он сделал успешную карьеру и, в конце концов, стал римским императором. К тому времени христианство уже широко распространилось. Император Диоклетиан хорошо знал, что его предшественники преследовали христиан. Но он не был столь глупым, чтобы преследовать самых лучших людей. Пусть люди верят во что хотят. Это была довольно редкая, но весьма добропорядочная позиция для императора, так как правителям обычно хочется управлять и убеждениями людей. Но у императора Диоклетиана был молодой соправитель по имени Галериус. Он должен был стать его преемником. Этот Галериус однажды сказал Диоклетиану: „Послушайте-ка, Диоклетиан, если христиане возьмут верх, то получится большая неразбериха. Они постоянно говорят о своем царе Иисусе. Нам нужно против них что-то предпринять!" „Ах, – возразил Диоклетиан, – оставь меня в покое! Мои предшественники 250 лет преследовали христиан и не справились с ними. Я тоже с этим ничего не смогу сделать". Очень разумно сказано. Но Галериус продолжал надоедать: „Но христиане – особый народ. Они говорят, что имеют Духа Святого, Которого другие люди не имеют, и что они святые, а остальные – нет. Это народ высокомерный. Ты должен против них что-то предпринять!" Однако, Диоклетиан вновь отклонил преследование христиан. Галериус же постоянно жужжал ему в уши, пока Диоклетиан не сдался: „Хорошо, мы запретим только христианские собрания". Итак, был издан декрет: „Каждый желающий может быть христианином. Но христианам запрещается проводить собрания. За нарушение запрета – смертная казнь". Каждый мог быть христианином только для себя лично, так сказать – это дело личное, но собираться им было запрещено! Тогда старейшины христиан собрались на совет: „Что делать? Может быть, нам стоит уступить? Ведь каждый может дома делать все, что хочет. Там ему никто ничего не сделает". И вот, самое интересное то, что христиане, жившие во времена гонений, решили: „Собираться следует для молитвы, пения, проповеди, слушания Слова Божия и жертвы. Это просто неотделимо от христианства. Мы будем продолжать собираться! Они и дальше продолжали собираться в своих общинах. Галериус торжествовал: „Ты видишь, Диоклетиан! Они – государственные преступники! Они непослушны!“ И началось одно из жесточайших гонений на христиан.

Многие тогда уступили, говоря: „Можно же и дома быть христианином! Мы не пойдем в собрания!“ – и спасли себе жизнь. Но христианская община признала их отпавшими. „Кто не посещает христианского собрания, тот отпал“.

Это стоит сказать современным христианам. Среди них очень много таких отпавших. Правы были христиане того времени, что не подчинились декрету императора! В Библии ясно написано: „Не оставляйте собраний ваших, как у некоторых есть обычай!“ Сейчас следует сказать: „Как у почти всех есть обычай!“ А поэтому я прошу Вас всех, желающих получить спасение, присоединиться к тем, у кого есть серьезное желание быть христианином! Таких возможностей общения существует много. Есть церковные общины. Есть домашние библейские кружки. Есть общественные движения, молодежные кружки. Я Вас убедительно прошу искать общения! Один француз мне однажды сказал: „Одни с удовольствием едят селедку, другие с удовольствием ходят в церковь“. Но дело обстоит намного серьезнее: одни идут в ад, а другие присоединяются к христианам. Вот как в действительности обстоят дела! И если Вы действительно хотите следовать за Иисусом, то пойдите к своему пастору и спросите, к кому Вам лучше присоединиться, где Вы больше услышите об Иисусе. И пойдите туда, где Вы действительно услышите о Спасителе! Повсюду есть люди, которые любят Господа Иисуса. Возможно, их немного. Возможно, это иногда и странные люди. Но Ваше христианское состояние будет мертвым, если Вы не будете общаться с христианами!

Истинному общению христиан свойственно следующее: во-первых – пение, во-вторых – слушание Слова Божьего, в-третьих – молитва, в-четвертых – пожертвование. Все это относится к христианскому собранию. Так поступали первые христиане. Это проявление жизни, исходящей от Бога.

Истинное христианство лишь там, где имеется общение. В Библии даже сказано: „Мы знаем, что мы перешли от смерти в жизнь, потому что любим братьев“. А это означает: кого не тянет к другим христианам, тот еще духовно мертв!

Я до сих пор не могу забыть свое начало пасторского служения в Билефельде, где в одном из округов я был помощником проповедника. Лишь немногие собирались на служения в церковном зале. Но вот, по воле Божией, в один из субботних вечеров я имел возможность беседовать в рабочем клубе до часу ночи. В час ночи хозяин клуба выгнал нас на улицу. Шел дождь. Впервые вокруг меня собралось около 100 мужчин – фабричных рабочих моего округа. Мы стояли под фонарем. Они спрашивали, я отвечал. Мы говорили об Иисусе, что Он пришел из другого мира. Мы говорили о том, что они несчастны, что неправда, будто у них нет грехов, и, в общем-то, они верят в существование вечности и Божьего Суда. В два часа ночи я сказал, что иду домой. Завтра утром, в полдесятого, мне нужно проводить богослужение. „Я знаю, что Вы с удовольствием бы пришли, если бы не боялись друг друга“, – сказал я им. Это были вестфальцы. Передо мной стоял рабочий Б. Тогда ему было лет 35, это был настоящий вестфалец. „Разве я кого-нибудь боюсь? – ответил он. – Об этом и речи быть не может!“ Но я ему возразил: „Успокойся, друг, в понедельник тебя на фабрике подняли бы на смех, если бы в воскресенье ты пошел в церковь. А этого ты боишься!“ – „Не боюсь!“ – еще раз возразил он. Но когда я опять выразил сомнение, он сказал: „Ладно! Я приду завтра утром со сборником духовных гимнов!“ В воскресение утром, то есть, через несколько часов после нашего разговора, этот вестфалец идет по улице на богослужение со сборником духовных песен. В этом квартале все друг друга знали. В понедельник вечером он приходит ко мне и говорит: „Вы были правы, на фабрике мне здорово досталось за то, что я ходил в церковь! Теперь я заметил, какой террор у нас царит: мы кричим о свободе, а сами являемся жалкими рабами людей. Но я остался при своем. Расскажите мне теперь больше об Иисусе!“ Он стал моим первым, искренне покаявшимся прихожанином.

Понимаете, все началось с того, что он пришел на богослужение бедной маленькой общинки. И вот, когда решился один, стали приходить и другие. Брешь была пробита. Затем Бог благословил еще многих. Но мне бросилось в глаза, что этим рабочим нужна была сила воли, чтобы прийти общаться с нами, христианами.

Я умоляю Вас – во имя спасения Вашей души – присоединитесь к христианским общинам. Я не пропагандист церкви и пасторов или общин и их руководящих братьев, но речь идет, в первую очередь, о Вашем спасении!

И второе, что относится к общественной стороне истинного христианства: что мы должны исповедовать Иисуса Христа устами.

Мы попали в нелепую ситуацию, думая, что, уплатив свой церковный налог, мы предоставляем дело распространения Евангелия пастору, а остальное нас не касается. Как мне иногда хочется, чтобы вообще прекратилось это собирание церковных налогов, чтобы христиане, ученики Христа, знали, что распространение Евангелия – не только дело пастора, но и их дело, чтобы об имени Иисуса узнали везде, где мы находимся: на предприятиях, в школах, в учреждениях. Свидетельствовали ли Вы когда-нибудь о том, что Иисус действительно жив, что сквернословие является грехом, что рассказывать непристойные анекдоты является позором перед Богом? Свидетельствовали ли Вы когда-нибудь о том, что Вы принадлежите Иисусу? Люди обязательно бы насторожились. Я должен Вам сказать, что пока у нас не хватает мужества признать нашего Спасителя, до тех пор мы вообще не являемся истинными христианами!

Слушайте внимательно, Иисус говорит: „...всякого, кто исповедает Меня пред людьми, того исповедаю Я пред Отцом Моим Небесным, а кто отречется от Меня, отрекусь от того и Я пред Отцом Моим Небесным“.

Как будет ужасно, когда однажды, в день суда, называвшие себя христианами, предстанут и скажут: „Господь Иисус! Я тоже верил в Тебя!“ А Иисус скажет Отцу: „Я не знаю их!“ – „Господь Иисус, я же был...“ – „Я не знаю тебя! Твой сосед не знал о том, что идет дорогою в ад! Ты его никогда не предупреждал, хотя ты знал о пути, ведущем в жизнь! Ты молчал в беседе с людьми мира, когда следовало открыть уста и исповедовать Спасителя!" Вы, возможно, возразите: „Да, но я и сам был слаб в вере!" Тогда Господь Иисус ответит: „В таком случае, ты должен был исповедовать свою слабую веру! И слабая вера имеет сильного Спасителя! Впрочем, ты мог бы исповедовать не свою веру, но Меня! Я не знаю тебя! Всякого, кто исповедует Меня пред людьми, того исповедаю и Я пред Отцом Моим Небесным, а кто отречется от Меня пред людьми, отрекусь от того и Я пред Отцом Моим Небесным", – это сказал Иисус. А Он не лжет! Когда же у нас вновь появится мужество открыть уста?

Я должен рассказать Вам еще одну историю. Несколько недель тому назад я проповедовал в одном из городов Рурской области. Организатором собраний был один молодой мастер – автомобилист, мой друг Густаф. Этот Густаф стал радостным и полномочным свидетелем Иисуса потому, что в решающий момент научился исповедовать Иисуса. В понедельник утром каждый в мастерской рассказывает о своих мерзких похождениях. Один говорит о том, как они напились до безобразия, другой рассказывает о своих приключениях с сомнительными девицами. „А ты где был, Густаф"? – спросили его, бывшего тогда еще учеником. „Я утром был на богослужении, – ответил он, – а после обеда я посетил молодежный кружок у пастора Буша". И посыпались насмешки со всех сторон, так что маленький ученик совсем растерялся. И тут, когда его друзья вместе с мастером издеваются над ним, его вдруг охватывает негодование, и он думает: „Почему среди христианства исповедовать мерзости можно, а Спасителя нельзя?!" В тот же момент он решает приобрести сотрудников мастерской для Иисуса. Он начал со своих соучеников, сказав некоторым из них, что они идут прямой дорогой в ад, и пригласил их посетить юношеский кружок, где они смогут услышать о Христе. Когда после выпускных экзаменов он стал мастером, мастерская выглядела совсем иначе. Я убедился в этом лично. Все ученики были участниками нашего юношеского кружка. Никто в мастерской не осмеливался рассказывать непристойные анекдоты. Если какой-нибудь новичок пытался заводить грязные разговоры, его останавливали: „Прикрой рот! Густаф идет!" Все пред ним благоговели. Сейчас он занимает прекрасное место руководителя большой автомастерской. Так Бог благословил его и физически.

Я спрашиваю еще раз: „Где же, наконец, те христиане, у которых достаточно мужества открыть уста и исповедовать Иисуса?!“ В какой мере мы это совершаем, в той же возрастаем и духовно! Является ли христианство личным делом? Нет! Мы должны свидетельствовать перед миром об Иисусе. Прекратите свое жалкое молчание! Иначе Иисус отвернется от Вас в День Оный!

Когда, во времена третьего рейха, моих 16-17-летних молодых парней в массовом порядке призывали в армию, я каждому из них дарил маленькую Библию и говорил: „Будьте внимательны! Когда Вы приступите к своей службе, то в первый же вечер положите свою Библию на стол, откройте ее в присутствии всех и читайте. Это вызовет взрыв негодования. Но на второй день вы победите. Если Вы этого не сделаете в первый день, то Вам никогда не праздновать победы. И парни поступали именно так. В первый же день Библия открывалась на столе. „Что ты там читаешь?!“ – „Библию!“ Это действительно каждый раз действовало подобно взрыву ручной гранаты, потому что в немецком христианстве можно читать всякую грязь, но только не Библию. С моим другом Паулем, который, к сожалению, погиб, случилось так, что когда он на следующее утро открыл свой шкаф, то Библии в нем не оказалось. Он оглянулся, все ухмыльнулись. „Вы украли мою Библию? – спросил он. – Куда Вы ее дели?“ – „Она у обер-фельдмейстера!“ И он понял, что ему предстоит борьба не на жизнь, а на смерть. Вечером он уединился в укромное место и помолился: „Господь Иисус, я здесь одинок. Мне только 17 лет. Прошу Тебя, не оставь меня! Помоги мне свидетельствовать о Тебе!“ После этого он идет к оберфельдмейстеру и стучится к нему. „Войдите!“ – слышит он.

Обер-фельдмейстер сидит за письменным столом, на котором лежит Библия Пауля. „Что ты хочешь?“ – „Господин обер-фельмейстер, верните мне, пожалуйста, мою Библию. Она принадлежит мне!“ Он берет Библию, листает ее: „Значит, она принадлежит тебе?! Разве ты не знаешь, что это очень опасная книга?“ – „Так точно, господин обер-фельдмейстер, это я знаю. Библия опасна даже тогда, когда она заперта в шкафу. Даже тогда она доставляет беспокойство!“ Обер-фельдмейстер подымается: „Присядь-ка!“ И тогда он признается: „Было время, когда я хотел изучать теологию“. – „Значит господин обер-фельдмейстер отпал от веры?“ – спросил Пауль. Затем началась чудесная беседа, в продолжении которой 40-летний говорит 17-летнему юноше о том, что он очень несчастен, но не может ничего вернуть назад, так как слишком многое пришлось бы потерять. На что юноша ответил: „Бедный обер-фельдмейстер! Но Иисус достоин любой жертвы!“ Обер-фельдмейстер отпускает юношу со словами: „Ты – счастливый человек!“ – „Так точно, господин обер-фельдмейстер!“ – подтвердил Пауль и ушел со своей Библией в руках. Никто в лагере больше не говорил ни слова!

О, где же христиане, у которых достаточно мужества постоять за свое дело?!

Является ли христианство личным делом? Да! Возрождение и жизнь по вере отражаются на внутренних скрижалях сердца!

Является ли христианство личным делом? Нет! Христиане объединяются для богослужения в общины, в домашние библейские кружки, в молодежные кружки, в женские кружки, в мужские кружки. Христиане открывают уста и исповедуют своего Господа. Мир должен знать, что Бог, посредством Христа зажег огонь!

Когда погибнет мир?

Недавно у меня был разговор с одним промышленником. Он похлопал меня по плечу и сказал: „Господин пастор! Вы поступаете прекрасно, призывая юношей держаться добра!" На что я ему ответил: „Честно говоря, я не питаю больших надежд. В Библии сказано, что сердце человека испорчено с юных лет. И поэтому я думаю, что призывы многому не помогут. Я желал бы чего-то совершенно другого". – „Чего же?" – „Я очень желал бы, чтобы эти юноши стали достоянием Господа Иисуса и, как на земле, так и в вечности, были детьми Божьими!" – объяснил я ему. – „Ах, господин пастор, – возразил он на это, – что это за слова? Мы же хотим иметь под собой прочный фундамент!" Хорошие слова, не правда ли? „Мы же хотим иметь под собой прочный фундамент!" Я громко засмеялся и спросил: „Какой фундамент Вы, в сущности, хотите иметь, мой дорогой господин директор? Неужели Вы еще не заметили, что опора, которую мы имеем под нашими ногами, уже давно качается?" Думаю, что не нужно быть директором промышленного предприятия, чтобы заметить, что опора под нами стала крайне ненадежной. Все человечество объято страхом: все ищут безопасности, но каждый чувствует, что ее нет. Одни заводят себе чековые книжки в Швейцарии, другие строят себе бомбоубежище в Боливии. Где-нибудь уж будет безопасно. И все же мы чувствуем, что в конечном итоге нигде не безопасно! И естественно, в наше время опять ребром встал вопрос: „Что будет дальше с нашим миром?" Вопрос: „Когда погибнет мир?" – прямо-таки стал знамением нашего времени.

Несколько лет тому назад появился спектакль „Физики" известного швейцарского писателя Дюрренматта. Он заканчивается тем, что один из физиков делает очень мрачный прогноз: однажды человечество уничтожит себя атомной бомбой. А затем буквально сказано: „В конечном итоге где-то непрерывно и бессмысленно будет вращаться радиоактивная земля". Так что форменным образом видишь перед собой вымершую, разрушенную землю, бессмысленно вращающуюся в космосе. Достойно внимания уже то, что современный писатель так жестоко говорит о гибели мира. Но я не думаю, чтобы случилось так, что радиоактивная земля будет вращаться где-нибудь во вселенной. Если я сказал бы об этом писателю Дерренматту, то он бы в свою очередь спросил: „Почему Вы так считаете? Ведь в настоящее время все идет к этому!“ Я объяснил бы ему: „Потому, что в Библии написано иначе. Господь Иисус сказал, что род человеческий не прекратится до конца“. Значит, произойдет все не так, как Вы думаете, даже если все очень похоже на такой исход!“

Естественно, возникает вопрос: кому, собственно, верить в предсказание ожидаемого исхода. Существуют два несостоятельных метода, якобы предсказывающих будущее.

Одним из этих методов прекрасно владел Иосиф Геббельс. Он заключается в том, что о будущем просто сочиняются небылицы. Я как сейчас слышу: „Через пять лет немецкие города станут красивее, чем когда-либо“. Итак, этот метод заключается в том, что желаемые картины проектируются в тумане, скрывающем будущее. Мастерами этого метода являются так называемые „свидетели Иеговы“. Те, кто постарше из нас, еще помнят, как в 1925 году на всех перекрестках висели плакаты: „Миллионы людей, живущие в настоящее время, не умрут“. Это меткое слово исходило от так называющихся „серьезных исследователей Библии“. Но люди тогда умирали, как никогда раньше в истории человечества. Просто-напросто о будущем было выдумано нечто прекрасное. Позднее они изменили свое название в „свидетелей Иеговы“. Теперь они, видимо, опять что-то придумывают.

Другой несостоятельный метод заключается в предсказаниях гадателей. Об этом я вовсе ничего не знаю и знать не хочу: о гадании, спиритизме, раскладывании карт, гороскопе и тому подобном. И скажу Вам, почему я об этом ничего знать не хочу. В моей Библии несколько раз говорится: „Так говорит Господь. Кто обращается к гадателям и прорицателям, тот должен быть изгоняем из народа Моего“. Но так как для меня чрезвычайно важно принадлежать к народу Божьему, то я остерегаюсь увлекаться подобными делами. Я прошу и Вас, во имя спасения Вашей души: уединитесь, призовите Иисуса, признайте пред Ним свой грех и молите о прощении!

Я решительно доверяю Слову Божьему в Библии. Во-первых, оно просветляет, ибо запечатлено истиной. Во-вторых, мужи Библии говорили: „Так говорит Господь!“ Таким образом, существует истинный путь определения будущего: о будущем говорит нам Библия.

Когда последняя война достигла своей кульминации, тайная полиция запретила мне проповедовать. Мне запрещалось разъезжать со своими докладами. Проповедовать мне разрешалось только в Эссене. И если я даже каждый вечер проводил библейский час в каком-нибудь бомбоубежище города, погибающего под градом бомб, то все же у меня было много свободного времени. Его я использовал для того, чтобы по-настоящему изучить Откровение Иоанна, последнюю книгу Библии. При этом мне открылось: „Ведь эта книга чрезвычайно актуальна!“, и я решил поделиться кое-чем из того, что я тогда из нее почерпнул.

И вот, я хочу Вам показать, что совершенно определенно говорит о будущем Библия.

1. Иисус придет еще раз

Об этом Библия говорит совершенно ясно: центром всех событий, ожидаемых христианами в будущем, является великое событие – пришествие Иисуса Христа во славе!

Когда Он возносился на небо, Его ученики стояли и смотрели, как Он исчезал в другом измерении. „И облако взяло Его“, – сказано об этом. Вдруг перед учениками предстали два вестника Божьих, говоря: „Сей Иисус, вознесшийся от вас на небо, прийдет таким же образом, как вы видели Его восходящим на небо!“ Иисус снова придет! Однажды Господь Иисус снова во славе явится – из Божьего измерения – в наш мир! Это является надеждой христиан.

Я должен Вам рассказать о том, как мне однажды открылась эта несколько чуждая весть. Около 35 лет прошло с тех пор, как я молодым пастором попал в шахтерский округ Эссена. И вот я – 27-летний парень – оказался среди 12 тысяч шахтерев. Ни одного человека не интересовала моя весть. Посреди округа располагалась большая унылая площадь, окруженная домами казарменного типа. В одном из углов этой площади был маленький домик, в котором я соорудил небольшое помещение для проведения библейских часов. Как хорошо было, что постепенно стали приходить люди: несколько шахтеров, коммунистов и вольнодумцев, которым захотелось послушать, что может сказать этот „поп“, несколько старушек, несколько детей, два-три молодых парня. Дошло до смешного: образовавшаяся маленькая община привела в возбуждение всех жителей округа. В конце концов, нас стали постоянно тревожить. Однажды нам разбили окна. Тогда мы сделали ставни. В другой раз по этим ставням загремели камни. В следующий раз возле дверей, ведущих в помещение, устроили игру в футбол консервными банками, так что нельзя было услышать собственного голоса. Иногда перед нашим помещением устраивались демонстрации со свирелями. На улице пели: „Никто не даст нам избавленья, ни Бог, ни царь и ни герой. / Добьемся мы освобожденья своею собственной рукой!“ А мы, сидящие внутри, пели: „Бог есть любовь! / О, какое счастье!“ Да, это были времена! Однажды было особенно жутко, как будто в действительности ад и дьявол с цепи сорвались. А потом случилось то, что я никогда не забуду: в дверь вдруг что-то с треском ударилось, и на землю упало что-то тяжелое. Я подумал: не бомбу ли подбросили и услышал, как все люди на улице разбежались. Наши сердца замерли. За дверьми все стихло. Я рывком открыл дверь и увидел большое железное распятие, наполовину лежащее в луже. Оно было мне знакомым: я его видел в католическом мужском монастыре. Теперь оно там сорвано и брошено нам под дверь: „Вот вам ваш Христос! В грязь Его!“ Был темный ноябрьский вечер. Шел дождь. Распятие лежало в луже. Я стоял на этой унылой площади, окруженный казармами. За мной стояла маленькая община, дрожа от страха. А изображение распятого Спасителя лежит в луже! Я подумал: Бог имел бы тысячи оснований отступиться от этого мира. Но Он этого не делает! Он посылает Своего Сына! И этот Сын Божий совершает нечто неслыханное: Он берет на себя наши грехи и позволяет Себя пригвоздить ко кресту. А человек, вместо того, чтобы пасть пред Ним и молиться, бросает Его изображение в лужу. Так человек плюет в протянутые руки Божьи! И вот еще что: те хоть только ненавидели Иисуса, а наши современники не просто ненавидят Его. Своим полным безразличием они, если так можно выразиться, бросают Его крест в лужу! Мной овладела мрачная ярость. Я думал: что же теперь сделает Бог? Ведь не иначе, как огонь с неба пошлет!" Но никакого огня с неба не последовало. Издали доносился злорадный смех. Это смеялись надо мной. Тогда мне вдруг вспомнилось: „Да не будет поругаем Сын Божий, умерший за весь мир." Не будет! Он только пока скрывает Свою власть и славу. Но наступит день, и все встанет на свое место. Тогда весь мир, пренебрегший Им, увидит, что Он является единственным шансом спасения, что Он является Князем мира! Второй раз Он придет во славе. Когда в тот дождливый вечер я стоял на унылой площади между своей общиной и лежащим в луже распятием, я впервые по-настоящему обрадовался вести о втором пришествии Иисуса. Возвратившись в зал, я взошел на кафедру, открыл 24-ю главу от Матфея и прочел: „...и увидят Сына Человеческого, грядущего на облаках небесных с силою и славою великою". И с тех пор я радуюсь этому.

Вы знаете, когда я вижу, как пренебрегают моим Спасителем, Спасителем, Который спасает от погибели, прощает грехи, приносит счастье, то я радуюсь тому дню, когда мантия пренебрежения с Него спадет и Он сойдет на землю во славе!

Когда я в Эссене впервые зашел в молодежный клуб, то увидел одну-единственную картину на стене. В большом зале, где собирались сотни молодых парней, висела картина, изображающая пришествие Христа. Внизу виднелся город, а над ним облака, в которых был белый конь. На коне сидит Он, Царь, и поднимает руку, пронзенную на кресте. При виде этой картины я сказал своему предшественнику, пастору Байгле: „Не выглядит ли эта единственная картина, которую ты здесь повесил, немного смешной для молодежного клуба? Я бы повесил какую-нибудь другую!" Но он пояснил: „Дорогой брат Буш! Всю неделю ребята находятся в конторах, школах, фабриках, шахтах. Когда они там свидетельствуют об Иисусе, над ними насмехаются и издеваются! Когда они не соглашаются со всеми вместе грешить, их высмеивают и оскорбляют. В таких случаях они часто унывают. Здесь же эта картина должна им напоминать: Иисус – Победитель, в этом нет никакого сомнения, и властелином мира будет только Иисус!“

Что такая надежда прекрасна, я уже не раз испытал в своей жизни. Во времена третьего рейха меня арестовали, после того как я в большом собрании в Дармштадте проповедовал об Иисусе. В машине возле меня сидел эсэсовский комиссар. Вокруг нас стояли сотни людей. Эсэсовцу, сидевшему за рулем, было приказано ехать. Но мотор не заводился. „Трогай!“ – кричал комиссар. Я сидел рядом в качестве арестованного. Но мотор не заводился. В это время со ступенек церкви, из возбужденной толпы, раздался пронзительный голос одного молодого человека: „Иисус – Победитель, в том нет сомнения, и Властелином мира быть Христу! С тех пор, как Он восстал из смерти тленья, все отдано во власть Ему, и после горьких мук на кресте вознесся Он к трону Отца. Да, Иисус – Победитель!“ Молодой человек растворился в толпе, а автомобиль наконец завелся. Я сказал комиссару: „Бедный Вы человек! Победа все же на моей стороне!“ Он съежился и пробормотал: „Я раньше тоже принадлежал христианскому союзу молодежи“. – „Да? – удивился я, – а теперь Вы преследуете христиан? Бедный человек, я бы не хотел быть на Вашем месте!“

Мы ехали в тюрьму, а мне открылась перспектива пришествия Христа.

Чем мрачнее становится в мире, тем более важным становится ожидание пришествия Иисуса.

Знаете, это пришествие Иисуса во славе на землю будет уже третьим пришествием.

В первый раз Он пришел, ставши человеком, младенцем, рожденным Марией. Он лежал в яслях Вифлеема. Это событие мы празднуем в Рождество, если мы вообще еще знаем в чем дело: а именно, что Сын Божий стал человеком, чтобы стать нашим братом, чтобы мы могли стать детьми Божьими.

Второе пришествие Христа происходит духовно в настоящее время. Он сказал: „Се, стою у двери и стучу: если кто услышит голос Мой и отворит дверь, войду к тому...“ Знаете ли, почему проводится евангелизация? Мы хотим помочь Иисусу, чтобы Он мог войти к Вам. В Библии написано:

„Тем, которые приняли Его, дал власть быть чадами Божьими". Вам надо открыть свое сердце!

А в третий раз Он придет во славе сюда, на эту землю. Видите, какая последовательность. К тому времени мы испытаем все формы власти: конституционную монархию и абсолютную монархию, президентскую демократию и народную демократию, диктатуру и прочее. Тогда мы увидим, что все они не годятся. Тогда Иисус, мой Царь, должен доказать, может ли Он управлять?!

2. Что предшествует пришествию Иисуса

В Библии говорится, что мировая история развивается на протяжении ряда веков, но незаметно наступит время, когда мировая история приблизится к своему концу. Для обозначения этого времени я хочу воспользоваться термином, которого в Библии нет. Назовем это время „последним временем".

В Библии сказано, что наступит время всеобщей беспомощности, когда перед человечеством возникнет масса проблем. В это последнее время люди будут растерянны и беспомощны. Сам Иисус назвал четыре признака последнего времени. Он говорит, что последнее время характеризуется политическим хаосом. Это выражается так: „Восстанет народ на народ, и царство на царство". Никогда раньше не было такого времени, как сейчас, когда высокооплачиваемые дипломаты проводят столько дорогостоящих конференций. Еще не было такого времени, чтобы так бессмысленно тратили средства народов на вооружение, как в наши дни. На средства, которые тратятся на атомное вооружение, можно было бы построить крупные города и обеспечить всех, нуждающихся в жилье. Но вместо этого говорят: мы должны вооружаться. Самое маленькое государство должно иметь атомные бомбы! И, в то же время, стремление народов к миру еще никогда не было столь велико. Мы хотим мира. Ни один человек не желает войны. Но каждый бешено вооружается. Это и является признаком политического хаоса последнего времени. Вторым признаком, который называет Иисус, является беспомощность в области экономики. Иисус говорит: „Будут глады, моры". На земле произрастает достаточно пищи, для того чтобы насытить всех людей. Еще никогда не было столько ученых экономистов, как в настоящее время. Никогда еще не было такой сложной экономики, как в наши дни. И, несмотря на это, по сообщению ООН, более половины человечества не едят досыта. Неужели в таком высокоцивилизованном обществе, имеющем достаточно благ, невозможно насытить всех людей? Но нам этого не удается сделать. Экономическая беспомощность возрастает!

Третьим признаком последнего времени Иисус называет религиозный хаос, когда у человечества в этой сфере появляется масса проблем. Иисус это выражает так: „Скажут вам: вот здесь Христос или там".

Недавно один молодой человек спросил меня: „Чему же мне, собственно, верить? Есть католики, православные, реформисты, лютеране, униаты, методисты, баптисты, армия спасения, пятидесятники, иеговисты, новоапостольские церкви, ислам, буддизм и так далее. Чему же мне верить?" Я засмеялся и сказал: „Молодой человек, не отчаивайтесь, в Библии говорится о том, что будет еще хуже".

Это признаки последнего времени. Сатана смущает людей, которые не могут ориентироваться в Слове Божьем. И Бог это допускает. „Христос тут, Христос там". Религиозная путаница ужасна. Мне становится жутко, когда я вижу, как в крупных городах люди кидаются от одной религиозной сенсации к другой. И между прочим, я должен Вам сказать, что ни один евангелист Вас не сможет спасти. Если Вы сами не придете к Спасителю, Вам никто никогда не поможет!

Есть еще и четвертый признак последнего времени: народ Израильский, рассеянный по всей земле, должен вновь собраться в Палестине. Для меня самым волнующим признаком последнего времени является то, что существует Израильское государство. Некоторые еще не считают его существование признаком нашего времени, но когда мне недавно пришлось остановиться у швейцарской границы возле таможни, и передо мною стояла машина с израильским государственным знаком, то я невольно подумал: библейские обетования исполняются. Об этом свидетельствуют даже номерные знаки автомобилей!

Мой отец рассказывал, что в 1899 году евреям предложили основать свое государство на Мадагаскаре. Но евреи сказали: „Нет, у нас только одно обетование: земля отцов!“ Весь мир же считал: „Этому никогда не бывать!“ Однако государство Израиль в настоящее время существует.

Итак, последнее время характеризуется тем, что, несмотря на прогресс, человечество становится все беспомощней и не может справиться со своими проблемами. Бессилие человечества разоблачено. Библия не говорит об определенном количестве лет, но предупреждает: „Бодрствуйте!“ Павел говорит так об учениках Иисуса: „Мы не из тех, которые спят, мы – сыны дня, будем бодрствовать и молиться“.

Но когда это время беспомощности человечества достигнет своей кульминации, то прежде пришествия Иисуса наступит время антихриста. Этот отрезок времени я бы назвал концом. Беспомощность последнего времени мы испытываем уже сейчас. Эта беспомощность требует сильного правителя! Весь мир уже сейчас требует этого. Когда беспомощность достигнет своей кульминации, то явится сильный, великий правитель, который назовет себя Спасителем мира. Но это не Христос, а антихрист.

По словам Библии, из людского моря восстанет диктатор, который возьмет в свои руки власть над всем миром. Мы назовем его антихристом. Придет время, когда весь мир будет находиться под его властью. Этот отрезок истории характеризуется упорством человека. Это последняя попытка мира спасти себя посредством политики и экономических программ. Библия увлекательно рассказывает о последней, великой диктатуре. Она говорит о ней образно. Чтобы это понять, нужно позволить Святому Духу просветить нас. Я хочу Вам рассказать, что говорит Библия об антихристе, этом последнем тиране. Пророк Иоанн говорит: „И стал я на песке морском. Вдруг из моря выходит зверь, ужасное чудовище с многими головами и коронами. Огромные уста его богохульствовали“. Как понять этот величественный образ? Море – это человечество. Кто бывал у моря, тот знает, каким беспокойным оно бывает, оно почти никогда не бывает в полном покое. Так же и человечество. Оно не бывает спокойным. Оно постоянно волнуется. Из глубин человечества выйдет последний спаситель мира. Все великие политические деятели последних десятилетий также выступали в роли спасителей. Все они были выходцами из народной массы: маленький корсиканец Наполеон, ефрейтор мировой войны Адольф Гитлер. Все они – предшественники антихриста. Они низкого происхождения. Народ же восхищенно восклицает: „Он из нашей среды!“ Мой Спаситель – Иисус Христос, не происходит из народной толпы, но из мира Божьего, Он – Сын Бога живого!

Антихрист назван зверем. Что это значит? О человеке в Библии сказано: „Бог сотворил человека по образу Своему“. Чем ближе я становлюсь к Богу, тем более человечным я становлюсь. Чем больше человек отворачивается от Бога, тем чудовищнее он становится. Ярый враг христианства, Ницше, говорил: „Самым благородным человеком является белокурая бестия“. Он это понял. Антихрист будет человеком, который полностью отвергает Бога и поэтому назван зверем – бессердечной бестией.

Зверь со многими головами. Что это должно обозначать? Это значит, что он не глуп! У него „львиная пасть“. Это значит, что он наполнит весь мир пропагандой. Что-то подобное мы уже имели... из разных громкоговорителей. О, я себе представляю, как с пришествием антихриста все будет низвержено бессмысленной пропагандой! И ему будет сопутствовать удача, это будет последней попыткой человека спасти мир без своего истинного Спасителя, Иисуса Христа. Это попытка спасти человека без раскаяния и возрождения. Все вопросы найдут свое решение.

Будут решены политические проблемы, так как антихрист создаст единое всемирное государство. Экономические проблемы будут решены. Каждый получит продуктовую карточку. Будут решены религиозные проблемы. „Я Спаситель мира, – скажет антихрист, – поклоняйтесь мне!“

Жутко быть свидетелем того, как наше время мчится навстречу этому концу.

Тогда весь мир будет принадлежать антихристу, только христиане скажут: „Мы не поклонимся тебе!“ Каждый должен будет иметь начертание на челе. Но христиане скажут: „Нет! У нас один Спаситель и это – Иисус!“ И тогда начнется преследование. В Библии сказано: „Кто не примет этого начертания... не сможет ни покупать, ни продавать". 150 лет тому назад толкователь Ауберлен писал: „Пока нам это не совсем понятно, но настанет время, когда все прояснится". А нам уже понятно. Нам уже знакомы подобные государства. Мы уже знаем, что это значит, когда говорят о человеке, не имеющем разрешение на место жительства, не имеющем хлебных карточек и трудовой книжки. Пусть он верит во что хочет, но родины и прав он не имеет. Такое случается и среди нас.

Когда я читал о подобном, то был потрясен и думал: существуют люди, которые считают, что Библия устарела. Но устарела не Библия, а наше мировоззрение. Библия же является путеводителем в будущее.

Антихрист может допустить все, кроме признания истинного Спасителя, Господа Иисуса Христа. По этой причине должно быть еще одно большое преследование христиан.

Когда я однажды рассказывал об этом своим детям, то моя маленькая дочка заплакала. Я спросил ее: „Дитя мое, почему ты плачешь?"

Всхлипывая, она ответила: „Это же может начаться в любой день". – „Да, может", – сказал я. „А если я своему Спасителю не смогу остаться верной, что тогда?" – продолжала она, всхлипывая. На это я ей ответил: „Это было бы ужасно. Но тебе нужно лишь одно: уже в настоящее время твердо стоять на Его стороне". Это может разразиться даже завтра. Тогда у нас больше не будет возможности найти Иисуса. Тогда не будет богослужений. Все церковные колокола будут переплавлены на изготовление памятников антихристу. Церкви будут превращены в музеи, в которых выставят фотографии, изображающие антихриста во время его юности. Люди будут жаждать утешения. Тогда утешителя не будет, потому что они пренебрегли единственным Утешителем – Иисусом. Я читал у пророка Иеремии такие слова: „Так как вы пренебрегли Мною, говорит Господь, не будет вам Утешителя". Тогда, во всей своей безутешности, человек будет зависеть только от человека. Я считаю, что христиане – счастливые люди, даже если им придется умереть. У них есть Утешитель и в это ужасное время!

Меня взволновали слова Иисуса: „Люди будут издыхать от страха и ожидания бедствия, грядущих на вселенную". В Откровении Иоанна говорится, что антихрист наполнит мир музыкой медных духовых инструментов и флагами. Я подумал: как это понять? С одной стороны говорится о страхе и ожидании, а с другой упоминаются большие достижения. Но, начиная с 1933 года, я знаю, что мир может быть наполненным приветственными возгласами, музыкой духовых инструментов и знаменами и в то же время страхом и ожиданием бедствия, грядущего на вселенную.

Но когда антихрист будет находиться на вершине славы, когда он будет праздновать победу, думая, что Иисус побежден, тогда в события вмешается Бог: Иисус придет во славе! Об антихристе больше речи не будет. Он будет сметен с лица земли дуновением уст Иисуса!

Чем мрачнее становится время, чем большую выразительность приобретают ужасное бессилие человека и государства антихриста, тем выше поднимают свой взор люди, читающие Библию. Они ожидают пришествие Иисуса!

3. Что произойдет после пришествия Иисуса

В Библии описывается еще несколько крупных событий. Во-первых, что Иисус будет тысячу лет царствовать на этой земле. Это, по-видимому, сказано образно и должно значить, что Иисус будет иметь власть долгое время. Последовательность событий следующая: вначале обнаружится полная беспомощность человечества; затем последует последняя попытка спасти мир упорством человека; затем будет господствовать мой Царь. А Он умеет управлять! Советую Вам посетить такие семьи, в которых управляет Иисус. Да, уже и сейчас есть такие дома, где царит Иисус. Вошедши в такой дом, Вы сразу почувствуете там иную атмосферу!

Я знал одну молодую чету. Однажды муж пришел ко мне со словами: „Я капитулирую пред Богом. До сих пор я отвергал Бога, я публично выступал против Него. Но больше так жить я не могу!“ Выяснилось, потерпел крушение в своей молодой семейной жизни. Он рассказывал: „Я хотел доказать всему миру, что счастливую семейную жизнь можно вести и без Него“. Но вот все рухнуло. Они подрались возле трупа своего первого ребенка. Теперь он признал: „Бог против нас. Я поднимаю белый флаг". Похороны ребенка, в которых я затем принимал участие, были потрясающими. В центре – гроб с ребенком. Напротив – молодая, красивая, но ожесточенная жена со своими приверженцами. Два мира, две группировки, а между ними – мертвое дитя. Прошло более года, прежде чем и жена уверовала в Господа Иисуса. Я никогда не забуду, как в пасхальное утро я получил от нее записку: „Он воскрес и в моем сердце!" После этого они вновь поженились, ведь они не венчались по-настоящему. И они начали новую жизнь. Это были очень самостоятельные, умные люди. Теперь их жизнь была чудесной. „Раньше жизнь у нас не ладилась", – говорил Он. „Почему же теперь все хорошо?" – спросил я. На что он радостно ответил: „Потому, что сейчас у нас царит Христос. Теперь моя жена не требует, чтобы ее воля исполнялась, и я не говорю, что право власти за мной. Теперь мы ставим вопрос так: „Что угодно Иисусу?" – и все у нас ладится!" Тогда я понял: если Иисус уже здесь управляет в домах так хорошо, прекрасно и славно, то каково будет, если Он будет управлять всей землей! Тысячелетнее Царство будет чудесным. Представьте себе Иисуса Царем! „О славный день, / где солнце – Ты, Иисус!"

После периода царствования Иисуса, счастливое человечество будет еще раз испытано, действительно ли переродились сердца. Дьявол будет буквально выпущен на свободу и обнаружится, что сердце человеческое, в сущности, не изменилось и человечество осталось прежним. В Библии отмечено, что это будет последним мятежом против Бога. Тогда наступит конец. Солнечная система взорвется. Небо и земля исчезнут. Сказано: „И увидел я великий белый престол и Сидящего на нем... И увидел я мертвых, малых и великих, стоящих пред Богом, и книги раскрыты были... И кто не был записан в книге жизни, тот был брошен в озеро огненное".

Меня однажды спросили: „А где же будет стоять престол, если все исчезнет?" На что я ответил: „Позаботьтесь лучше о том, в каком состоянии Вы предстанете пред престолом!" Ведь можно погибнуть. Мне хотелось бы, чтобы эта ужасная истина не была записана в Библии. Но такая страшная опасность существует: мы можем навеки погибнуть!

По этому поводу я расскажу одну историю. В одном из

шотландских замков собралось некое общество. Разговор зашел о христианстве. Все сидели вокруг камина, в котором горел огонь. И вот один элегантный пожилой господин говорит хозяйке дома: „Из Ваших слов я понял, что Вы – христианка. Верите ли Вы на самом деле тому, что написано в Библии?“ – „Да!“ – „И что все, чьи имена не записаны в книгу жизни, попадут в ад?“ – „Да, я верю этому!“ Тогда этот господин встал и пересек зал. Там, в углу, висела клетка с волнистым попугаем. Он вынул попугая из клетки, подошел к камину с намерением бросить птицу в огонь. Дама испуганно останавливает его: „Что Вы делаете? Бедная птичка!“ Господин засмеялся: „Вот видите, Вам жалко уже эту бедную птичку. А Ваш, так называемый Бог любви, бросает в ад миллионы людей. Ну не смешной ли Бог любви!“ На мгновение воцарилась тишина, затем дама сказала: „Вы ошибаетесь! Бог никого не бросает в ад. Мы сами добровольно туда спешим. Бог хочет, чтобы все люди спаслись!“

Библия показывает нам потрясающую картину страшного суда. Мы видим суд Божий: „И увидел я мертвых, малых и великих, стоящих пред Богом“.

Человек атакует эту весть о суде: „Это неправда!“ Одного из моих молодых друзей однажды спросили на фабрике: „Ты действительно веришь в страшный суд?“ – „Да, верю“. И стали насмехаться: „Послушай-ка! Сколько людей живет сейчас на свете? А сколько жило раньше? Теперь представь себе, что каждый в отдельности предстанет на суд. Подумай только, сколько для этого суда понадобится времени!“ Но молодой человек ответил: „Когда этот час наступит, у каждого времени будет предостаточно. Ведь больше заниматься будет нечем!“

Да, у Бога и тогда времени для нас будет достаточно. И тем, что Бог будет судить каждого в отдельности, Он еще в последний раз показывает нам, что Его намерения по отношению к нам серьезны. Об этом говорит и то, что Он Сына Своего отдал на смерть. Вы свою жизнь расточаете в грехе и легкомыслии – Бог же относится к этому со всей серьезностью.

Библейское повествование о будущем заканчивается так: „И увидел я новое небо и землю, в которых царит справедливость“. Библия красочно изображает новый мир, но во всем этом подчеркивается главная мысль: Бог достиг Своей цели. В этом новом мире будут все, записанные в Книге Жизни, и они подобны Ему, подобны Сыну Божьему. Это будет мир без полиции, без тюрем, без судов, без дьявола, без войны, без болей, без греха, без смерти! Прочтите сами эти чудесные главы, Откровение 21 и 22. Это яркие картины, непостижимые нашему разуму, потому что нам знаком лишь мир греха, смерти и страданий. Я бы хотел жить в этом новом Божьем мире! А Вы?

4. Или – или!

Мне хочется подвести черту под всем сказанным. Видите ли, чем дальше я изучаю эту заключительную картину Библии, тем более я убеждаюсь в том, что в конце концов будут существовать лишь две категории людей: спасенные и погибшие. И если Вы мне скажете, что в нынешнем мире редко кто интересуется Иисусом, то в ответ я скажу лишь одно: погибших может быть очень много! Наши отцы молились так: „Если даже много тех, кто не с Тобой, дай мне среди немногих войти домой!“ В итоге будут только спасенные и погибшие! Я должен сказать еще одно.

Вначале я обращаюсь к погибшим. Мой друг, Пауль Гумбург, однажды рассказал: „Мне приснился День Суда. Я слышал, как Иисус сказал погибшим: „Идите от меня, проклятые!“ Так написано в Библии. Я видел, как они – поникшие, испуганные, полные отчаяния – удалялись. Затем я заметил, как они спрашивали друг друга: „Ты видел? Рука, которая нас отвергла, была пронзенной! Она была пронзенной на кресте и за нас, но мы этому не придавали значения. Теперь мы, по праву, погибшие люди!“

Обратите внимание, Он умер и лично за Вас! Не имеет значения, верите ли Вы или нет. Вы должны знать, что Иисус умер и для Вас! Придите же к Господу! А если Вы считаете себя грешниками, то я Вам должен сказать, что именно грешников Он и ищет, ведь других людей вовсе не существует. Если кто-нибудь считает себя безгрешным, то это чистая ложь. Такие люди глубоко заблуждаются, причем они даже не замечают своего погибшего состояния.

Теперь я обращаюсь к спасенным. Обратите внимание: в Библии, в описании будущего мира сказано, что Новый Иерусалим имеет в своем основании двенадцать огромных драгоценных камней, на которых написаны имена двенадцати апостолов – свидетелей Евангелия. Я себе представляю это примерно так: на камнях написано: „Петр, Иоанн, Иаков". На одном из них: „Матфей". А Вы знаете, откуда взялся Матфей? Это был ужасный спекулянт, мошенник и вор. Когда он однажды занимался своим грязным делом, мимо проходил Иисус и позвал его следовать за Ним. Тогда Левий, как его раньше звали, все оставляет и следует за Иисусом. Он был свидетелем того, как Спаситель за него умер, воскрес, возвратился в невидимый мир и послал Святого Духа.

Позднее друзья говорят ему: „Ты столько времени жил с Иисусом, запиши-ка все, что ты видел!" И он это сделал. Так возникло Евангелие от Матфея, которое мы имеем в Библии и через которое уже миллионы людей нашли Иисуса. Его новое имя „Матфей" стоит в новом мире на авторитетном месте, имя этого негодяя, спасенного Иисусом. Так велика благодать Иисуса Христа! Такую спасительную силу имеет она!

Эта благодать готова излиться и на Вас! Не противьтесь! Речь идет о Вашем спасении на веки веков.

Что мы приобретаем, посвятив свою жизнь Богу?

Это последний доклад пастора Буша, с которым он выступил 19 июня 1966 года в городе Заснице на острове Рюген. На обратном пути с этого евангелизационного служения, 20 июня 1966 года, Господь отозвал его домой.

Наша тема называется: „Что мы приобретаем, посвятив свою жизнь Богу?" Но могли бы поставить вопрос и так: „Стоит ли быть христианином?" Для ответа я должен привести стих из Библии. В послании к Ефесянам сказано: „Благословен Бог и Отец Господа нашего Иисуса Христа, благословивший нас во Христе всяким духовным благословением в небесах". Эти слова чудесным образом говорят о богатстве благословения, которое христиане имеют в Иисусе. Но прежде чем я расскажу об этом и тем самым раскрою тему, мне нужно пояснить некоторые предпосылки. Первое, что я должен сказать, это:

1. Жизнь, посвященная Богу, не является иллюзией!

Да, жизнь, посвященная Богу, не является внушением или иллюзией! Это я хочу Вам пояснить.

У пастора крупного города бывают разные интересные встречи. Вот недавно я встретил одного молодого человека и сказал ему: „Послушай-ка, ты мог бы многого достичь, если бы твоя жизнь принадлежала Богу!" – „Ах, пастор Буш, – возразил он, – не отрывайтесь от ковра!" Вам знакомо такое выражение? Он хотел этими словами сказать: „Не отрывайтесь ногами от земли! Бога же вовсе не существует!" Я сказал ему в ответ: „То, о чем ты говоришь, для меня – последние новости". – „Слушайте внимательно, – сказал он, – раньше люди чувствовали себя беспомощными перед силами природы и, соответственно, придумали себе могущественные силы, которые могли бы им помочь. Одни называли их Аллах, другие – Бог, третьи – Иегова, четвертые – Будда, пятые еще как-нибудь. А между тем выяснилось, что все это – внушение, небо пусто!" Итак, этот молодой человек прочитал мне прекрасную лекцию. Когда он кончил, я возразил: „Ах, мой дорогой, ты же не знаешь Иисуса!“ „Иисус? – спросил он, – это ведь тоже один из основателей многих религий“. – „Нет! Это заблуждение! – объяснил я ему. – Это ужасная ошибка, мой дорогой! Я скажу тебе, кто такой Иисус. С тех пор, как я знаю Иисуса, я узнал, что существует живой Бог! Без Иисуса мы бы ничего не знали о Боге!“ И затем я объяснил ему, кто такой Иисус.

Кем является Иисус? Я хочу Вам объяснить это на примере. Видите ли, в своей жизни я многое пережил. Мне приходилось часто находиться в тюрьме не за то, что я крал серебряные ложки, но из-за своего вероисповедания. Во времена третьего рейха нацисты не любили таких пасторов молодежи, каким был я, и меня сажали в самые мерзкие тюрьмы. Однажды я был заключен в очень страшную тюрьму. Все здание было бетонным, а стены такими тонкими, что было слышно, как внизу кто-то кашлял или на третьем этаже кто-то падал с нар. Я сидел в очень узкой келье, когда услышал, как в соседнюю камеру привели новенького, тоже арестованного гестапо. Этот человек, видимо, находился в состоянии крайнего отчаяния. Через тонкие стены я слышал, как он ночью плакал. Я слышал, как он ворочался на своих нарах. Часто раздавались его всхлипывания. Страшно, когда плачет мужчина. Днем нам не разрешалось лежать на нарах. Я заметил, что он ходил взад-вперед: два с половиной шага туда, два с половиной шага обратно; он бегал по своей камере, как зверь, запертый в клетку. Иногда было слышно, как он стонал. А у меня, в моей камере, был мир Божий! Вы знаете, Иисус пришел ко мне в камеру! И когда я слышал, в каком состоянии находился человек рядом со мной, я думал: „Мне надо попасть к нему! Я должен с ним поговорить! В конце концов, я – пастор!“ Я вызвал сторожа. Когда тот пришел, я сказал: „Послушайте, рядом со мной человек в полном отчаянии, он погибает в своем отчаянии! Я – пастор, разрешите мне к нему пройти! Мне нужно с ним поговорить!“ Он ответил: „Я пойду, спрошу“. Через час он возвратился: „Не разрешено! Отклонено!“ Таким образом, я никогда этого человека вблизи не видел. А он был близко от меня. Я не знаю, как он выглядел, был он старым или молодым. Я чувствовал лишь его ужасное отчаяние. Вы можете себе это представить? Так я часто стоял возле стены и думал: если бы я мог разрушить стену и пройти к этому человеку! Но стену эту я пробить не мог, даже если бы приложил к этому всю свою силу.

А теперь послушайте внимательно! В подобной ситуации, в какой я был тогда, находится живой Бог, Творец неба и земли. Мы заключены в видимый трехмерный мир. Бог совсем рядом. Библия говорит: „Со всех сторон Ты объемлешь меня". Богу рукой подать до нас, но между нами стена другого измерения. И вот, Бог слышит все горести этой земли. Он слышит брань ожесточенных, плачь одиноких сердец, боль тех, которые стоят возле гробов, вздохи тех, которые страдают от несправедливости. Все это проникает в Божье сердце, так же как отчаяние того человека проникало из его камеры ко мне. Вы представьте себе, Богу удалось сделать то, что я не смог: Бог однажды пробил стену, которая разделяла нас с Ним, и проник в наш видимый мир посредством Своего Сына Иисуса! Вы поняли? В Своем Сыне Иисусе Бог снизошел к нам во всю мразь и горечь этого мира! И с тех пор, как я узнал Иисуса, я знаю, что Бог жив. Я обычно говорю так: „С тех пор, как пришел Иисус, отрицание Бога является лишь неосведомленностью".

Теперь я должен говорить об Иисусе. В своих докладах я с удовольствием рассказывал бы только об Иисусе, но тогда нам не хватило бы вечеров для полного раскрытия этой прекрасной темы.

Итак, Иисус родился в Вифлееме, Он вырос, возмужал. Внешне ничего не было видно от Его Божественной славы. И все же людей влекло к Нему. Они чувствовали, что в Нем к нам пришла Божия любовь и благодать!

Ханаанская земля, в которой жил Иисус как один из членов общества народа Израильского, была занята римскими войсками. В городе Капернауме комендантом гарнизона был римский военачальник. Римляне имели много богов, но в действительности не верили ни в одного. У этого римского военачальника в Капернауме смертельно заболел один из его слуг, человек, бывший ему очень дорог. Он пригласил врачей, но никто из них не смог помочь. Он понял, что его слуга может умереть. И тут он вспомнил: „Я же много слышал об

Иисусе. Не может ли Он помочь? Пойду-ка, схожу к нему!" Таким образом, этот совершенно неверующий язычник отправляется к Иисусу и просит Его: „Господь Иисус, мой слуга болен. Не можешь ли Ты его вылечить?" – „Да, – отвечает Иисус, – я пойду с тобой!" Но военачальник говорит: „О, в этом же нет надобности. Мои приказы исполняются немедленно. Так и Тебе стоит лишь произнести слово – и мой слуга станет здоровым". Другими словами, этот языческий римский военачальник выразил мысль: „Ты можешь невозможное сделать возможным! Ты – воплощение Бога!" Иисус оборачивается и говорит: „В Израиле я такой веры не нашел". Это означает: такой веры, как у этого атеиста, я не нашел во всей церкви". Вы видите, этот языческий военачальник понял, что в Иисусе к нам пришел Бог!

Вы должны знать историю об Иисусе Христе! Я прошу Вас, я умоляю Вас: приобретите Новый Завет. Прочтите Евангелие от Иоанна, затем другие и так далее. Это чудесные истории об Иисусе! Я не знаю ни одного иллюстрированного журнала, в котором были бы напечатаны такие прекрасные истории, какие содержит Новый Завет.

Но Иисус, Сын Божий, пришел в мир не только для того, чтобы излечить подобного слугу, чтобы свидетельствовать и доказать, что Бог существует. Он пришел, чтобы примирить людей с Богом!

Видите ли, между Богом и нами стоит не только стена другого измерения. Между Богом и Вами, между Богом и мной возвышается еще и совсем иная стена, а именно: стена нашей вины. Случалось ли Вам когда-либо солгать? Да? Этим самым Вы уже возвели один камень между Богом и собой. Если Вы хотя бы один день прожили без Бога, без молитвы – еще один камень. Нечистота, прелюбодеяние, воровство, не соблюдение священия воскресного дня и тысячи разных мелочей, все преступления заповедей – все это каждый раз добавляют в строение. О, мы все вместе строили эту стену, разделяющую людей от Бога. Но Бог является святым Богом. Понимаете, при одном лишь произнесении слова „Бог" неизбежно всплывает вопрос о моем грехе и моей вине. Этот вопрос требует разрешения! Бог со всей серьезностью относится к каждому греху! Я знаю людей, которые считают: „О, как должен радоваться Бог тому, что я все еще в Него верю!“ Милые мои, этого не достаточно! Дьявол тоже верит в Бога! Он отнюдь не атеист. Он прекрасно знает, что Бог жив. Но он не имеет мира с Богом! Мир с Богом можно получить лишь тогда, когда будет удалена стена моих грехов и моей вины, разделяющих меня с Богом. Для этого и пришел Иисус. Он разрушил стену нашей вины! Ради этого Он позволил пригвоздить Себя ко кресту! Он знал, что кто-нибудь должен понести наказание за грехи – либо человек, либо Он! Вы слышите: либо Вильгельм Буш, либо Иисус! И тогда Он, безвинный Сын живого Бога, Иисус Христос, понес мое наказание! И Ваше!

Теперь я хочу представить Вашему взору Иисуса Христа на кресте. Это для меня самое дорогое изображение. И вот, Он висит, Тот, посредством Которого Бог проломил стену и пришел в наш мир скорбей. Висит Тот, о Котором в Библии сказано: „Господь возложил на Него грехи всех нас“. Висит Тот, Который все греховные камни, наши камни вины, держит на своих плечах. Висит Тот, Кто совершает то, что никто из нас не может. Он убирает камни наших грехов. Прочтите в Библии об этом сами. Здесь, на кресте, осуществляются слова: „Наказание мира нашего было на Нем“.

Позвольте это объяснить еще иначе. У меня в Швейцарии есть хороший друг, с которым мы часто путешествовали. Когда мы где-нибудь вместе обедали, нам предъявляли счет: „Кто-нибудь из вас должен заплатить! Чей кошелек толще?“ Я, конечно, мог сказать: „Друг, сегодня твоя очередь. Выкладывай!“ Понимаете, кому-то нужно расплачиваться! За нашу вину перед Богом, за все наши грехи и преступления кому-то нужно расплачиваться! Либо Вы поверите Иисусу, что Он расплатился за Вас, либо Вам однажды придется расплачиваться самому. Но каждый грех требует расплаты. Видите, почему мне так дорог Иисус?! За Него я крепко держусь, потому что Он расплатился за меня!

Но этот Иисус не остался во гробе. Нет! И это чудесно! На третий день после смерти Иисуса один человек стоял в глубоком раздумье. Он размышлял: что же случилось с Иисусом? Теперь Он мертв. Я видел, как Его положили в каменный гроб, вход в который заперли камнем. Был Он Сыном Божьим или нет? Этого человека звали Фомой. Пока он так размышлял, пришли его друзья с великой радостью: „Послушай! Он жив! Что ты все еще скорбишь? Он жив!“ – „Кто жив?“ – „Иисус!“ – „Этого быть не может!“ – „И все же, мы видели пустой гроб! Мы – свидетели этому и можем даже поклясться! Мы встретились с Ним!“ – „Неужели это возможно, – думает Фома, – чтобы кто-нибудь воскрес? Если только это правда, то Он действительно Сын Божий“. Но Фома был скептиком, он считал, что в жизни его уже много раз дурачили, поэтому он больше ничему не верил, чего не видел своими глазами. Во время одной из поездок я беседовал с проводницей об Иисусе, и она сказала: „Я верю лишь тому, что вижу!“ Точно так думал и Фома. И он сказал остальным: „Если не увижу на руках Его ран от гвоздей и не вложу перста моего в раны от гвоздей, и не вложу руки моей в ребра Его – не поверю“. Ученики могли убеждать его сколько угодно, но Фома все равно бы сказал: „Не верю!“ Восемь дней спустя он был вместе со своими друзьями. Вдруг среди них появился Иисус: „Мир вам!“ – и, обратившись к Фоме, Он говорит: „Подай перст твой сюда и посмотри руки Мои; подай руку твою и вложи в ребра Мои; и не будь неверующим, но верующим!“ Тогда этот обуреваемый сомнениями скептик упал на колени и воскликнул: „Господь мой и Бог мой!“

Теперь Вам ясны мои слова о том, что жизнь, посвященная Богу, не является иллюзией! Бог не является чем-то неопределенным, как говорят некоторые: „Где-нибудь Бог должен быть, но как Он выглядит, никто не знает“. Нет, вовсе не так! Тот факт, что существует жизнь с Богом, обосновывается тем, что Сын Божий пришел на землю, умер за нас и воскрес из мертвых. Поэтому о Боге я сейчас знаю все определенно.

Для раскрытия темы мне нужно было в первую очередь разъяснить, что жизнь, посвященная Богу, не является иллюзией или внушением. А теперь мне нужно ответить на второй предваряющий вопрос, а именно:

2. Как приобрести жизнь с Богом?

Как часто мне люди говорили: „Пастор Буш, Вы счастливый человек! У Вас есть что-то, чего я не имею“. И я им отвечаю:

„Не говорите глупостей! То же самое можете иметь и Вы! Иисус существует и для Вас!“ Обычно следует вопрос: „Но как же мне приобрести жизнь с Богом?“ На это Библия дает ясный ответ в коротком стихе: „Веруйте в Господа Иисуса Христа!“

О, если бы я мог привести Вас к этой вере! Для этого я должен пояснить, что, собственно, означает „верить“. У многих людей совершенно превратные представления о вере.

Однажды мне пришлось читать лекции в столице Норвегии Осло. В субботу утром я собирался лететь обратно, так как мне нужно было уже на следующий день проповедовать в большом собрании в Вуппертале. Но с самого начала мне не везло: из-за тумана самолет задерживался на целый час. Наконец, наш самолет взял курс на Копенгаген, где нужно было сделать пересадку. Когда мы уже были над Копенгагеном, пилот вдруг повернул и полетел в сторону Швеции. Через громкоговоритель он сообщил нам, что Копенгаген полностью в тумане, поэтому там приземлиться невозможно. Мы полетели в Мальме. Мне вовсе не нужно было в Мальме, в Швецию. Мне там нечего было делать. Мне нужно было в Дюссельдорф! Я должен был проповедовать в Вуппертале! Наконец мы приземлились в Мальме и видим, что весь аэропорт забит пассажирами. А самолеты все еще, один за другим, приземлялись. Выяснилось, что только в Мальме аэропорт был свободен от тумана. Все самолеты летели сюда. Это был маленький аэропорт, в здании которого уже не было ни одного свободного места для отдыха. Я познакомился с одним австрийским коммерсантом. Нас интересовало одно и то же: что же будет дальше? Возможно, нам придется так стоять до утра. Так ведь могут и ноги отказать! Все бранились, спрашивали, ворчали, выражали свое недовольство, как обычно бывает в таких случаях. Вдруг по радио объявляют: „В южном направлении вылетает самолет! Место посадки пока неизвестно: Гамбург, Дюссельдорф или Франкфурт. Желающие лететь могут пройти на посадку“. Это было весьма неопределенно. Возле нас тотчас же расшумелась одна женщина: „В этот самолет я не сяду! Я боюсь!“ Я сказал: „Дорогая! Вы можете не лететь, а спокойно оставаться здесь!“ А мой австриец сказал: „Да, лететь в таком тумане! Тем более не зная места посадки!“ В то время, как кричавшая женщина с австрийцем вселяли в меня сомнение, мимо нас прошел пилот в синей форме. Я заметил, что его лицо было очень серьезным и сосредоточенным. Весь вид его говорил о той ответственности, которую он несет. И я сказал своему австрийскому другу: „Этому пилоту можно довериться, пойдемте на посадку! Это не легкомысленный человек!“ И мы пошли на посадку. С того момента, как мы вошли в самолет, когда земля перестала быть нашей опорой и дверь самолета закрылась, мы были во власти этого человека. Но мы ему доверились. Я доверил ему свою жизнь. Самолет произвел посадку во Франкфурте. Пока я добрался домой, прошла вся ночь. Но я достиг цели. Вот что значит „верить“! Верить – значит кому-то довериться.

Как достичь жизни с Богом? „Веруй в Господа Иисуса Христа!“ Я бы сказал: „Войди к Иисусу!“ Вы меня поняли? При посадке в самолет я заметил, что австриец очень хотел бы одной ногой остаться в аэропорту, а другой – произвести посадку в самолет. Но этого нельзя было сделать. Ему нужно было либо остаться в аэропорту, либо полностью довериться пилоту! Так же обстоит дело с Иисусом. Вы не можете одной ногой жить вне Иисуса, а другой – войти к Нему! Это невозможно! Верить в Господа Иисуса Христа, жить, посвящая себя Богу, можно лишь полностью доверившись Ему. Я должен Ему сказать: „Боже, жизнь возьми: она / вся Тебе посвящена“.

Позвольте Вас спросить: кому, как не Сыну Божьему, лучше всего можно довериться? Никто в мире не сделал для меня столько, как Иисус! Он так возлюбил меня, что умер за меня. И за Вас! Никто не возлюбил нас, как Он. Он воскрес из мертвых. Неужели я не могу доверить свою жизнь Тому, Кто воскрес? Надо быть безумцем, чтобы не сделать этого! В тот момент, когда я предаю свою жизнь Иисусу, я начинаю жизнь, посвященную Богу. Мне очень дороги слова из одного гимна: „Кому, как не Тебе, мне посвятить себя. / О Царь, Ты умер на кресте за грешного меня. / Тебе я на алтарь кладу всего себя и жизнь свою. / Хочу быть верным до конца, / Я – воин Твой и Твой слуга“. О, если бы и Вы могли это сказать!

Я должен еще кое-что добавить. Послушайте, если Вы хотите посвятить свою жизнь Иисусу, довериться Ему, то скажите Ему об этом! Он близок к Вам! Он слышит Вас! Скажите Ему: „Господь Иисус, Тебе я отдаю свою жизнь!“ Когда я, безбожный, погибший молодой человек, обратился к Иисусу и принял Его, то молиться стал так: „Господь Иисус! Теперь я вручаю свою жизнь Тебе. Я не могу Тебе обещать, что стану добрым. Для этого Ты должен дать мне другое сердце! У меня вздорный характер, но я прихожу к тебе таким, каков я есть. Делай из меня то, что Тебе угодно!“ Это был момент, когда я обеими ногами вошел к Иисусу и позволил своей жизнью управлять Тому, Кто искупил меня Своей кровью.

Но чтобы возрастать в такой жизни, нужно обязательно исполнять три условия: читать Слово Божие, молиться и иметь общение с детьми Божьими.

Понимаете, Вы не сможете принадлежать Иисусу, ничего не читая о Нем и не слыша. Читайте Библию или Новый Завет ежедневно, в течение четверти часа, сосредоточившись молитвенно. Непонятные места пусть Вас не волнуют. Чем больше Вы будете читать, тем более прекрасные истины Вам откроются. Сердце мое наполняется радостью при мысли, что я принадлежу этому чудесному Спасителю и могу возвещать о Нем. Можно не только иметь жизнь, посвященную Богу, но и делиться ею.

Второе условие – молитва. Иисус слышит Вас. Вам не нужно обращаться к Нему с красивой речью. Достаточно того, чтобы Вы молились просто, как одна домохозяйка: „Господь Иисус, сегодня тяжелый день: у моего мужа плохое настроение, дети не слушаются, сегодня день стирки, ко всему этому, нам очень необходимы 10 марок. Господь Иисус, к ногам Твоим я складываю все свое бедственное состояние. Подари моему сердцу радость, потому что моя жизнь посвящена Богу! Помоги мне все перенести! Господь Иисус, благодарю Тебя, что я могу полностью довериться Тебе!“ Понимаете, я могу сказать Иисусу все, что у меня на сердце! Я также могу просить: „Господь Иисус, дай мне лучше познать Тебя, чтобы еще больше принадлежать Тебе!“

Третьим условием жизни с Богом является общение. Это означает – приобщиться к тем, которые тоже принадлежат Иисусу. Недавно некто пожаловался, что не может возрастать в вере. Я посоветовал ему общаться с христианами. Но он возразил, что они ему вовсе не нравятся. Тогда я ему ответил: „Ничего не поделаешь, если Вы на небе хотите быть вместе с ними, то Вам надо научиться этому уже здесь, на земле! Бог не может сотворить для Вас особых христиан!“

В молодости я знал одного банкира. Это был пожилой господин, который мне многое рассказал из своей юности. Когда он закончил учебу, отец дал ему определенную сумму денег и разрешил совершить путешествие по всем столицам Европы. Представьте себе 18-летнего парня, которому открылась такая возможность. Такому может любой позавидовать! И этот пожилой господин рассказал: „Я знал, что в настоящее время в таких крупных городах много соблазнов и искушений, я мог легко впасть в грех. Но я хотел принадлежать Иисусу, поэтому я взял с собой Новый Завет. Каждый раз, выходя из гостиницы, мне хотелось слышать голос Иисуса и поговорить с Ним. Куда бы я ни приезжал, я везде искал христиан. Я везде находил учеников Иисуса: в Лиссабоне, в Мадриде, в Лондоне... Труднее всего было в Париже. Там мне долго пришлось искать кого-либо, кто бы принадлежал Иисусу. Наконец мне сказали про сапожника, который читает Библию. И вот, этот элегантный молодой человек спускается по ступенькам в мастерскую сапожника и спрашивает его: „Вы знаете Иисуса?“ Глаза сапожника радостно засияли в ответ. Молодой человек попросил: „Можно мне каждое утро приходить к Вам, чтобы нам вместе молиться?“ Таким важным для него было третье условие – общение с теми, кто всерьез хочет быть христианином.

Таким образом, я хотел, прежде всего, пояснить Вам, что с тех пор, как пришел Иисус, жизнь, посвященная Богу, не является иллюзией. Во-вторых, чтобы приобрести жизнь с Богом, нужно верить в Господа Иисуса Христа. И наконец, я подошел к основному вопросу.

3. Что мы имеем от жизни с Богом?

Дорогие друзья! Если бы я хотел Вам рассказать обо всем, что мы имеем от жизни с Богом и об общении с Иисусом, то мне не хватило бы времени. Так много это в себе заключает.

Я никогда не забуду что сказал мой 53-летний отец на

смертном одре: „Вильгельм, скажи всем моим друзьям и знакомым, каким счастливым и блаженным меня сделал Иисус в жизни и смерти!“ Знаете, когда человек находится в предсмертной агонии, ему не до красивых слов и не до пышных фраз. И если он в такое время свидетельствует, что Иисус сделал его счастливым в жизни и смерти, то эти слова пронзают до мозга костей. А какой будет Ваша смерть?

Когда я был еще молодым пастором, в Рурском округе произошла интересная история. В большом собрании людей один ученый в течение двух часов доказывал, что Бога нет. Для этого он применил все свои знания. Овации не смолкали: „Ура! Бога нет! Мы можем делать, что хотим!“ Когда оратор через два часа окончил, председатель собрания встал и объявил: „А теперь начнем дискуссию. Кто желает выступить, пусть поднимет руку!“ Конечно, ни у кого не было столько мужества. Все думали: „Кто может возразить такому ученому человеку?“ Естественно, было много и таких, которые не были согласны с ним. Но у кого хватило бы мужества пройти на трибуну, когда тысячи людей сидят и аплодируют?! И все же! Поднялась одна рука. На заднем плане объявилась одна старушка, эдакая истинная восточно-прусская старушка в черном чепчике, каких много в Рурском округе. Председатель спросил: „Бабушка, Вы что-то хотели сказать?“ – „Да, – ответила она, – я кое-что хотела сказать!“ – „Но тогда Вам нужно пройти вперед!“ – „Пожалуйста, – сказала она, – я не боюсь!“ Смелая женщина! Это было примерно в 1925 году. Она прошла вперед к трибуне и, вставши за кафедру, начала: „Господин оратор. Вы только что в течение двух часов рассказывали о своем неверии. Позвольте мне сейчас в течение пяти минут сказать о своей вере. Я хочу Вам рассказать, что мой Господь, мой Небесный Отец, сделал для меня. Когда я была еще молодой женщиной, с моим мужем произошел несчастный случай на руднике, его принесли домой мертвым. Я осталась одна со своими тремя маленькими детьми. В то время социальные учреждения были еще очень слабы. Когда я стояла у гроба своего мужа, я была близка к отчаянию. Но Бог утешил меня так, как никто из людей не смог бы утешить. То, что говорили мне люди, в одно ухо входило, а в другое – выходило. Но Он – живой Бог – утешил меня! Я сказала Ему: „Господи, теперь Ты должен быть отцом моих детей!“ (Потрясающе было слушать, как рассказывала эта женщина!) „Вечером я часто не знала, где взять денег, чтобы на следующий день прокормить детей. И об этом я говорила своему Спасителю: „Господи, Ты же знаешь, что я нахожусь в больших затруднениях. Помоги мне!“ Затем эта старая женщина, обратившись к оратору, сказала: „Он никогда не оставлял меня, никогда! Иногда для меня наступали мрачные времена, но Он и тогда не оставлял меня. Он сделал для меня еще больше: Он послал Своего Сына, Господа Иисуса Христа, Который умер за меня и Своей кровью омыл меня от всех грехов! Да, сейчас я старая женщина. Я скоро умру. Но, послушайте, Он дал мне твердую надежду на жизнь вечную. И если здесь мои глаза закроются, то я проснусь на небе, так как принадлежу Иисусу. Все это Он сделал для меня! А теперь я спрашиваю Вас, господин оратор, что сделало для Вас Ваше неверие?“ Оратор встал, похлопал старушку по плечу и сказал: „О, у такой старой женщины мы не хотим забрать веру! Для старых людей она вполне подходит!“ Видели бы Вы тогда эту старую бабушку! Она все это энергично отмела и сказала: „Нет, нет, так просто Вам от меня не отделаться! Я задала Вам вопрос, господин оратор, и Вы должны мне на него ответить! То, что сделал мой Господь для меня, я Вам рассказала. А теперь Вы мне скажите: „Что сделало для Вас Ваше неверие?“ Последовало неловкое молчание. Бабушка была умной женщиной...

И если сейчас в мире со всех сторон Евангелие подвергается нападкам, то и у меня возникает вопрос: „Что Вы, собственно, имеете от Вашего неверия?“ По крайней мере, у меня не создается впечатления, что от него сердца у людей наполняются миром и что они счастливы. Нет, мои друзья!

Что мы все-таки имеем от жизни, посвященной Иисусу? Я хочу Вам рассказать об этом из личного опыта.

Моя жизнь была бы невыносимой, если бы я не имел мир с Богом через Иисуса! Иногда мое сердце готово было разорваться: сегодня я слышал, что здесь, по соседству произошло большое несчастье, которое повергло в траур две семьи. И на нас может внезапно обрушиться любая беда, так что пышные фразы окажутся ненужными и только лишь руки простерм в мрак, как бы спрашивая: неужели нет того, кто мог бы мне помочь? Вы знаете, в тягостные часы жизни проявляется то, что имеешь в Иисусе. Когда мы поженились, я сказал жене: „Жена, мне хочется иметь шесть сыновей и чтобы все они играли на тромбоне“. Я думал, что это прекрасно – иметь свой духовой оркестр в доме. И мы действительно имели шестерых детей: четырех милых дочек и двух сыновей. Но обоих сыновей уже нет. Обоих Бог у меня забрал ужасным образом, сперва одного, затем – другого. Этого я до сих пор не могу понять. Я всю жизнь имел дело с молодыми парнями, так как был пастором молодежи, а мои собственные мальчики... Я до сих пор помню, как при получении сообщения о гибели второго сына я метался с таким чувством, будто в моем сердце нож. Приходили люди со словами утешения, которые не доходили до сердца и не производили никакого действия на меня. Но я был пастором молодежи и знал, что сегодня вечером мне нужно идти в молодежный клуб, где я должен с радостью проповедовать Слово Божие 150 юношам. А сердце мое кровоточило! Тогда я заперся, упал на колени и молился: „Господь Иисус, Ты ведь жив, смилуйся надо мной, бедным пастором!“ Я открыл свой Новый Завет и прочел: „Иисус говорит: „Мир Мой даю вам“. Я знал, что Он сказал, то Он исполнит. И я Его просил: „Господь Иисус, сейчас я не могу понять, почему Ты это допустил, но дай мне Твой мир! Наполни мое сердце Твоим миром!“ И Он это сделал! Он это сделал! Об этом я здесь свидетельствую Вам.

И Вам Он будет нужен, когда ни один человек не сможет Вас утешить. О, как прекрасно знать Иисуса, Который искупил нас на кресте Своей кровью и воскрес, когда ни один человек не сможет Вам помочь! Мы можем Ему сказать: „Господь! Дай мне Твой мир!“ Мир, который Он дает, мощным потоком устремляется в сердце. Это относится и к самым тяжелым часам нашей жизни, когда приближается смерть. Какой будет Ваша смерть? Тогда Вам тоже ни один человек не поможет. Даже самую любимую руку Вам придется однажды отпустить. О, как это будет? И Вы предстанете пред Богом! Неужели Вы хотите предстать пред Богом со всеми своими грехами! О, если держаться за крепкую руку Спасителя и знать: „Ты искупил меня Своею драгоценную кровью и всю вину простил!“ – тогда можно умирать спокойно.

Что же мы все-таки имеем от жизни, посвященной Богу? Я хочу Вам перечислить: мир с Богом, мир в сердце, любовь к Богу и к ближнему, так, что можно даже любить врагов и всех, кто действует на нервы, утешение в несчастье так, что каждый день можно видеть сияние ясного солнца, твердую надежду на жизнь вечную, Духа Святого, прощение грехов, терпение... О, я еще долго могу продолжать!

Я заканчиваю стихом из гимна, который мне очень дорог:

Стоит быть достояньем Христа
И на призыв Его сказать: „Да,
Я ведь Твой, Иисус, а Ты – мой!“
И называть без всякого сомненья
Его ходатаем при нашем сокрушеньи,
Себя наследником, а также и слугой.

Стоит быть достоянием Спасителя! Я желаю Вам такого богатства, такого счастья!